题材投机

①

追逐暴利的热点操作法

（第2版）

魏强斌 何江涛 吴进/著

经济管理出版社

ECONOMY & MANAGEMENT PUBLISHING HOUSE

图书在版编目（CIP）数据

题材投机 1——追逐暴利的热点操作法/魏强斌，何江涛，吴进著. —2 版. —北京：经济管理出版社，2021.1（2023.4重印）

ISBN 978-7-5096-7713-1

Ⅰ.①题… Ⅱ.①魏… ②何… ③吴… Ⅲ.①投资经济学 Ⅳ.①F830.59

中国版本图书馆 CIP 数据核字（2021）第 021997 号

策划编辑：勇　生
责任编辑：勇　生　刘　宏
责任印制：黄章平
责任校对：董杉珊

出版发行：经济管理出版社
　　　　　（北京市海淀区北蜂窝 8 号中雅大厦 A 座 11 层　100038）
网　　址：www. E-mp. com. cn
电　　话：（010）51915602
印　　刷：唐山昊达印刷有限公司
经　　销：新华书店
开　　本：787mm×1092mm/16
印　　张：27
字　　数：483 千字
版　　次：2021 年 8 月第 2 版　2023 年 4 月第 2 次印刷
书　　号：ISBN 978-7-5096-7713-1
定　　价：108.00 元

读者赞誉（第一版）

指明了投资的方向！实战效果很好！

——锻 ***

《题材投机》这本书应当是国内唯一一本分析 A 股短线热点最到位的书，书中所讲的交易方法和策略，有些可以说照着做都能赚钱，魏老师的中国 A 股四本书太给力了！

——jd_650420129

难得的股市解密书！内容挺好，阅读中，吸收借鉴！

——c***7

一本好书，值得学习，值得拥有！！散户要做一个掠食者，要想进阶，就要不断地感悟、学习、提高。题材才是中国股市的特点，应该认真学！

——CQ 虚竹

很经典，朋友推荐买的，价格也很实惠！很好很好，这本书是关于股市的为数不多的好书，受益良多！

——瑞 ***8

题材股永远都是聪明资金的最好选择！绝对的绝世好书！

——yeyoubiao

超喜欢这本书，真是写到点子上了，中国股市，就要用题材投机！

——u***9

通俗易懂可操作性强！国内为数不多、有干货可读的交易书籍！

——helen69

好书，学习中……只有特立独行的思维才能立足股票市场。

——shb7520

好书。买那些骗人的软件不如买书学习更重要。下功夫学习，端正心态，收获不浅。

——x***i

书是非常好的书，内容很适合新手或者没怎么入门的朋友，比较实用，相对于国外翻译过来的书籍来说更符合我们国内的市场，接地气，国内市场是投机的，强烈推荐这本书！

——涓***

一套书全部买齐，非常好！这套书还是非常不错的，理论和实战基础相结合，和市面上的很多书是有区别的。本书的质量非常好，内容更实用，值得大家学习。非常满意。

——娴***6

非常好的书，通俗易懂，很实用，股友们应该多看看。刚开始看着看着卡壳了，竟然看得昏昏欲睡！当把内心的所有障碍清除掉再回头看，才发现它贵的有道理！

——Whnewworld

牛市炒业绩，熊市炒题材，此书讲的就是怎样炒好题材。题材投机是中国市场的特色，市面上关于这方面的书大多是泛泛而谈，没什么参考价值，相对而言，这本书算是比较好的。

——闫***

炒股就要追求暴力，就要追逐热点。魏强斌老师的书干货很多，视角独特，方法实用。

——189qiuy352

观点独特，和《短线法宝》等书是一个系列，非常喜欢魏老师等人的观点和讲解，但完全理解需要通过不停地实践才能融汇。值得一看！

——Degree529

炒股时间只有三年，但一直想站在经济运作规律、主力的视觉系统整理题材的捕捉点、起爆点、退出点。不过行业前辈已经整理好了这样的饕餮大餐，还需要自己的操作总结和消化，结合自己的得失创造稳定有效的盈利模式。

——D***1

内容还是比较丰富的。题材在中国一直是热门。游资最爱此类。波动也大。

——kkk001

书籍内容不错，很有启发。在中国股市，题材投机真的太严重了，作为参与者了解一下是很有必要的。书是不错的，介绍了如何抓住题材的一种思路，也算是对炒股技巧和思路的开拓。

——镆刋瘑姊

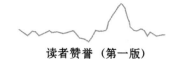

书中对题材的分类以及操作方法介绍得比较详细，对操作应该会有帮助。综合分析比较到位，比较有用。

——szy088

挺好的，有启发。好好学习，天天向上，努力成一方游资！

——chris11008

此书很实用，读后有启发。题材为王，九宫格分析相当实用。

——Hasenwong

非常好的炒股书，建议多看，勤学多练，独立思考！

——婳***犇

真是一本好书！通俗易懂，很实用！国内交易类图书中的精品！

——関***9

非常好的一本书，只有好好学习，炒股技术才能不断地更新。想炒好股票，真的需要好好学习和实践。

——閏愬睍鑲

非常不错的一本书！主要针对国内市场，值得一看。

——s***e

写得不错！还在看，很好的书，喜欢作者的思路。

——d***y

写得很透彻，深入的列举，通俗易懂。好好研读，对自己会有帮助。书籍很好。看到这本书，比较容易形成自己的交易系统的核心部分。题材=借口，任何龙头都需要一个催化剂来运行股价的涨跌。

——l***g

个人觉得很不错的一本书，它从很多方面讲了操作一类股的原理跟方式，适合有点"懒"的人拿来看看。

——w***g

非常好的一本书，每天学习一点进步一点！内容很厚实，其实所有市场都是题材投机，希望能从这本很厚的书里获得启发，谢谢了！努力学习！

——灵儿她老公

经典职业培训教材，值得认真学一学！

——j***g

结合实际操作的书值得一买！作者其他作品也都不错，仔细阅读理解，看盘面分

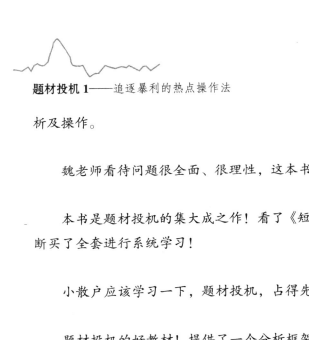

析及操作。

——P*** 风

魏老师看待问题很全面、很理性，这本书完全体现了这一点！

——j***6

本书是题材投机的集大成之作！看了《短线法宝》后，觉得魏老师写的书很好，果断买了全套进行系统学习！

——u***F

小散户应该学习一下，题材投机，占得先机，不能总跟风！

——卯 *** 侠

题材投机的好教材！提供了一个分析框架，很有启发！

——灏 ***2

非常不错的一本书！书上所讲的正是我需要学习的，很好！

——K1***3

好书，里面讲了买强势股和买题材股的技巧，很值得新手学习，作者写得很好懂！值得认真研读！

——小 *** 场

好厚一本！很有启发，有益操作。不错不错！！！！！！！！魏老师的书棒棒的！！！！

——活 *** 雄

把握题材热点是短线投机的重要内容。十分有用！推荐给大家！

——阳哥哥

相当棒的书！好久之前就想看了，内容很犀利，高手分析的还是厉害，强烈推荐！

——p***e

好书推荐！书的角度很新颖，也举了很多的例子，慢慢看，会有启发的。

——jd_ 空剑萧

精辟！内容不错，分析到位，权威实用。对于题材来说，还是说得很透彻，后半章节是讲技术的。

——p***1

很好，值得反复学习研究！魏强斌的书不用过多评价，绝对是交易员必学的！

——King_surname

实用战法，很受用的一本书！！！！！这本书内容不错，要做题材的股民朋友可以买

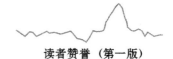

来好好看看。

——蓝***3

很好的交易书籍，必须好好看看。说到"题材"和"热点"，没有一个A股参与者感到陌生，但是要把"题材"和"热点"讲出些名堂来，那就没有几个人能够做到。更进一步来讲，要想真正做到追随"热点"来行事则是难上加难。在如何捕捉"题材"和"热点"上，市面上没有什么书籍对此有足够的介绍。本书对各种题材投机有比较全面的介绍，值得一读！买了好多本魏老师的书，老师真是前无古人！

——j***2RH

市场上少有的关于股市题材的书，受益匪浅，学习了，收获了……

——风***6

会当凌绝顶，一览众山小……书写得很透彻，深入的列举，通俗易懂。这个专题不错，学过了就可以马上用。

——b***2

经典！本书的内容含金量高，越读越觉得自己不足！明确了选股思路，如何找题材。本人是魏强斌的粉丝，他写的书有见地，别具一格。

——M***n

现在的股市都是热点挣钱，都不看基本面了，再好的数据都比不上新闻联播表扬一下子。A股就是以题材炒作的投机市场。本书内容丰富，也有实战性。追逐热点有了新思路，需要反复看才好。

——蚂***t

不错，同类书里面我选了这本，写题材的好著作不多。本书非常好，是我看到的最好的短线炒股书！

——镘***g

这是第二次购买此书。推荐股民一读！颇为不错的一本书，内容值得阅读学习。

——阘***敊

魏老师的书，没有那么多实例，直指交易精髓。只有理解作者的苦心，才能体会到交易的真谛，找出赚钱的方法。经过实践检验，我觉得魏老师的方法很管用，这本书物超所值。

——jiefangjun

质量不错，纸张也好，大师之作，值得一看！本书的内容含金量高，越读越觉得

自己不足！

——h***剑

魏强斌老师的书很不错，分析到位，内容实用，阅读后收获很多，炒股水平有显著提高。

——1***n

蛮厚的一本书，题材类书籍的一本大作。书很好，接地气，非常实用。仔细阅读，感受交易心理及手法。

——鳌板䂮鐦 y

值得拥有，综合集大成者也！讲得很详细，实用性强。

——光年的人

《题材投机》足足看了三遍有余，做了大量的笔记，并且运用书中的知识在前一段时间的种业板块里面还把握住了某只个股，赚了一个过年吃肉的钱。

——三阳开泰

老师的书买了全套，全新的思路彻底扭转了我的思维，收益也稳定了。

——GREATWALL

经历 1 年多的理论与实践洗礼初见成效。A 股不同于世界上任何一个国家的资本市场，有它的特殊性和唯一性，一定要找到它特有的规律。就像不同海域的潮汐变化时间周期一样，该涨潮的时候必然会涨，该退潮的时候必然会回去。潮的大小持续时间长短是多个因素影响形成的。说得直白一些，老师说的题材投机有多种，我们只要下功夫弄清楚 1~2 种，摸透它的历史规律，它与大盘指数的跟随关系，大盘指数、题材板块指数、个股异动三者之间生灭周期的必然联系，然后做好仓位管理并严格遵守纪律。比如现在，市场总体偏弱磨底。虽说有逆回购和 MLF 向市场投放资金，有宽容的态势和行动，这时候就要看股市的反应情况了。换句话说就是看到底有多少钱是真正流入了股市，看看底部放量的是哪些板块的个股，持续性怎么样；还要看看外围对市场情绪的影响变化，当前的环境下，拿着钱的人怎么想，拿着筹码的人怎么想，大盘大势，市场情绪，股价在关键位置的技术形态表现，有没有资金在这个有规律、有题材、有业绩的形态上进场，通过盘口看我们的对手是不是在恐慌情绪中低位割肉交出筹码了……那时我们的机会就来了。最后感谢魏老师，也希望这个小小的分享能对大家有所帮助。

——常超强

本书的核心观念

1. 市场受主力的预期指引，主力的预期受到驱动面趋势的影响。

2. 市场沿着使多数人亏损的方向运行，市场以使多数人亏损的形式运行。

3. 最近最重要的未来事件就是驱动面的趋势。

4. 主力预期主导下的资金流动是市场涨跌的直接因素。

5. 价格吸收预期，再经由事实修正。

6. 散乱无章和幻想是交易者的主要敌人。

7. 知彼知己，百战不殆。（《孙子·谋攻》）

8. 故善战者，其势险，其节短。（《孙子·势》）

9. 一个群体中的个人，不过是众多沙砾中的一粒，可以被风吹到任何地方。（《乌合之众：大众心理研究》）

10. 成功和幸福、智慧和德行源于遵循辩证法。

11. 以练习的态度对待交易和人生。

12. 从根本上说，为了成为伟大的人，你必须与众不同、不合常规并愿意接受失败。（霍华德·马克思）

13. 赢家都是一样的，利用对手的非理性；输家都是一样的，盲从大众的非理性。

14. 什么是失败？失败不是别的，它只是一种教育，是通向更高水平的第一步。（李振藩）

15. 本质上，复盘可能是我们唯一拥有的提升自己的方法。（陈中）

第二版序
中线题材投机的核心

在第二版的这篇序言当中，我们想结合题材投机的理论与实务谈一谈核心问题。一言以蔽之，中线题材投机的核心在于先人一步理解未来一段时间的市场变化，以及对标的的影响。

以 2019 年的猪周期题材炒作为例。

2019 年初，我们对这波炒作的预判逻辑如下：

（1）猪上涨周期可能来临，由于农村散养猪众多，具有很强的群体化投机特点，猪肉价格高的时候，散户一窝蜂地上产能，价格低的时候，散户开始放弃养殖。从历史来看，每轮猪肉周期的时间为 4~5 年，近十几年来，我们一共有过两个比较完整的猪周期：2006~2010 年，2010~2015 年。2015 年及 2016 年为第二轮周期的上涨期，自 2016 年下半年以来进入下行期，2017 年、2018 年猪价持续低迷。整体产能投入意愿下降，新一轮的猪肉上涨周期有望来临。

（2）猪瘟的发生将加速行业的去产能化。根据农业部数据，2018 年 12 月我国生猪存栏、能繁母猪存栏环比分别下滑 3.7%、2.30%，2019 年 1 月两者下滑幅度大幅加深至 5.7% 和 3.56%，两者均为 2009 年以来单月最大下滑幅度。

（3）关于母猪的常识：（这是一个关键点）母猪存栏一旦下降，恢复产能的时间就需要 2 年左右。大部分交易者不具备此常识！他们认为猪肉涨价幅度不会很高，只要投入上去，猪肉产能就能够迅速提升。

当时选择了新希望作为备选标的，原因如下：

（1）有业绩垫底保障，下跌空间有限。2019 年初属于较低位置，倾向于比较保守的逻辑选择了新希望，2018 年盈利 0.4 元。

（2）历史养猪投入不高，负担低，有希望充分享受猪肉涨价红利。

新希望发布 2018 年及 2019 年 1 月生猪销售简报，公司 2018 年共销售生猪所属部 255.37 万头，同比变动 49%（其中商品猪 234.25 万头，仔猪 19.20 万头，种猪 1.93 万头）；收入为 35.68 亿元，同比变动 29%；商品猪销售均价 12.72 元/公斤，同比变动 -15%。公司 2019 年 1 月销售生猪 29.31 万头，同比变动 50%；所属行业收入为 4.23 亿元，同比变动 29%；商品猪销售均价 13.12 元/公斤。

在非洲猪瘟暴发后，公司依旧维持较为稳健的生猪出栏量，预计 2019 年至 2021 年分别实现生猪出栏 350 万~400 万头，800 万~1000 万头，1500 万~1800 万头（数据为 2019 年初规划，现在进一步提高）。

（3）多轮驱动，可能带来业绩大爆发。猪肉周期反转在即，猪肉缺口大的情况，产能较大的鸡肉必将成为替代品，价格及盈利能力会进一步提升。

新希望肉鸡养殖量排名靠前，猪鸡有希望实现共振，大幅度提高业绩。

在进场时机上，我们是这样考虑的：

技术面/行为面择时，趋势向上叠加放量突破（见图序-1 和图序-2）。

（1）进场点为 8 元，从日线及周线上看均突破期盘整平台。

（2）日均线、周均线形成多头排列。

（3）放量突破。

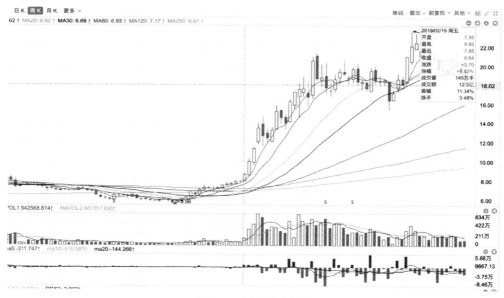

图序-1　周线突破起涨

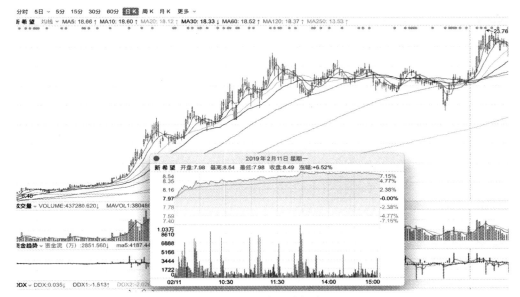

图序-2 日线突破起涨

　　整个操作重点在于逻辑预判，这是中线题材操作的精髓。中线题材操作中逻辑是第一位的，其次是结构，周期的考虑相对次要，这是与短线题材投机的重大区别。

　　本书主要做一些思路和观念转变的工作。在系列后续教程里面，我们会进一步剖析操作实务，具体涉及赚钱效应、市场情绪周期、席位、集合竞价、L2、龙头股、妖股、涨停板、公告、催化剂、筹码、次新股、高送转、盘口异动、缺口、异常量等。

　　投机者的落脚点是当机，但前提是乘势和借力！

吴　进　魏强斌

蜀南竹海

2020 年 12 月 28 日

前　言
通达快速获利境界的不二法门

　　林子里有两条路，

　　而我选择了行人稀少的那一条，

　　它改变了我的一生。

——罗伯特·弗罗斯特

　　价值投资者总是留意着催化剂。尽管以低于潜在价值的打折价购买资产是价值投资的定义特征，但通过催化剂来部分或者全部地实现价值是投资者获得回报的重要手段。此外，催化剂的存在能够降低风险。如果价格与潜在价值之间的差距很快会消除，那么因为市场波动或者因为企业走下坡路而蒙受损失的概率就会下降。然而，在不存在催化剂的情况下，潜在价值可能会遭腐蚀，而价格与潜在价值之间的缺口会因市场反复无常的行为而扩大。因此，拥有那些有着可以实现价值的催化剂的证券是一种降低投资者投资风险的重要方法，从而增加了由低于潜在价值的打折价所提供的安全边际。

——塞思·卡拉曼

　　相对期货市场而言，股票市场的交易者们较难找到所谓的"暴利模式"，在江浙一带的期货市场中每年都会涌现出好几个从几万元到上亿元资产的"神话般"案例。这主要是由三个因素造成的。

　　首先，期货本身是杠杆型交易产品，投机交易者可以建立起大于自己资金几倍的仓位，而且更为重要的是可以利用浮动盈利建立新的头寸。在股票市场上，持股的盈利是不能用来建立新的头寸的，除非你先了结这些头寸。固然，随着股市融资交易模式的推广，这一现况会改变，但

> 利用浮动盈利恰当地加仓是期货暴利的关键。

是整体而言，股市仍旧是一个以"无杠杆交易"为主的市场。

其次，商品期货市场每年都会有 1~3 波的单边走势，这使得交易者们可以顺势不断地用浮动盈利增加仓位，这就产生了类似"复利增长"或者"指数增长"的效应。股票市场的周期较长，几年才能完成一个牛熊周期，在个股和 ETF 上的操作很难让"金字塔顺势加仓"有优势，相反还不如采取"重仓短线进出"的操作方法，在股指期货的操作上也存在同样的情况。股指期货的循环周期也比农产品期货的循环周期更长，所以我们见到的绝大多数股指期货职业炒家都是采用"重仓小止损"的"高频交易"模式。

最后，期货市场是真正没有多空限制的市场，股票市场的融券做空存在诸多限制，如美国股市"上涨中方能抛空"的规定，以及中国 A 股市场融券资金要求的限制等。股票大盘如果持续下跌，个股很难有好的表现，这时候炒家只能采取持有现金的稳妥做法，试图在大盘向下的股市中渔利是非常愚蠢的做法。当然，这里需要额外强调的一点是 A 股市场的大盘并不仅指的是"上证指数"，同时还要考虑到中小板指数和创业板指数的走势。如果将大盘局限为"上证指数"，那么将对某些大盘股和小盘股分化行情产生误判。在一个单边下跌的期货市场中投机者不仅可以盈利，甚至比上涨市场中更具优势，因为随着合约价值下降，所需要的保证金将减少，而这为增加空头仓位提供了额外的资金，这使得操作盈利的"指数效应"更加明显。

股票交易要想产生暴利，存在上面三个先天劣势，那么是不是股票交易就不能产生暴利呢？根据我们对身边职业股票交易者的观察以及自身对股票交易的体会而言，股票交易产生短期暴利的主要模式就是"高频交易"。"高频交易"每次的盈利幅度可能很小，但是通过增加交易次数，同时控制交易成本和风险，就能够很快地赢得大量的利润。不过，"高频交易"限制了交易者投入市场中的资金，所以适合中小规模的交易者。具体的规模限制也要看交易者参

复利是任何交易奇迹的前提。

中证 500 是题材投机者不得不重点关注的指数。

与个股的流动性如何，简而言之就是买卖挂单的数量和价差幅度。

　　我们目前认识的两名长期盈利的股票高频交易者分别采用了两种方法：第一种方法是找出价量异动的个股，特别是拉出第一个涨停板的个股，然后分析这个涨停板的含义，进而看该股是否还有继续上涨的可能，我们将在《庄家克星》一书中详细地解剖这一方法，其实在《短线法宝》一书中也有类似的方法，不过后者并没有专门针对"涨停板"而已。著名证券评论人士李大霄也曾经在其专著中提到过一位年轻人靠"有选择追涨停"，将 6000 元增长到了 3000 万元。这个年轻人的操作方法也属于"高频交易"，第一天进去，第二天就平仓出来。他通过提高胜率和周转率来持续盈利，当然也要将风险报酬率控制在一个适宜的水平。第二种方法是通过观察市场题材和热点，从板块和个股中选择那些未来一天或者几天可能上涨的个股，这种操作方法在私募高手杨永兴身上可以看到。这也是一种"高频交易"策略，这要求投机者对热点要把握得相当到位，通过"集小胜为大胜"的途径来快速增长账户资金。这种通过预判市场题材和热点进行股票短线交易的方法是本书的主题所在。

　　说到"题材"和"热点"，没有一个 A 股参与者感到陌生，但是要在这上面讲出些名堂来，那就没有几个人能够做到了。更进一步来讲，要想真正做到追随"热点"来行事则是难上加难。在如何捕捉题材和热点上，市面上没有什么书籍对此有足够的介绍。绝大多数股票书籍都在介绍 K 线图和技术指标，追捧这些工具和方法的人是市场上绝大多数散户，反观那些持续获利的职业炒家，特别是游资，他们的方法却往往是在"题材"和"热点"上下手。

　　"题材"和"热点"为游资提供了获利的机会，而这些利润恰好来自散户的"从众和盲目"。本书就是想要扭转这种长期以来形成的"不对称格局"，让一般的交易者也能够

股票高频交易一是看资金往哪里走，二是看热点在哪里。第二点往往决定第一点，而第二点也往往需要第一点来确认。

游资是什么打法？一只眼睛盯着大盘和散户，另一只眼睛盯着热点。

善用"题材"和"热点",站在游资的角度想问题,"知己知彼"才能立于不败之地。

在写作本书的时候,正值 A 股持续下跌,下跌过程中不断有人叫嚷底部就在附近,但是市场往往循着与大多数人预期相反的方向发展,所以绝大多数人还在持续亏损中。熊市是真正价值投资者的春天,也是题材投机者显示实力的时候。在熊市中按照技术指标去操作有两种结果:如果你按照趋势性技术指标去操作,如按照移动平均线或者是 MACD 等指标去操作,那么你往往处于空仓状态,并且也难免被虚假的反弹所引诱,不得不三番五次地止损退出;如果你按照震荡性技术指标去操作,如按照 RSI 或者 KDJ 等指标去操作,那么你往往会遭遇指标钝化的窘境,也常常被"一日游"行情所欺骗。所以,在股市寒冬的时候,你要么坚持按照价值性投资原理去中长线操作,要么就选择"题材投机"的理念,打游击战,这是小资金在大形势不利的情形下的恰当策略。

> 价值投资和题材投机在熊市中都可以大放异彩。

"题材投机"在牛市中也能帮助交易者抓住上涨速率最快的股票,这点大家更应该注意。从 2005 年中期到 2007 年 10 月,如果死板地持有某一只股票,那么盈利可能很差,同时也容易被接下来的大幅下跌所套牢;如果能够跟随板块热点和题材的轮动来操作,那么将最大化这波牛市的收益。当然,如果你能够在当时的权证市场中运用这套方法,就能像当时的"权证之王"咏飞一样创造不可思议的奇迹。不得不说,本书在写作过程中也持续得到咏飞先生的指导,在此表示感谢。当然,奇迹之所以是奇迹就在于只有极少数人在极少数的情况下能够做到,不过这并不否定某些交易策略的卓越绩效。

> 奇迹可以学习,但是不能被模仿。

"题材"是用来"投机"的,"价值"是用来"投资"的,我们之所以提出"题材投机"这个概念,是为了与"价值投资"相对。投机的对象是什么?投资的对象是什么?前者是"题材",后者是"价值"。题材带来的价格波

> 小资金做题材投机,大资金做价值投资,当然这中间存在模糊地带。

动是昙花一现，价值带来的价格波动更加持久，这就是我们的操作手法与"价值投资"的区别所在。

"题材"的把握并不难，所以说你每天晚上坚持看看中央二台就能把握到第二天股市的热点。不过，对于绝大多数一般投机者而言，"题材"只不过是"马后炮"的标签而已。现在是来帮助大家改变观念和提高技术水平的时候了，让我们一起步入"题材投机"的世界，成为 A 股市场中一位战无不胜的"游击战士"。在敌众我寡的情况下，游击战术是最佳的选择！

魏强斌　何江涛　吴　进

于百里洲

2016 年 3 月 10 日

目 录

　　短线交易并不是战胜市场，而是战胜其他参与者，这点大家要搞清楚。至少还有一多半的股民不知道这个市场的分配机制，不知道每一笔交易背后都有一个卖家和一个买家。当你是买家的时候，说明你的对手盘是卖家，他是看空的；而当你是卖家的时候，说明你的对手盘是买家，他是看多的。筹码和资金发生交换，双方都有充足的理由，双方都认为对方的看法是错误的。凭什么你比对手的看法更正确，凭什么你比对手更具有优势？扪心自问，如果每笔交易你都能切实做到这点，那么成为赢家是必然的。所以，在我们炒股的时候，要善于站到对方的角度去思考。

　　做投机要看题材，做题材要看生命周期！投机不看题材，那就只能靠做好资金管理来"守株待兔"。什么叫"守株待兔"？那就是只能"等风来"，猪才能飞，而这个风也可能几年都刮不到这个地方来。而做题材不看生命周期，则好比是枪口朝着自己。

第六章　题材投机不能忘记"安全空间" ………………………… 311

主力的存在为题材投机者提供了一种可以凭借的力量，主力是聪明投机者的保护者，只有主力的存在才意味着可持续性行情的出现，因为采用了更高的盈亏比和风险报酬率。没有题材可以凭借的主力是"莽庄"，没有主力居中运作的题材是"泡影"。

第七章　价量波动率把握波段节奏 ……………………………… 337

把那些"定式"放到一边，多问几个"为什么"，多站到对手的角度去思考。仁者无敌，这个"仁"不仅仅是道德上的要求，不仅仅是"己所不欲勿施于人"，更是作为博弈者最为重要的思考方法，这就是"站在对方的角度看问题"。你有没有这个能力，你有没有这样的习惯，决定了你这辈子在社会上、在股市上最终有什么样的成就。"凡人"的烦恼多，因为他基本上都只会从自己这个眼睛看问题，一辈子都是自己的"囚徒"，不信你可以观察下你自己的习惯思维。"超人"就是能够凡事从至少两个角度看问题的人，能够从正反两个方面看问题的人。

第八章　综合运用示范：题材投机 3×3 矩阵 …………………… 385

对于炒股经验较为丰富的投机客而言，3×3 矩阵的作用在于提醒你系统有序地分析，因为我们经常会不自觉地以偏概全，用期望代替分析，用幻想代替思想，用感性

代替理性。同时，我们可以通过记录每次分析的结论和据此交易的结果，然后用九宫格来复盘，看看是否在某些格子上存在漏洞和空白，这样就可以逐渐消除"短板"，并且建立起全面的优势。

暴利工具：市场心理分析框架

我们的绝大多数日常行为都是我们自己根本无法了解的隐蔽动机的结果……群体智慧的叠加只是愚蠢的叠加，真正的智慧却被愚蠢洪流淹没了。

——古斯塔夫·勒庞

在有众多美女参加的选美比赛中，如果猜中了谁能够得冠军，你就可以得到大奖。你应该怎么猜？别猜你认为最漂亮的美女能够拿冠军，而应该猜大家会选哪个美女做冠军。即便那个女孩丑得像时下经常出入各类搞笑场合的娱乐明星，只要大家都投她的票，你就应该选她而不能选那个长得像你梦中情人的美女。这诀窍就是要猜准大家的选美倾向和投票行为。

——约翰·梅纳德·凯恩斯

通过合理的推测和跟随市场心理，一些有进取心的个人能够长期地获得巨额利润。

——卡尔·福提亚

在A股市场上的投机客们往往不能区分"过气热点"和"新兴热点"，更不用提"潜在热点"，这使得他们往往容易因为盲目地追涨杀跌而陷入持续亏损的境地。如何摆脱单纯"跟风"、"听消息"导致的错误交易行为？这是绝大多数散户炒客心中的一大疑问。一些炒家试图通过"绝不割肉，不怕套牢，长期持股"的方法来摆脱个股上下跳动导致的冲动交易行为，结果却很容易碰上那些盛极一时就一蹶不振的个股，如以前的四川长虹和银广夏等。要真正从短期波动中获利就必须牢牢把握"题材"，如何恰当而及

> 潜在热点是资金将要流向的热门之地。

时地抓住"题材"并且"快进快出"对散户而言是最为实际的问题。

在本章中,我们要介绍的就是针对上述问题给出一个综合而彻底的解决方法,这就是"市场心理分析框架"。有了这个框架就很容易正确地看待"题材",从而做到短线持续获利,进而在股市大盘向上的情况下做到获取"暴利"。很多人一看到"框架"和"模型"就联想起那些数学公式,因此断定这些东西是深奥而不符合实际需要的。其实,绝大多数炒家之所以对"题材"感到无从下手,始终有"镜中花,水中月"的感觉,最为关键的一点就是缺乏一个简单而又实用的"框架"。如果我们能够在漫天充斥着各种消息和五花八门观点的世界中多一分淡定和主见,能够做到化繁为简、直指核心,那么就能够真正在股票短线炒作的战场上游刃有余。要做到这一点,就必须心中有一杆秤,能够将市场上各种因素加以衡量,去伪存真、由表入里,自然就能够做到持续盈利。

分析框架是我们在茫茫股海中的指南针。

第一节 "乌合之众"与股市波动

"乌合之众"一直被当作贬义词,而这个词是不能被用在"大众"身上的。不过,社会心理学的鼻祖级人物古斯塔夫·勒庞却不这样认为,他的成名之作 *The Crowd：a Study of the Popular Mind*(中译本为《乌合之众：大众心理研究》,杨程程翻译)一针见血地指出"大众"群体的心理是如何的多变和愚昧:"再高明的专家,一旦受困于群体意识,便会沦为平庸之辈,只能用平庸拙劣的办法来处理工作,无论多么重大的事件。群体智慧的叠加只是愚蠢的叠加,真正的智慧却被愚蠢洪流所淹没。"股票市场中的"大众"也如勒庞所说,"群体有自动放大非理性冲动的能力,

暗示的作用对群体中的每个人都会起到同样的作用，这种作用随着群体的情绪链条传递越来越强大，就会让他们做出超乎想象的事情来，除非有谁熟谙群体的特性和暗示的技巧，否则想平息这种群体的冲动无异于天方夜谭"。无论是牛市还是熊市，无论是次级折返还是日内波动，群体的行为都体现了一种非理性的冲动，对外界的信息总是过度反应，为了弥补上一次的过度反应而进行新一次的过度反应，群体总是"矫枉过正"。

　　道氏理论的鼻祖查尔斯·道深谙市场情绪的规则，他提出了三阶段学说，用来说明非理性的大众是如何在牛市末期加入并且将"泡沫"推到顶峰的。经济学家罗伯特·希勒的《非理性繁荣》也深刻地剖析了流动性过剩情况下资本市场的疯狂实质，这里面也掺杂了大量的群体盲从和过度乐观。在交易界真正对"乌合之众"有深入研究的是乔治·索罗斯，国内对他的了解恐怕到了 2007 年股市最热的时候才正式开始，其实在国外他的名声在 20 世纪末就如日中天了。索罗斯写了一本《金融炼金术》，里面提出了一个"反身性原理"，他认为群体心理与金融市场会相互强化直到某个极端水平才会反转。他给出了一些因素来理解这一过程，如信贷周期、资产价格周期和群体心理周期等，同时他也对这一理论进行了交易操作上的验证，并将这一理论连同交易日志一起写进了《金融炼金术》这本书中。

索罗斯对"筹码的本质"有着较为系统的认识。

　　上面讲的都是一些大家巨擘对市场大众的认识，我们接着介绍一些身边的交易高手对这一问题的看法。我们认识的一位职业短线炒家，每天晚上的功课就是收看中央二台和中央一台，寻找最新的产业政策和宏观事件，同时上网查看各大财经论坛对股市走势的舆论风向，最后会对少数板块的资金价量走势以及资金流向进行分析。他说自己这样做的原因是次日的热点板块很可能就会在这些信息的指引下诞生，市场情绪引起了市场的波动，而市场的这些情绪则来自最近时刻的某些重要信息。不过，当所有人都

所有人都出现在同一位置时，危机就出现了。

开始根据这一信息行动时，市场的波动就达到了极致，这时候就会出现反转和调整。所以，我们要做的是尽早地加入这些热点中，而不是在热点已经众所周知的时候才加入其中，因为那时已经晚了，会成为主力的"抬轿"者。

读者这时候或许想要看一些具体的例子，也就是市场情绪如何影响市场波动的实例。我们以 2011 年 10 月中旬的 A 股市场为例，当时 A 股市场一片惨淡（见图 1-1）。不过，在这种"哀鸿遍野"的走势中，环保板块却一枝独秀，先河环保早盘一度涨停，长青集团、富春环保、创业环保也表现不俗，为什么这些环保股能够在熊市中逆流而上呢？

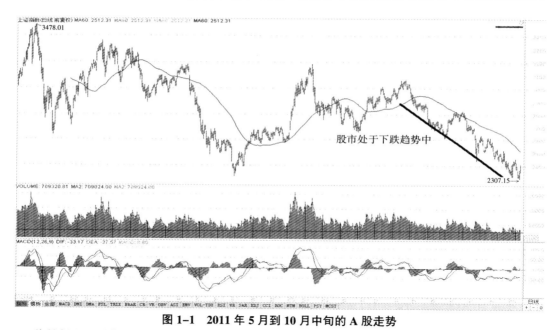

图 1-1　2011 年 5 月到 10 月中旬的 A 股走势

资料来源：通达信。

重大政策带来重大的市场变动，也带来巨大的利润和风险。

2011 年 10 月中旬环保股逆势上扬并不是熊市反转后的集体行为，也不是内部消息导致的提前布局，而是因为这个行业板块面临着一系列政策利好，这就是产业政策导致的"题材"和"热点"。2011 年 10 月 20 日，国务院发布了《关于加强环境保护重点工作的意见》，提出实施有利于环境保护的经济政策，继续强化污染物总量减排等目标。这一意见的出台再次表明了国家支持环保产业的态度，同时

五年一次的全国环境保护大会即将召开。

　　10 月 20 日出台意见，环保股的股价在 10 月 21 日就有精彩的表现。尽管 10 月 21 日 A 股继续调整（见图 1-2），但是环保板块的个股却集体高开，其中先河环保表现得尤为突出，大幅高开，一度涨停，后因大盘影响，涨幅缩小，不过收盘仍旧上涨 5.22%（见图 1-3）。虽然这只个股高开涨停，很难买入，但是这个例子告诉

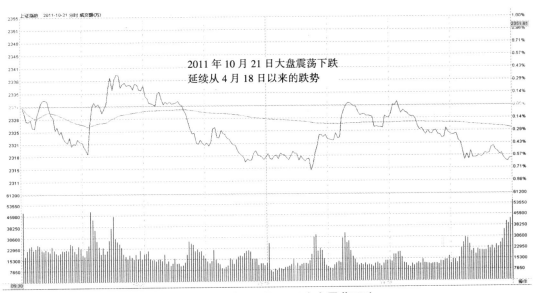

图 1-2　2011 年 10 月 21 日大盘震荡下跌

资料来源：通达信。

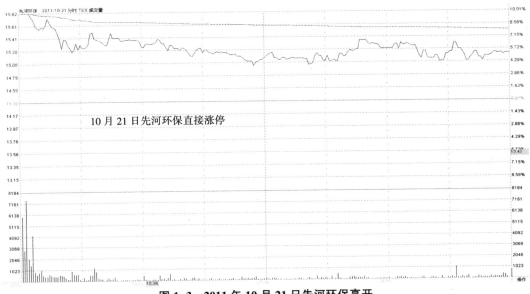

图 1-3　2011 年 10 月 21 日先河环保高开

资料来源：通达信。

我们次日板块和个股的走势是可以从前一日的新兴热点新闻中获知一二的。另外，主营业务为生物质发电的次新股长青集团也是一度接近涨停，最终上涨了 5.61%（见图 1-4），这只个股由于开盘跳空幅度不大，所以在开盘时是完全有机会买入的。

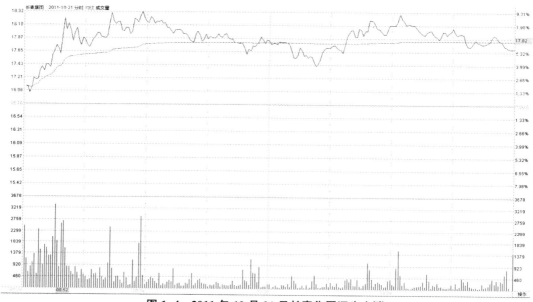

图 1-4   2011 年 10 月 21 日长青集团逐步上涨

资料来源：通达信。

新闻联播是题材投机客最关注的一个栏目。

国务院关于加强环境保护和支持环保产业发展的新闻在 2011 年 10 月 20 日大多数媒体中都能看到，特别是央视和主要财经网站，所以这并不算内幕消息，散户完全可以通过关注这些"新兴题材"来把握未来一天或者几天的"热点板块"。

2008 年汶川"5·12"地震后，重建相关的上市企业受到追捧，如水泥题材股 ST 金顶（见图 1-5）和四川双马（见图 1-6），而相应的大盘在地震之后仍旧是下跌的（见图 1-7）。

期货也是题材投机客的重镇。广而言之，存在交易的地方就存在题材，存在题材的地方就存在投机。

智利的康塞普西翁在 2010 年 2 月 27 日发生的里氏 8.8 级大地震（见图 1-8）也引起了次日对铜矿板块和铜期货的炒作。智利是全球最大的铜生产国，2009 年精铜产量

图 1-5 汶川地震后 ST 金顶大涨

资料来源：通达信。

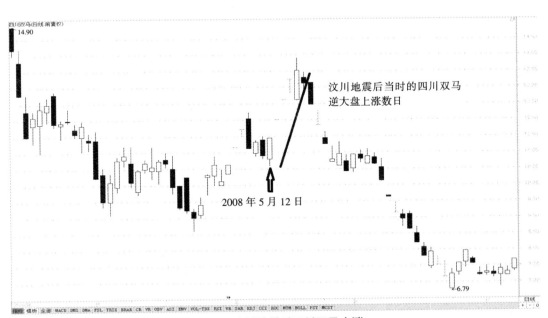

图 1-6 汶川地震后四川双马大涨

资料来源：通达信。

图 1-7　汶川地震后股市大盘继续走弱
资料来源：通达信。

图 1-8　智利 2010 年 2 月 27 日里氏 8.8 级大地震的位置
资料来源：通达信。

534 万吨，占全球产量的 33.8%，2009 年中国进口精铜 320 万吨，进口精铜矿 613 万吨，其中智利为主要的铜资源进口来源地。因此，智利的这次大地震引发了全球对铜短期供给将锐减的担忧。

在智利矿产业受损情况尚不明确时，主营为铜的 A 股受到短期资金的"疯狂"炒作，包括精诚铜业、云南铜业、江西铜业及铜陵有色在内的多只有色金属股全线涨停（见图 1-9）。但是，2010 年 3 月 1 日晚间即从智利传来消息称，地震中心离主要的铜矿产区较远。接下来，相关个股在 3 月 2 日开盘后迅速回落。

> 题材一旦落地，一旦缺乏想象空间，那么行情也就到了尽头。

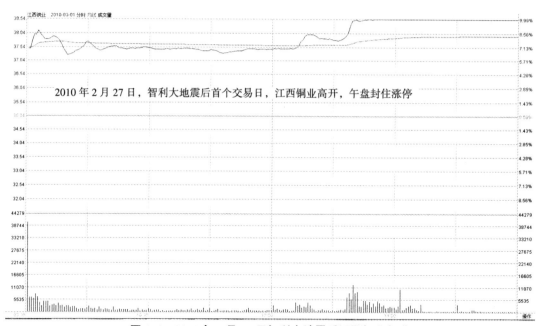

图 1-9　2010 年 2 月 27 日智利大地震后江西铜业飙升

资料来源：通达信。

日本 2011 年"3·11"地震后，也有多个板块遭到轮番炒作，甚至连盐业个股也被狂炒，以至于有游资专门雇用懂日语的翻译天天守在网上查看日本地震最新的信息，以便对相关板块个股进行提前布局和炒作。

> 外语能力可以构建一种信息优势，而这是题材投机决胜的一项优势。

各种新兴的热点或信息输入交易者大脑中，然后通过

题材投机 1——追逐暴利的热点操作法

交易者的资金体现在股价的走势上，位于"股市生态金字塔"上的不同交易者群体对于信息的认知时间差，绝大多数散户是在信息已经广受重视并且股价已经上涨（或者下跌）很久的时候才意识到，而此时已经晚了，因此最终成为"猎物"（见图 1–10）。

整体而言，信息优势重要性高于资金优势。

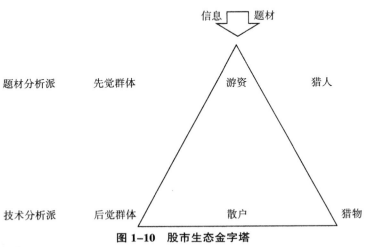

题材分析派　　先觉群体　　　游资　　　　猎人

技术分析派　　后觉群体　　　散户　　　　猎物

图 1–10　股市生态金字塔

资料来源：通达信。

第二节　主题和题材

题材提供了游击战的机会，主题提供了阵地战的机会。但只有公司业绩的持续增长才能保证超大资金的安全和盈利。

要搞清楚什么是题材，必须与主题有所区别，只有这样才能与所谓的趋势交易者区别开来。本书提出的"题材投机"，其实是一种游资思维，采取"游击战术"，与私募和游资共舞，"打一枪换一个地方"，采取高频交易的模式小幅度滚动获利。这样既避免了趋势持股后震荡洗盘导致的紧张，也避免了套牢后的无奈。兼具安全性和营利性，属于"非对称炒股法"，可以帮助广大炒家规避资金和分析水平上的劣势。

主题是一个中长期的概念，而题材则是几天之内的一个概念，主题是全局性的概念，涉及大盘的长期走势；题

材是一个局部短期概念，涉及板块和个股的短期走势。主题是大型资金要牢牢把握的盈利机会，一般采用趋势跟随的操作方法，如 2005 年 998 点之后开始的股改和资产价值重估行情，就是主题行情（见图 1-11）。

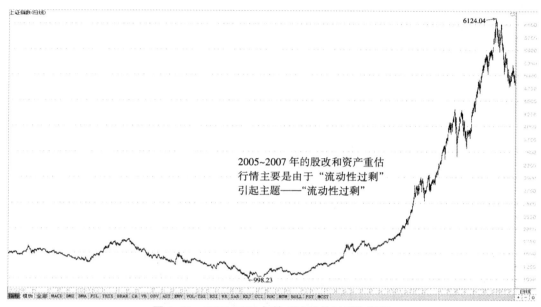

2005~2007 年的股改和资产重估
行情主要是由于"流动性过剩"
引起主题——"流动性过剩"

6124.04

998.23

图 1-11　2005~2007 年的"流动性过剩"行情

资料来源：通达信。

　　题材是小型资金，具体而言是游资（当然散户也可以参与其中）追逐的机会，一般采用快进快出的操作方法，如 2007 年 6 月 7 日，国家发改委下发"发改经体〔2007〕1248 号"文件，明确"国家发展改革委批准重庆市和成都市设立全国统筹城乡综合配套改革试验区"。这是一个题材，主要对个股和板块有影响，对于大盘则没有影响，因此不属于主题行情，而属于题材行情（见图 1-12）。

　　题材与投机密切相关，而主题则与投资的关系密切，私募基金以题材投机为主，资金相对较少，往往不会选择超级大盘股进行题材的炒作，而且由于题材时效性较短，所以板块和个股上涨的持续性较差。题材行情是短线客的乐园，而本书正是为短线客而作。公募基金特别是社保基金以主题投资为主，资金雄厚，对宏观经济的研判更为擅长，因此往往以上市公司的整体业绩以及货币流动性变化作为操作的基本指南。

　　主题决定了市场是牛市还是熊市，当货币政策在 2007 年开始显现出紧缩趋势后，大盘走入"流动性紧缩"主题行情，这是一波熊市（见图 1-13）。虽然，在这

波行情的末端外围市场产生了非常大的影响，如当时的次贷危机使得中国面临外国资金回流填补亏空和出口下降的困境。当时最为主要的原因还是货币无法进一步放宽，而不断紧缩的货币政策最终使得股市遭遇流入资金后续乏力的沉重一击。

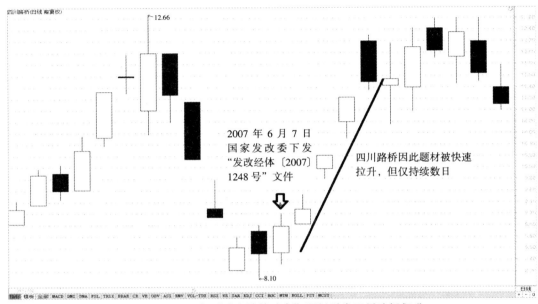

图 1-12　2007 年"城乡统筹试点"题材引发四川路桥飙升

资料来源：通达信。

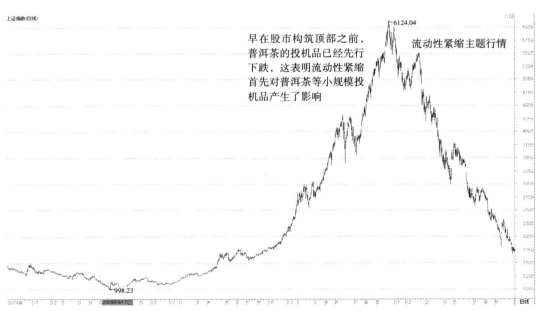

图 1-13　2007~2008 年的"流动性紧缩"主题行情

资料来源：通达信。

此后，由于美国次贷危机波及全球，政府推出 4 万亿元的刺激计划，而货币供给再次放开，达到前所未有的极度宽松状态，加上国家对创新企业的重视，这使得创业板和中小板在大盘走高的背景下走出一波气势如虹的牛市，这也是一波"流动性宽松"主题行情。但在 2008~2009 年的这波牛市中，稀土作为一个题材被热捧（见图 1-14）。当然题材是不断变化的，这就是游资和私募利用牛市大背景不断追逐新热点和新题材的具体特点。国家对以稀土为主的矿产资源进行战略管理，使得稀土不断提价的预期具有现实的产业政策基础，因为游资也能够利用持续的题材不断进行炒作。加上这段时间内央行实行了超级宽松的货币政策，以及财政 4 万亿元投资，使得题材借助了超级利好的主题，因而能够疯狂上涨。

> 持续的竞争优势带来持续的业绩增长，而持续的业绩增长很容易就成为一种坚不可摧的主题。

> 主题就是行情发展的主要矛盾，主要矛盾决定了事件的性质。

> 题材的生命力除了受到自身性质的影响，还受到整体流动性的影响。在任何交易中，流动性的影响都是首要的。

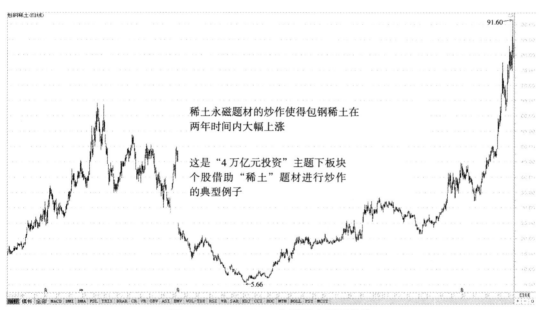

图 1-14　2008~2009 年的稀土题材炒作

资料来源：通达信。

牛市中市场的热点变化较慢，持续时间相对要长一些，而熊市中的热点变化很快，而且持续时间也较短，有些热点甚至一两天就结束了。2010 年 11 月之后，大盘步入震荡下行的状态，中间虽然有大幅度的反弹但是熊市的特征一目了然。每一个具体的牛市和熊市都是由一到两个主题所定义的，而与牛市和熊市最为密切相关的主题就是"流动性宽裕程度"。国内曾经有机构对货币供应量和 A 股走势的关系进行了深入而全面的研究，并且也借助了国外的相关研究成果，最终发现我国货币供应量 M1 与 A 股走势密切相关。为什么呢？M1 简单而言就是指流通中的现金和活期存款，这个指标其实度量了准备进入股市或者是已经进入股市的资金水平。根据招商证券罗毅先生的统计，当 M1 同比增速回落到 10% 左右时，股市见底；M1 同比增速超过 20% 时，则股市见顶。如果按照这个规律操作，那么从 A 股诞生到 2009 年，操作者应该获得超过 90 倍的收益率。基金经理陆从珍也指出：从历史上看，M1 确实对 A 股市场的涨跌有一定的参考意义，如 1999 年 1 月 M1 增速为 9.6%，随后持续上升，而 A 股市场也在同年 5 月迎来"5·19"行情；又如 2005 年 2 月，M1 增速 9.9%，为 2002 年 1 月以来的最低位，随后回升，而市场也在该年的 7 月随着股权分置改革的进行发展成波澜壮阔的牛市。对于重要低点，在过去 M1 也有同样的预判能力，如在 2001 年与 2007 年的市场顶点之前，M1 都存在高位回落现象。基金策略分析师杨德龙也指出："根据历史经验，M1 同比增速落至 10% 以下表明 A 股市场已接近底部。随着 M1 同比增速的逐渐见底，A 股也将逐渐完成筑底过程。"

当然，关于货币供给量对股市的影响，并不是只有中国才有这种观点，在 *The Liquidity Theory of Asset Prices* 这本国外专著中，英国专家们详细介绍了英美日三国的货币政策对股票市场走势的重大影响。所以，我们在把握牛熊市时一个需要关注的变量是货币供给 M1 口径的变化，这样我们就对大势有比较准确的把握了，剩下的就是对"热点"，也就是题材的把握。本书主要围绕"题材"展开，关于"大势"分析得更全面和更深刻的介绍请参考《股票短线

M1 与 A 股走势的关系是一种相关关系，而真正可靠的关系则是因果关系。正确区分相关性和因果关系是找到大众盲点的一种有效方式。

居民资产负债表的调整直接关系股市的流动性。

交易的 24 堂精品课》一书。

现在我们看看最近两年股价的走势情况，2009 年 8 月到 2010 年 11 月，代表 A 股走势的上证指数在高位盘整，几次上冲都未能成功，而且高点越来越低（见图 1-15），为什么会这样呢？其实，从 M1 同比增速就可以看出 2010 年 1 月前后货币供应量开始持稳，此后向下（见图 1-16）。

图 1-15　1664.93 点之后的牛市和熊市

资料来源：通达信。

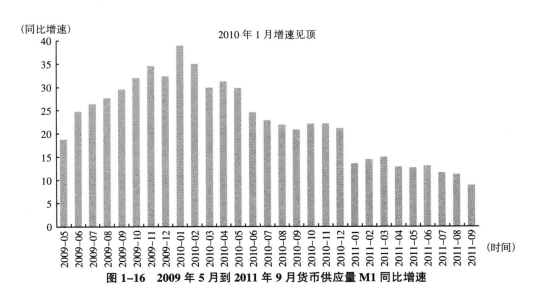

图 1-16　2009 年 5 月到 2011 年 9 月货币供应量 M1 同比增速

2011 年 9 月的 M1 增速已经降到了 10%以下，流动性底部基本确立，虽然我们知道了大盘的牛熊与货币供应量 M1 同比增速密切相关，但是为了能够在牛市中最大化利润，在熊市中最小化亏损（当然也可以轻仓快进快出一些"题材"和"热点"），我们就需要关注板块和个股，而这与"题材"密切相关。

总之，主题无非导致股市的牛熊，而题材则是我们完成对大势把握后必须关注的一个范畴，题材是我们真正的着手点。大处着眼，这个"眼"就是"主题"，找准题眼；小处着手，这个"手"就要放在"题材"上。

第三节 捕捉股市题材的基本模型

题材和主题只是一种理想的二分法，而现实中两者的界限是模糊的。

股市题材是如何产生的？市场总需要不断有新的信息输入才会产生波动，而题材和主题正是这样的新信息。题材是涉及局部和较短期的新信息，而主题则是涉及全局和较长期的新信息。题材与波动有关，而主题则与趋势有关。题材驱动市场波动，各路资金要获利就必须让市场产生波动，同时能够让市场中的"小鱼"来高位接盘，题材就这样应运而生了。不过，题材的变化则与市场之外的因素有关，如自然灾害、疫病、产业政策、行业周期等。股市对题材的操作存在一个生物链，游资相比散户而言具有资金上的显著优势，而且对潜在和新兴的热点更为关注，而散户则普遍迷信"技术图形和指标"，等股价开始发动时才发现，所以往往在题材和热点步入收尾阶段时才蜂拥而入，最终肯定是被主力"宰杀"。

对于投机资金而言，利润来自其他资金的亏损，而股市从整体而言仍旧是"投机"为主的场所，只有少部分坚持真正价值投资的机构和个人赚取的利润是来自上市公司

的经营收益增长。我们所赚的往往就是别人所亏的，这是股市短线赚钱机制所在，而这种"零和游戏"就是通过"追逐题材"这类击鼓传花的游戏完成的。

追逐题材意味着我们的行动具有时效性，如 2011 年 10 月泰国暴发大洪水，由于泰国是稻米的主要出产国，所以我们认为市场可能会在期货市场上进行操作，不过游资却适时地在 A 股市场上的种业公司上进行炒作。泰国洪灾的事情基本上每天都要在中央台的新闻里报道，对于最新的进展不断有国内媒体进行跟进播报。在游资开始正式介入相关公司板块之前，散户交易者完全有充分的时间来捕捉到这一题材。所以，我们在 A 股市场上进行短线交易的时候要紧跟热点，很多热点出现的时候板块和个股还没有发动涨势，或者是才开始上涨（半天或者一天），这时候我们完全可以介入。关于介入时的仓位，可以动用 1/5~1/3 的仓位，滚动操作几个热点。例如，热点 A 首先出现，我们用 1/3 仓位介入，然后热点 B 出现，我们又投入 1/3 仓位，当 C 题材出现的时候我们将剩下的 1/3 仓位投入，这时候就是满仓了。随着新的热点题材 D 出现，热点 A 可能已经消退或者减弱，这时候我们就退出题材 A 的交易，将资金投入题材 D 的操作上。这种轮动可以避免资金被某一题材套牢，同时帮助我们捕捉短期内波动最大的板块和个股，充分提高资金的利用率和周转率，这就是"高频交易"的好处。交易收益率也可以进行"杜邦分解"，盈亏比（风险报酬率）、胜算率和周转率，以及交易成本共同构成了交易收益率。对于短线交易而言，要想办法降低交易成本，同时尽力提高其他三个指标。如何降低交易成本？这个就是选择券商和讨价还价的问题了。

热点轮动和分仓滚动操作为我们提高资金周转率和收益率提供了坚实的基础。

现在回到正题，由于题材具有时效性，当题材刚开始被价格吸收的时候，其发挥的空间很大，也就是说题材的想象空间很大，还有很多细节可以进一步拿来进行操作。随着时间推移，价格逐渐将题材给出的信息吸收进去。知

晓题材的交易者数目体现了价格吸收信息的速度，当市场上大部分人都了解了这一信息，并且参与其中时，题材的发挥空间也就所剩无几了，这时候题材行情往往也就到头了。如何得知题材的交易者数目？要看主流媒体是否涉及这个题材，看各大股票论坛对这个题材的关注度如何。例如，雪球网（见图1-17）、淘股吧（见图1-18）、

图1-17 通过雪球网了解个股和题材的关注度

资料来源：雪球网。

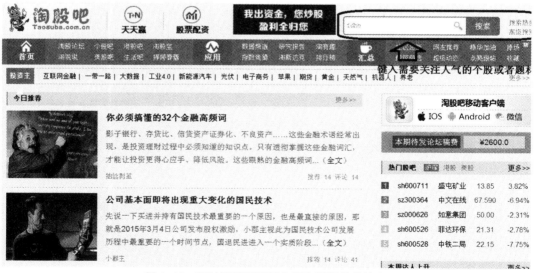

图1-18 通过淘股吧了解个股和题材的关注度

资料来源：淘股吧。

和讯股票论坛和东方财富通股票论坛等，现在有人在做这方面的大数据处理，但是如果大致浏览相关题材的帖子也能够大致定性市场热度如何。

　　题材刚开始的时候，价格开始吸收（开始上涨）时，是我们介入的最好时机。随着股价继续上涨，我们就要密切关注股价变化和新闻媒体，看看股价是否出现了疯狂拉升，是否出现了"天量"（见图1-19），筹码峰值是不是从低位移到目前的高位（见图1-20和图1-21），媒体是否大幅报道这一题材，同时分析师也大举建议散户买入，如果出现了上述迹象就意味着价格对题材的吸收达到了极致，接下来行情可能会出现反转（见图1-22）。

　　在股市中对题材的操作存在两种主要策略：第一种策略是题材开始吸收的时候建立顺向的仓位（见图1-23），如国家对小微企业进行扶持和减税，这对于创业板是利好，所谓的顺向仓位就是做多的仓位，也就是买入仓位。又如2015年2月底柴静的《穹顶之下》纪录片推出后，相关概念股上建立的是顺向做多仓位，这个顺向就是顺题材方向的

> 狂热可以通过自媒体表现出来，可以通过成交量表现出来，也可以通过波动率表现出来。

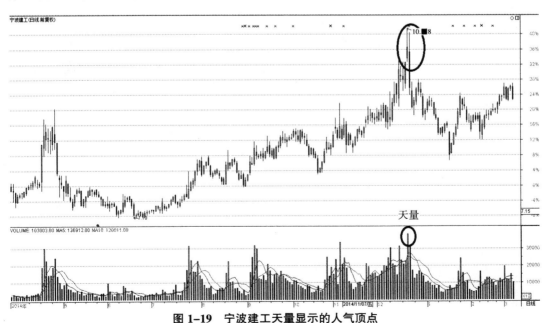

图1-19　宁波建工天量显示的人气顶点

资料来源：通达信。

图 1-20　正邦科技低位筹码和资金交换 1

资料来源：通达信。

图 1-21　正邦科技高位筹码和资金交换 2

资料来源：通达信。

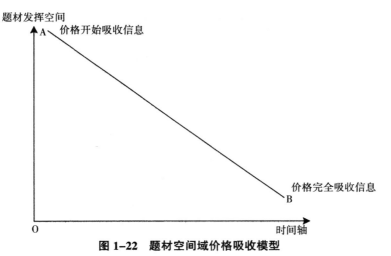

图1-22 题材空间域价格吸收模型

资料来源：Dina Pri Fund.

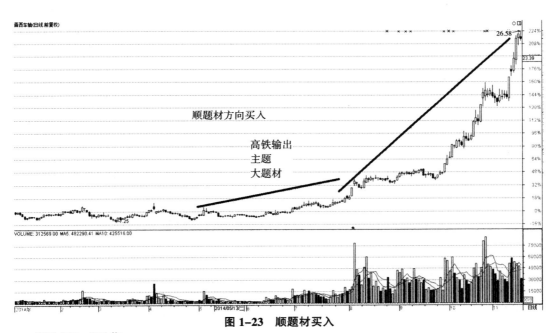

图1-23 顺题材买入

资料来源：通达信。

意思。再如2014年全年李克强总理推介中国的高铁建设能力，期间买入就是顺主题方向建立仓位。

第二种策略是题材结束（或者接近结束）的时候建立逆向的仓位，如双汇爆发瘦肉精事件之后，随着情况不断恶化，机构和散户不断出逃，当情况不会再进一步糟糕的时候，价格在暴跌之后企稳，这时候可以进场建立逆向的仓位，也就是利空

逆题材绝对不能够与连续利空题材作对。

出尽后的做多仓位，这与此前的利空消息是反向的。又如重庆啤酒乙肝疫苗失败后，股价一路狂跌，有私募在恰当位置进场买入，这就是逆题材方向买入（见图1-24）。再如紫金矿业在污染事件之后，股价不断下跌，市场上不断传来各种负面消息，不过当价格吸收这些信息之后股价就需要新的更坏的消息才能下跌，而如果你预计到不太可能有更糟糕的新消息，那么就可以逆向建立多头，买入紫金矿业，当时市场上确实有主力这样操作（见图1-25）。

题材存在周期，这是我们在前面隐隐约约透露出的一个事实。交易者如果能够很好地把握到题材的周期，就能够在题材的生灭过程中获利：①在利多题材开始被价格吸收的时候买入；②在利空题材已经被价格完全吸收的时候买入；③在利多题材已经被价格完全吸收的时候卖出；④在利空题材开始被价格完全吸收的时候卖出。随着A股市场做空机制的完善，先卖出再买入的"做空"操作将变得更加便利和普遍，所以我们要重视多空题材本身的"生灭转化"。

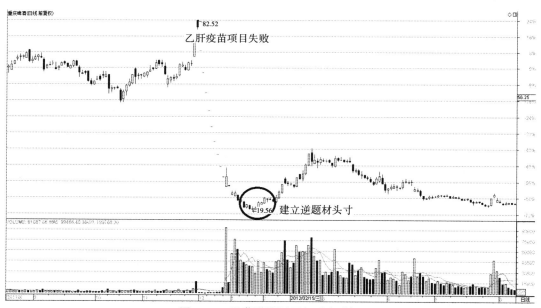

图1-24　私募逆题材买入重庆啤酒

资料来源：通达信。

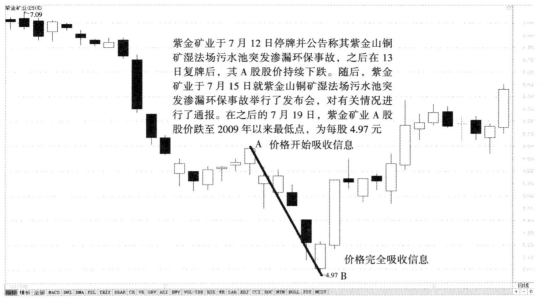

紫金矿业于 7 月 12 日停牌并公告称其紫金山铜矿湿法场污水池突发渗漏环保事故，之后在 13 日复牌后，其 A 股股价持续下跌。随后，紫金矿业于 7 月 15 日就紫金山铜矿湿法场污水池突发渗漏环保事故举行了发布会，对有关情况进行了通报。在之后的 7 月 19 日，紫金矿业 A 股股价跌至 2009 年以来最低点，为每股 4.97 元

A　价格开始吸收信息

价格完全吸收信息

图 1-25　紫金矿业利空题材吸收过程

资料来源：通达信。

　　那么，题材的"生灭"周期究竟是怎样的？主力和散户在这个周期中究竟做了些什么？我们是否能够很好地把握这个周期？换言之，我们如何把握股市的题材？下面我们就用一个模型来解答上述问题，这个模型也是本书的核心所在。这个模型可以用来把握可能的题材行情，同时在行情落下帷幕前及时退出。

　　任何一个题材的发展都有四个阶段（见图 1-26）：第一阶段是"潜在焦点"阶段，这时候题材还处于若隐若现的状态，有少数媒体开始报道这一题材，或者是央视等媒体首次发布相关消息，此时市场上占据大家眼球的题材已经出现一段时间了。处在"潜在焦点"阶段的题材想象空间很大，但是受大众关注的程度却很低，基本上这时候除了游资和少数散户，市场上"最喧嚣"的那群人并没有注意到这一题材。第二阶段是"新兴焦点"阶段，这时候股价开始上涨，主力也基本建立起了底仓，主力总体持仓达到一个高值。在这个阶段，题材的想象空间开始逐步缩小，不过仍旧具有进一步想象的较大空间，而大众的关注程度却在不断上升，散户介入这一题材的数量在不断增加，仓位也在不断加重，有散户源源不断地因为题材热炒和股价上涨而涌入。第三阶段是"成熟焦点"阶段，这时候题材的关注程度达到最高，题材进入大众焦点阶段，行情达到最后疯狂的阶段，成交量急剧放大，如果在分时图上看很可能出现陡直的大幅上升状态，这时主力已经基本清仓完毕，散户则

全线介入。随着股价下跌，题材也逐渐丧失了号召力。第四阶段是"过气焦点"阶段，不过仍旧有散户在增持仓。

在"潜在焦点"阶段，题材处于大众的盲点区域，具有最大的想象空间，但是大众关注程度最低。在"新兴焦点"阶段，题材逐渐进入大众的视野，关注程度逐渐提高，但是仍旧处于中等水平，主力持仓达到最高水平，而散户持仓却处于最低水平，如图 1-26 所示，散户在 AD 阶段将筹码低价卖给了主力。在"成熟焦点"阶段，题材开始成为大众的焦点，关注程度也达到最高水平，不过想象空间却处于最小水平，主力持仓减小很多，而散户持仓开始增加，在 BC 阶段，主力在股价高位将筹码卖给进来抢筹的散户。

一旦有了这个模型，你对题材投机就有了透彻的理解，剩下的无非是根据自己的经验和偏好来充实对这个模型的理解和运用。

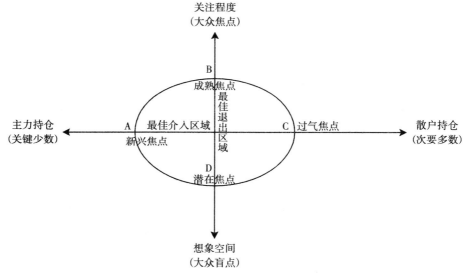

主力：AD 段，前瞻思维　　　　散户：BC 段，后顾思维

图 1-26　Dina 题材捕捉模型

资料来源：Dina Pri Fund.

要想运用好上述题材捕捉模型，必须注意信息的失效性、价量状态，然后从媒体和股价的走势中进行交互验证。

第四节　股市情绪甄别工具推荐

我们在上一节介绍了捕捉股市题材的理论模型，本节介绍一些可以帮助我们甄别题材和市场情绪的工具。题材与市场情绪密切相关，市场情绪的周期显示了题材的周期。一旦把握了市场情绪的周期，也就把握了题材的周期，而一旦把握了题材的周期，也就把握了短线交易的最大利润源泉。

散户的主要装备往往被局限于技术指标和股价走势，而散户没有注意到这些装备往往是"好看而不好用"。但是，绝大多数散户却不认为这些技术指标存在问题，反而认为自己功夫还不够，其实这不是战术上的问题，而是战略上的问题。寻找所谓的"神奇指标"是绝大多数散户的共同想法，那么"神奇指标"是否存在？我们觉得所谓的"神奇指标"就是那些能够盈利，甚至盈利水平相当高的"指标"。那么，是否存在这类指标？比较常见的谨慎回答是"圣杯指标"并不存在，但是降低标准的"神奇指标"确实存在。然而，散户将自己的眼界限制到了跟大众一致的范围，这就注定了他们不可能找到"神奇指标"。当你使用的指标与大众的指标完全一样或者大致原理一样时，你不可能获得超过大众水平的绩效。换言之，只有"独辟蹊径"，创造和发掘那些与大众所采用"指标"完全不同的工具才能够战胜绝大多数人的绩效，至少在使用同一指标的思路上要有所不同才行。如 KD 指标，绝大多数人都将这个指标作为一个卖出信号，也就是说相对而言更加注重"超买信号"而忽略"超卖信号"，为什么会这样？这其实与所谓的"倾向效应"有关。自然进化的历程使得人类天性上倾向于"急于兑现利润和耐心拿住浮亏"，换言之就是

当你将注意力从行为分析前移到心理分析和驱动分析时，你就获得了竞争优势。

"截短利润，让亏损奔腾"。所有人在炒股的时候都有一种天生的倾向，那就是在浮亏的时候愿意套住期待市场转向，在稍有盈利的时候急不可待地兑现，生怕得而复失。这种倾向的出现其实与所谓的"中值回归"思维有很大关系，我们认为价格涨得越高就越可能下跌，跌得越凶则越可能上涨。这就使我们在买入盈利后倾向于认为继续持仓的风险越来越大，而买入被套后倾向于认为再继续持仓的风险越来越小。有了"倾向效应"和"中值回归"思维，我们在使用 KD 这类震荡指标的时候就会带有"执着"或者"偏见"：我们在稍有盈利的时候会更加关注 KD 高位超买的情况，在买入被套后会寄希望于 KD 低位超卖信号的出现能够让股价下跌刹车。两者相比较，我们又对超买更加重视，一旦我们的心理不平衡了，就会失去对市场趋势的客观判断，自然就会出现"截断利润，让亏损奔腾"的窘况。股价不断上涨，KD 指标一直在高位超买钝化（见图1-27），而你早已卖出，现在眼巴巴看着股价不断创出新高；或者是股价不断下跌，KD 指标一直处于低位钝化（见

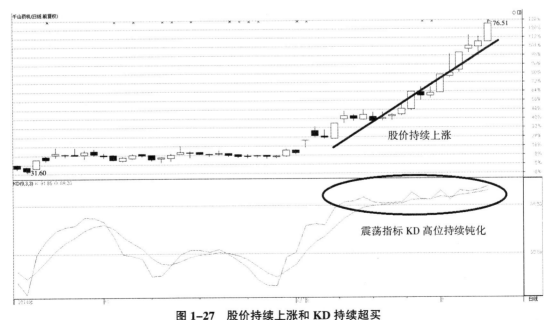

图 1-27　股价持续上涨和 KD 持续超买

资料来源：通达信。

图 1-28），你被彻底套牢，随着亏损幅度不断扩大，你已经丧失了采取主动的意愿。市场上绝大多数人都偏好震荡指标，而赢家的思维是与此相反的。

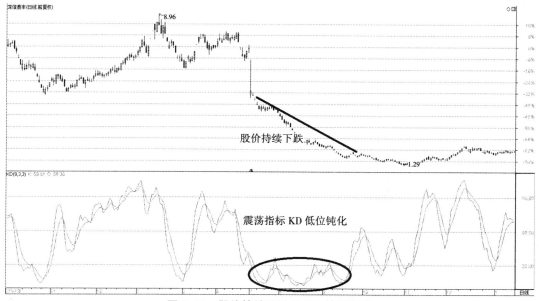

图 1-28　股价持续下跌和 KD 持续超卖

短线交易并不是战胜市场，而是战胜其他参与者，这点大家要搞清楚。至少还有一多半的股民不知道这个市场的分配机制，不知道每一笔交易背后都有一个卖家和一个买家。当你是买家的时候，说明你的对手盘是卖家，他是看空的，而当你是卖家的时候，说明你的对手盘是买家，他是看多的。筹码和资金发生交换，双方都有充足的理由，双方都认为对方的看法是错误的。如果每笔交易都能切实做到比对手的看法更正确，比对手更有优势，那么成为赢家是必然的。因此，我们炒股的时候，要善于站到对方的角度去思考。2014 年有一个不到 30 岁就资产过亿元的湖南籍股神在自己的圈子里强烈推荐《安德的游戏》这部电影，后来又强烈推荐电影《分歧者》。

所谓"外行看热闹，内行看门道"，这两部电影可以当作科幻片来看，但是这两部电影里面各自贯穿了一个重要

随时想象一个强大的对手可以提醒你交易是一项艰苦的工作。

的思维方式，也就是"赢家的思维"。《安德的游戏》从头到尾都在强调一个"对手盘思维"，也即所谓的"第二知觉位置"，站在"第二人称的位置"想问题。在股市分析个股的时候要把握参与者的情绪，就应该站在持币者的角度思考，也站在持股者的角度思考，里面的人会怎么想，外面的人会怎么想。高手是善于从对方角度思考的人，这点你做到了吗？不是能不能做到的问题，而是你做没做的问题，采纳"第二知觉位置"进行思维有没有成为你的习惯。"站在对方的角度"说起来很抽象，其实具体而言就是"想象你现在就是对方，你会想些什么，怎么想和怎么做"。如果你能换位思考，那么你就能感受到对手的思维和情绪，股市情绪如何甄别？可以通过大数据，可以通过一些成交量指标，可以通过浏览股票论坛。但是，这些都是数字或者表象，你只有站在对手的角度，揣摩对手的思维和情绪才能真正把握股市情绪。这个过程没有太多定量的东西，但肯定是"一分耕耘，一分收获"，股市上的短线高手、题材投机高手都经过了这个过程。

　　《分歧者》又透露了什么样的赢家思维呢？这就是"格局思维"，被称为"第三知觉位置"。站在"我"这个角度思考，叫作"第一知觉位置"，这是青春期的思维，你把自己和周围世界区分开来，开始捍卫自己的边界，开始摆脱别人的意志力，你学会与自己内心深处建立链接，这个并不容易。但是，这并不是成熟和成功的标志。站在"你"这个角度思维，叫作"第二知觉位置"，这是经营良好社会关系和家庭关系的基础。大部分人因为僵化于"第一知觉位置"，所以拙于"第二知觉位置"，这也是股市上绝大多数人都"一厢情愿"的原因。知己知彼，才能"打胜仗"。股价的波动是多空双方之间、主力和散户之间情绪波动的体现，你都没有揣摩出对方的情绪，就凭一己见解在市场中盲动，焉有不败之理。"第三知觉位置"就是站在"他/她"的角度思考，也就是超乎利益相关者的角度，站在整

超越第一知觉位置，娴熟地在第二知觉位置和第三知觉位置看问题，这就是真正的顶尖高手。

体的角度，思考"格局的问题"。《分歧者》强调的是能够"跳出来"看问题，能够"抽离出来"看待事件的发生。这样才能看清市场中的情绪起伏，看清各个利益相关者的意图和动机。所以，什么是赢家思维？怎样才能真正甄别大盘的情绪和个股的情绪？分析的方法论是什么？这就是"对手思维"和"格局思维"。凡事多从对手的角度想，多从整体的角度想。知己知彼，这是"第一知觉位置"和"第二知觉位置"，旁观者清，"这是第三知觉位置"。

我们接着就来谈谈"术"的层面。现在大众采用的指标主要是根据价格来计算的，所以成交量类指标往往比价格类指标更具有效力。成交量相较于价格而言，能够提供更有效率的信息，在甄别股市情绪的时候我们应该更加重视成交量，具体而言是成交量的异常状态。什么是成交量的异常状态呢？具体而言有两种，第一种是"地量"状态，第二种是"天量"状态（见图1-29）。

图1-29 地量和天量

资料来源：通达信。

"地量"一般代表散户持仓达到了最低水平，而"天量"一般代表散户持仓达到了最高水平。当然，绝对的

地量和天量的真实含义需要结合大盘和题材等因素来思考。"一般含义"只是一种理想的真空状态而已。

"地量"和"天量"往往与"主题"有关，与"题材"关系不大。作为"题材投机者"而言，我们更多的是关注"阶段性地量"和"阶段性天量"。"阶段性地量"表明散户持仓处于最低水平附近，这与我们上一节介绍的题材模型中的 AD 阶段对应，题材正处于由"潜在焦点"向"新兴焦点"发展的过程中。"阶段性天量"表明散户持仓处于最高水平附近，这与题材模型中的 BC 阶段对应，题材正处于由"成熟焦点"向"过气焦点"发展的过程中。AD 阶段是游资的介入阶段，而 BC 阶段则是散户的介入阶段。潜在题材板块内个股的成交量阶段性异常可以帮助我们理解市场的情绪，这个有用的度量可以帮助我们更清楚地把握"题材的生命周期"（见图 1–30）。

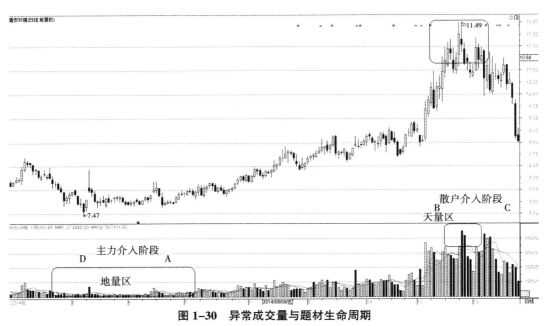

图 1–30　异常成交量与题材生命周期

资料来源：通达信。

　　股价本身决定了我们的盈亏，虽然股价比成交量更具有欺骗性，也就是股价比起成交量更容易为主力所操纵，股价提供的信息没有成交量提供的信息可靠。不过，股价比起基于股价计算出来的各种指标要有价值得多，为什么会这样？很多股票高手和期货高手只看价格走势，很少用基于价格的技术指标，因为他们认为这样能够化繁为简，而且信息也更及时和直接。散户绝大多数采用的是基于价格的技术指标，即使这些指标刚开始是有效的，但是随着使用的人越来越多，也会变得失效。像移动平均线这些技术指标，在欧美股市早期是有效果的，但是随着使用人的

增加，股价经常反复穿越移动平均线，这就形成了许多虚假信号。所以，相对于价格指标而言，我们认为价格本身提供的信号更加有效，因为直接分析价格的交易者越来越少，所以价格本身反而能够透露出很多有效的信息。当绝大多数人追求复杂的时候，你应该追求简单；当绝大多数人开始参与的时候，你应该退出……这种"有选择性"的反向对于交易者而言非常重要。"盲从"和让绝大多数散户永远无法找到持续盈利的工具，拨开迷雾才能成功。

选择性反向的关键在于什么时候采取逆向思维和操作。当群众行为完全一致的时候，就是你采取逆向思维的时候。

　　那么，我们如何从价格本身识别出题材周期呢？这就需要结合题材和价格走势进行分析了。一般而言，我们通过K线来分析价格走势，当然也可以通过美国竹节线来分析股价走势。美国竹节线中有一个"宽幅震荡日"和一个"窄幅震荡日"的概念，对于我们追踪题材周期非常管用，无论是"宽幅"还是"窄幅"都是度量"最高价"到"最低价"的幅度。"宽幅震荡日"代表市场情绪高涨，而"窄幅震荡日"代表市场情绪平静（见图1-31）。个股缺乏题材的时候，也就是处于模型AD阶段的时候，此时"窄幅

图1-31　宽幅震荡日和窄幅震荡日

资料来源：通达信。

震荡日"出现的频率更高；而当个股为题材所鼓动的时候，也就是处于模型 BC 阶段的时候，此时"宽幅震荡日"出现的频率更高（见图 1-32 至图 1-34）。

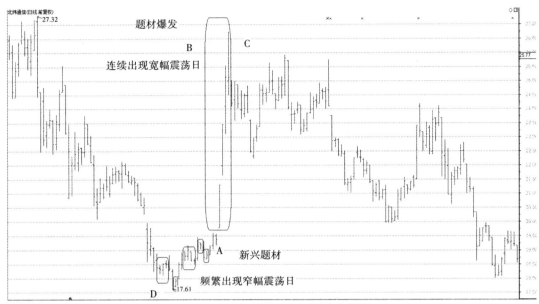

图 1-32　宽窄幅震荡日与题材生命周期 1

资料来源：通达信。

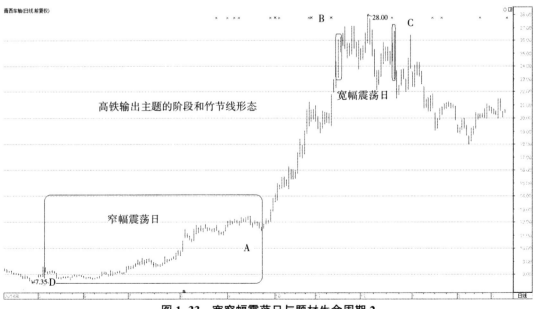

图 1-33　宽窄幅震荡日与题材生命周期 2

资料来源：通达信。

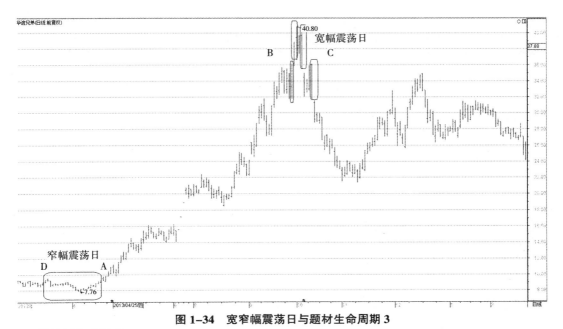

图1-34　宽窄幅震荡日与题材生命周期3

资料来源：通达信。

　　价量是我们需要从行情软件上查看的最为重要的两个要素，这两个要素如何与题材周期联系我们已经大致介绍过了。接下来，我们将对这些理论性和实践性都较强的内容进行详细的介绍。另外，换手率和量比也是观察个股情绪较常用到的工具，特别是对超短线交易者而言。

　　除了价量之外，还有很多工具可以帮助我们把握题材和市场情绪，如情绪指数，具体而言有机构情绪指数、分析师情绪指数和散户情绪指数，甚至还有社保情绪指数和QFII情绪指数。这些情绪指数在一些财经媒体网站可以找到，不过往往与大盘指数密切度更高，对于个股相关情绪的把握效果不是很好。

　　要想把握个股情绪，可以查看个股新闻和个股论坛（如前面提到的和讯论坛、淘股吧、雪球网和东方财富论坛等），里面出现的个股新闻和散户论坛跟帖可以很好地帮助我们把握散户目前持仓的状态，而这样可以帮助我们掌握目前题材处于哪个阶段。

　　除了上述常用工具外，还有一些极少数人用的指标和数据。第一个是"股票关注度"，和讯提供了这样的数据，可以通过如下网址查询（见图1-35）：http：//focus.stock.hexun.com/index.html。

图1-35　和讯的"股票关注度"

资料来源：和讯网。

第二个较为有效的少数派工具是"同花顺复盘必读"，这个工具可以帮助我们把握当下市场的热点，通过持续跟踪这一数据可以保持对市场情绪的掌握，特别是对热门板块和个股相关情绪的把握。这一数据可以通过如下网址查询（见图1-36）：http：//stock.10jqka.com.cn/fupan/。

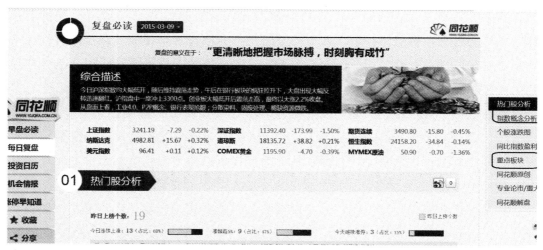

图1-36　同花顺"复盘必读"

资料来源：同花顺网。

　　第三个较为小众化的工具是"封面指数"，如"新浪封面秀"和"和讯封面秀"。这类工具便于我们及时出掉手中涨势已高的热门股票，因为能够成为封面的相关题材或者主题往往意味着中期或者短期顶部的到来，这时候题材或者主题往往处于 BC 阶段。这两个封面秀的查询网址为 http：//finance.sina.com.cn/coverstory.shtml 和 http：//media.hexun.com/index.html（见图 1-37 和图 1-38）。

图 1-37　新浪封面秀

资料来源：新浪网。

图 1-38　和讯封面秀

第四个工具是百度指数（见图 1-39），相应的网址是 http：//index.baidu.com/。可以在搜索栏中键入相关个股或者题材的关键词，然后查看其相关检索数据，从中可以了解大众对这只个股关注度的变化（见图 1-40），如果关注度陡然上升，再结合成交量和股价以及题材本身的可持续性就可以得出是否卖出的结论。

图 1-39 百度指数

资料来源：百度。

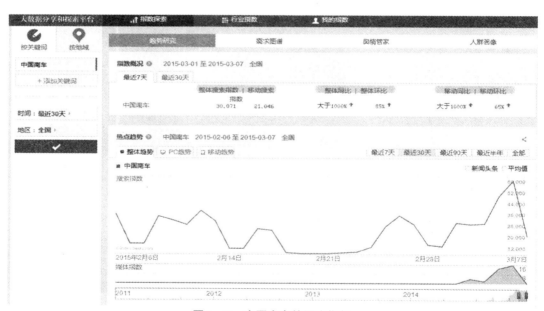

图 1-40 中国南车的百度指数

资料来源：百度。

最后还要强调的一点是，要想发现潜在和新兴的题材，也就是处于 AD 阶段的题材，就必须保持天天看央视一台和央视二台的习惯，这是发现 A 股新兴题材的不二法门。自然灾害（如旱灾、洪灾、瘟疫、地震等）、政策变化（如产业政策、税收政策、区域政策等变化）、季报年报公布等往往都是新兴题材的来源。而且市场

上的题材往往是一个到两个，这一两个题材往往是牛市的领头军，而熊市中的题材则比较短暂和散乱。

　　很多股民都关注行情走势或者是个股传闻，但是对于中央台的新闻和专题报道，以及深度分析却并不感兴趣，殊不知题材往往从中央一台和中央二台被发掘出来，而且题材与板块关系更大，与个股关系较少。做题材往往是围绕板块在操作，当然也可能有所谓的高配送之类的题材，这些则与个股密切相关。随着股民素质逐渐提高和分析逐渐理性，高配送题材将逐渐淡出市场。身边的短线炒家不少，真正持续赚钱并且做到了阳光私募的炒家则屈指可数。失败的短线炒家们往往迷信从约翰·迈吉和约翰·墨菲那里流出的指标，而成功的短线炒家则往往能够独辟蹊径。在今天的交易赛场上，交易者要么是足够长的长线，要么是足够短的短线，处于两者之间的交易者往往处于亏损境地。所以，你要么从事"趋势跟踪"类交易，牢牢把握"主题"，要么从事后"高频交易"类交易，牢牢把握"题材"和"主力"。

　　本章对本书的核心进行了简略的说明，特别是对"市场心理分析框架"进行了重点介绍和说明，与绝大多数股票书强调"技术指标和K线"不同的是，我们强调对预期、心理和资金的把握。能够赚钱并不是因为K线或者技术指标有什么"必涨形态"或者"神奇参数"，而是因为我们读懂了市场心理，知道市场将要关注什么、可能关注什么、正在关注什么、已经关注了什么，以及场外多少资金等待介入、场内资金是怎么想的、散户是怎么想的、机构是怎么想的。所谓"知己知彼，百战百胜"，重要的是要知道对手怎么想、将要怎么做，所谓的行为都是表象，对手的动机才是本质。结合到股市上来讲，所谓的价格和指标也都只是现象、都是结果，我们要盈利就必须把握本质、把握原因。"菩萨重因，凡人重果"，在股市上只有"超凡入圣"才能成为赢家，而这个"超凡"的关键就在于"能否洞悉参与者们的情绪"。

技术指标都是从现象入手找相关性，相关性最终会让你迷失。

潜在题材甄别

成功的交易有两个方面，第一个方面是技巧，你需要熟练的专业技术；第二个方面是你选择玩哪盘牌局。交易想要赢，最简单的办法是紧跟低效市场。

——霍华德·马克斯

新主题，新区间；新因素，新区间；新数据，新趋势。

——魏强斌

即使你买了一百份《纽约时报》，我也不能肯定它能够帮助你增加多少对未来的了解。我们不会知道过去究竟蕴藏了多少信息。

——纳西姆·N.塔勒布

历史波动性表明了在某一特定时期内，交易者们是如何对有关公司、行业和整体经济的信息做出反应的。积极的策略着眼于重大问题，并通过合理分配有限资源的方式把直觉反应和新信息结合起来。

——肯尼斯·波斯纳

第一章我们介绍了"题材"和"主题"的区别、题材的生命周期、把握题材的模型、把握题材的工具，还涉及了少许仓位管理方面的策略。从本章开始我们就要详细介绍题材投机的具体方法了，我们首先从如何识别潜在题材开始。

一旦你识别了潜在题材，接下来就可以观察相关板块个股的介入时机了，也就是说你先识别出潜在题材，然后再从板块入手，观察个股的价量变化，最终落实到仓位的

从价量出发查找题材，从题材出发等价量确认，这是两种题材投机的分析流程。

管控上。当然，也有不少投机高手是从价量异动角度初选股票，然后反过来查看这只股票或者这个板块是不是存在潜在题材。这两种方法其实可以结合起来使用，一方面先找到题材，然后等待价量信号验证，另一方面出现了价量信号之后可以查看是不是有题材支撑。

说题材的人很多，做题材的人却很少，做对题材的人更少，为什么会这样？最为关键的一点是极少有人从"潜在题材"入手，大部分人都是关注"过气题材"或是"成熟题材"。我们谈到"题材"的时候，绝大多数散户都有两个误区，那就是对"题材"进行投资和追逐处于生命周期末尾的题材。

"题材"是用来"投机"的，而不是用来"投资"的，很多人一听到某个国家产业政策就认为个股可以凭借这一政策上涨，其实很多产业政策并不能带来上市公司收益的持续高速增长，相关的上市公司股票往往前期受益于投机而出现短期飙升，之后回落，然后受益于长期资金而出现缓慢上升。第一波上涨是由于投机资金利用市场预期走强而介入，第二波持续上涨能否出现则往往取决于"预期能否被证实"，主要而言就是业绩能不能真正地有起色。例如，上海自贸区这个概念炒起来的时候，陆家嘴涨了一大波（当然，从技术角度来看可能是一波三段，两段上涨、一段调整），这一波涨得就是预期，炒作的就是预期的利好（见图2-1）。主力这时候很清楚，业绩如果短期看不到，那么就必须借利好出货，否则短期内股价这么

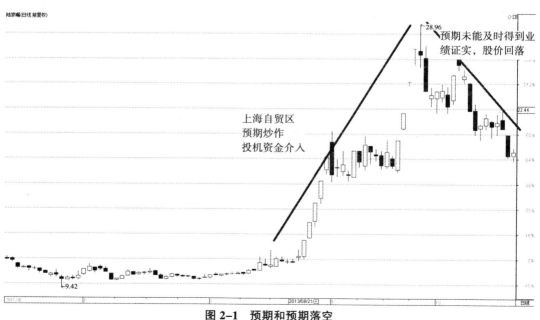

图 2-1　预期和预期落空

资料来源：通达信。

高，主力不可能一直高位护盘等待业绩出来，这相当于增加了自己的风险，同时降低了资金使用效率。预期的业绩向好未必及时证实，主力就借着题材最后的高潮来出货。

"题材"是有生命周期的，绝大多数散户并没有意识到这一点，所以他们摇摆在两个极端之间，有时候他们认为技术指标不如"内幕消息"可靠，所以一味听消息，其实往往为过气的题材所累，掉入"高位站岗"的陷阱。有时候他们认为一切信息都已经被吸收到了价格中，只看价格和技术指标足矣，所以他们往往不会关注新闻和题材，往往因为追涨杀跌而持续亏损或者套牢。这里可以总结出两句话：做投机要看题材，做题材要看生命周期！投机不看题材，那就只能靠做好资金管理来"守株待兔"。做题材不看生命周期，则好比是枪口朝着自己。

总而言之，要想做到成功地捕捉"题材行情"就必须搞清楚题材的生命周期以及相应的投机手法。要搞清楚题材的生命周期，首先要做的是甄别出一个已经开始萌芽的题材，这就是本章的主要内容。

第一节　潜在题材识别的一般方法

潜在题材识别的一般方法是什么呢？首先我们要搞清楚潜在题材最可能出现的渠道，也就是说某些渠道或媒介提供给我们的题材往往是已经被市场吸收得差不多的热点，甚至是过期的热点，这样的媒介可以被看作"题材滞后指标"。当这些媒介开始谈论某个"题材"的时候，往往意味着这个题材已经处于"成熟阶段"或者"过气阶段"了，这就是利用我们上一章提到的"封面指数"的地方。

某些媒介开始谈论某个"题材"的时候，板块还没有太大的变化，甚至毫无动静，如汇金和社保基金等"国家

媒介也要分清楚属于哪类？先知先觉、后知后觉，还是不知不觉。

队"机构往往与这类媒介处于"准官方"的层面，所以对政策和宏观大势的把握能力非常强大。这样的媒介不仅能够率先发现新兴题材，而且还能够制造新兴题材，这类媒介就好比"题材先行指标"，当这些媒介开始谈论某个"题材"的时候，往往表明这个题材还处于"潜在阶段"或者"新兴阶段"。介于上述两种类型之间的媒介则好比"题材同步指标"。

那么，属于"题材先行指标"的媒介有哪些呢？准官方的中央媒体是最为重要的"题材先行指标"，除此之外还有少数具有前瞻性的博客和网站具有"题材先行指标"的作用。关注一些国外的财经媒体也能够占据先机，如路透社或彭博新闻社，因为国外财经媒体对全球性的事件具有更高的敏感度。"题材先行指标"我们重点选择央视一台和央视二台，另外也关注彭博新闻社和路透社两大网站。中央一台里面最为重要的栏目是"新闻联播"，一年几波热门板块行情基本上都离不开"新闻联播"这个风向标。但是，我们做股票的人未必能够每天准点收看这个节目，可以上央视官网去查看这一节目的视频版和文字版，选择其中具有股市影响力和炒作空间的新闻详细阅读即可。如 2015 年 3 月 3 日的新闻联播中与股市相关的可能就是图中圈出的那几条（见图 2-2），接下来就要琢磨这几条反映的战略和政策意图与股市板块有什么联系，主力会怎么看这几条新闻，主力能够借助这些新闻来运作哪些板块，这些板块是不是已经对此有了一些反应，这类新闻有无后续新进展的

图 2-2　"新闻联播"栏目网页

资料来源：央视官网。

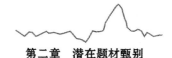

可能等，这些都是我们在看新闻时应该去思考的一些具体问题。

　　接下来我们介绍"题材同步指标"的相关媒介，这类媒介往往是一般的财经网站或者是央视二台和东方财经的盘中评论节目，同时可以查看当天的行情软件的板块涨幅排名。股价和成交量也是另外一种"题材同步指标"，随着题材的发展，股价也在"呼吸"，成交量也在"呼吸"，这就是价量的发散和收缩。"题材同步指标"还包括《财经日报》的普通版面，如《每日经济新闻》和《第一财经日报》等的相关栏目。《每日经济新闻》和《第一财经日报》都有电子报，比起纸质版而言，其送达效率更高，而且即使在外旅游和出差也能够及时阅读电子版。《每日经济新闻》电子版到目前为止还是免费的，其阅读网址是 http：//www.mrjjxw.com/，也可以下载手机或者平板电脑的客户端。《每日经济新闻》里有一个栏目是"郑眼看盘"，其对大盘指数的分析较为中肯，也有前瞻性，对于 A 股投机客而言具有极高的参考价值，其分析思路常常从博弈论的角度出发，考虑市场预期和主力的心理，而非死板的技术指标分析预测（见图 2-3）。

花点钱和时间来看财经类日报对于把握板块热点是非常有价值的事情。

　　"题材滞后指标"则与大众相关，《财经日报》的显著版面，特别是头条或者头版，财经网站的头条、专题报道或总结性的报道，都表明题材已经到了可以"总结"的时候，更表明市场大众都已经或者能够关注到这一题材。"题材滞后指标"的另外一种重要类型与散户交谈有关，如股票论坛、股票群、证券公司大厅等，当这些场合热议某一题材的时候，题材往往处于生命周期的末尾阶段。上一章提到的一些情绪指标可以作为辅助观察手段，相互验证，这样慢慢就会总结出自己的心得体会。

投机客要想迅速提高自己的交易水平和绩效就必须坚持记录交易日志。

　　通过不同的媒介对某一题材的报道，我们可以大致判断出某一题材所处的生命周期。要想识别出处于潜在阶段和新兴阶段的题材就必须从"题材先行指标"入手，也就

图 2-3 《每日经济新闻》电子版与"郑眼看盘"栏目

资料来源：每日经济新闻网站。

是中央一台和中央二台，以及国际财经大网站。

知道了新兴题材出现的媒介还不够，我们还要遵循一定的规则从这些媒介中筛选出最有可能出现股市题材的内容，这就需要用到板块相关的知识。"题材"只有与相关上市公司有关才能成为资金炒作的"幌子"，一则新闻能否成为接下来 A 股市场的炒作题材，关键在于两点：第一，这个新闻的重要性和涉及面；第二，是否存在与之有关的上市公司板块或个股。

重要的"新"闻才容易成为炒作的题材，所以持续关注 CCTV1 和 CCTV2 很重要，如果断断续续地关注则容易将"旧"闻当作新闻来处理。为了防止市场主力资金已经提前介入某些题材，或题材其实已经处于"成熟阶段"，我们要观察成交量和价格的状态，看其是否已经出现了持续上涨状态，如果出现了持续上涨状态，那么要看这种上涨是由

新闻重于旧闻，题材要和价格结合起来看才知道有没有被吸收。

什么原因引起的，是大盘还是其他题材因素。如果没有大盘上涨影响，也没有其他题材因素，则需要谨防"内幕者早已进场"。现在高明的分析师和交易者都会注意到是否"pricing in"，也就是价格是不是出现了与你看到的消息性质同向的波动，具体而言就是如果你看到一则利空消息，而此前股价已经显著下跌，如果找不出其他利空消息，那么就要进一步考虑是不是你看到的这则利空消息已经被吸收了，也就是被"pricing in"了。利多消息被看到时，股价已经显著上涨，也要做相同的考虑。如果股价已经吸收了你所看到的消息的大部分，那么你再凭借这一消息进场就是很幼稚的做法了。

这里有必要再分析一下另外两类常见的媒介，这就是券商分析报告和分析师言论。一般而言，券商分析报告都侧重于上市公司前景和行业板块收益成长性的剖析，因此比较适合"价值投资者"做参考，《证券导刊》和"今日投资"网站就是此类，对于"题材"投机者而言意义不大。所以，对于券商分析报告，我们一般只是浏览一下，在做题材投机的时候并不花太多精力去剖析这类材料。

有关"题材投机"的完整文献，中文书籍还没有，有些提到"投机"和"短线交易"的书籍对于"题材"有提及，但究竟什么是题材，如何识别"潜在题材"，如何进行"题材投机"，这些都没有谈到。所以"题材投机"目前还是游资的重要交易方法，散户几乎还未涉猎，所以这个方法的效力很强。这种方法也有其局限性，那就是当资金达到上亿元规模的时候就不能采用了，否则就要采取"坐庄"的方法。

由此来看，"题材"与游资具有密不可分的关系，因此我们要站在游资的角度来看待新闻，这样就能很好地找出"潜在的题材"。游资要操作一个题材需要盘子不能太大。若盘子太大，个股太多的板块都不太容易成为"题材"，即使被短炒一下，往往也是短命行情，"一日游"行情不少见。

国外研究"题材投机"的书也不太多，最为出名的应该是《如果巴西下雨，就买星巴克股票》这本书。另外威廉·欧奈尔的 CANSLIM 炒股法中的"N"也与"题材"有关系，所以大家在进行"题材投机"的时候可以参考这些思路，如注意主力动向、选择板块龙头股、大盘应该推波助澜、个股盘子应该尽量小等。对于"题材"的识别，《如果巴西下雨，就买星巴克股票》一书中有不少好的例子，但是与中国 A 股市场存在区别。因为中国 A 股市场主要还是以"政策题材"为主，特别是产业政策，而外版书则往往以宏观经济事件和自然灾害为主，这点需要区分。当然，国外这些书对于"题材"的着墨也不太多，基本还是落在"基本事件驱动价格

惯性运动"这个框架内。

识别"潜在和新兴的题材"也是一种能力,因此不要寄希望于看了一两本书就能够上手,这需要一个过程。

第二节　产业政策题材

股市上的题材主要分为两种类型,第一种类型是狭义的产业政策,如环保产业政策、文化产业政策。2011 年 10 月环保产业和文化产业促进政策出台使得相关板块和个股出现了大幅的飙升;2011 年 10 月中央二台和中央一台持续播放有关文化产业发展的新闻和专题节目,传媒相关个股,如出版传媒、凤凰股份、华谊兄弟等在这个题材的推动下持续上涨(见图 2-4 至图 2-6)。

医改政策的变化也对医疗股有显著的影响。2009 年 4 月 6 日新华社受权发布《中共中央　国务院关于深化医药卫生体制改革的意见》引发了许多医疗类股票的上涨。国家对稀土进行战略管理的政策也促进了稀土板块类个股持续上涨等。

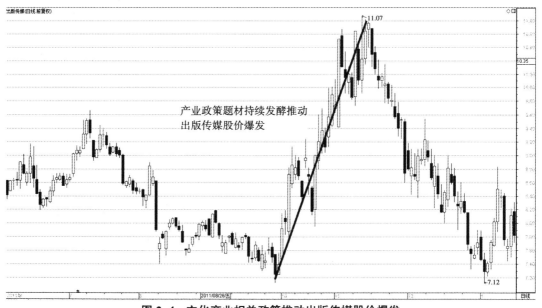

图 2-4　文化产业相关政策推动出版传媒股价爆发

资料来源:通达信。

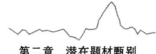
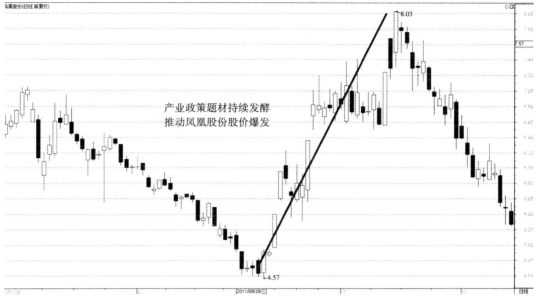

图 2-5 文化产业相关政策推动凤凰股份股价爆发

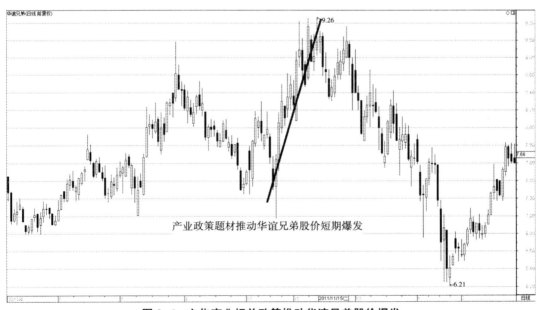

图 2-6 文化产业相关政策推动华谊兄弟股价爆发

　　第二种类型是区域产业政策，如西部大开发产业政策、中部崛起产业政策、振兴东北老工业区产业政策、城乡统筹整合试点政策等，这些相关政策的颁布都迎来了一波短线资金的热炒。总体而言，这类题材的可持续性要比之后介绍的各类型题

题材的可持续性是主力最关心的一件事，甚至比大盘更加重要。

产业政策往往带来持续性很强的题材，同时产业政策也容易把握。

材的持续性更强，所以我们要对此类题材进行重点发掘和把握。

凡是涉及产业政策的题材往往在央视媒体上会提前曝光，所以这类潜在题材的发掘相对容易，与上市公司"传闻"和"内幕"提供的交易机会相比，产业政策提供的题材更加可靠而且容易把握。这里需要区分"题材投机"和"根据小道消息买卖"的不同之处。有相当一部分刚入市的散户受到所谓"中国股市特殊性"的误导，往往倾向于依靠市场流传的"内幕消息"进行交易，但结果基本都是以被套或者止损出场为主。如果一个消息能够从没有门槛的途径，也就是大众的途径传到你的耳朵中，只有两种可能：一是这个消息早已被先得到这一消息的人群利用了，你处于信息接收的尾部，如果此时根据这条信息行动往往会被套在行情的末端；二是这个消息其实是某些别有用心的市场参与者故意放到大众中进行传播，他们的目的肯定不是为了广大散户获利。所以，我们不能依靠这种散户圈子中的消息进行买卖，要让自己处于"信息流"的前端。主力通过与上市公司的密切关系让自己处于个股"信息流"的前端，基本上国家产业政策的变化不可能为绝大多数的市场主力提前获悉，即使有少数主力提前获悉了这些产业政策的出台，但是由于产业政策涉及的行业板块盘子远比个股盘子大，所以也存在充分的行情空间供散户随后介入。绝大多数从事题材炒作的游资都是在产业政策出现透明信号之后才介入的，所以在这点上主力与散户相比并没有时间上的优势。

产业政策的变化信号往往可以从中央一台和中央二台的新闻和深度解读类节目中看出端倪，所以作为职业题材投机者，我们必须将中央一台和中央二台作为发掘产业题材的最大利器。在产业题材的挖掘上做到有前瞻性并不难，这就要求我们紧盯着官方的"喉舌"，从央视这类媒体的权威栏目中找到明确的"新兴题材"。

　　除此之外，大家也可以查看国务院和各部委的网站，这些网站也会对产业政策的变化给出提示。就题材投机者而言，只有对国家政策心领神会才能真正在股票市场中游刃有余。如何做到真正理解包括产业政策在内的国家主要政策和法规的变化？第一，不要根据周围人和网站跟帖来判断政策的意图和作用，很多时候大众对新政策的看法都容易出现系统性偏差，容易受到此前看法的影响，所以对政策的把握往往慢了好几步。很多人对政策的理解都停留在肤浅的角度，很多时候都是抱着个人情绪站在短期视角来看待某些政策。第二，中央政府的行为基本是基于整体和系统考虑的，所以我们在分析某些新政策的时候也要站在系统的角度来看，不能将各个政策分开来解读，要历史和辩证地看到前后政策和不同政策的联系。例如，2007年温家宝总理在新加坡发表住房相关的讲话，就表明中央已经开始转变2003年以来以"房地产作为国民经济支柱"（通过市场来解决大多数国民居住问题）的方针，2008~2009年的信贷放松主观上并不是为了救住宅房地产，而是为了应付次贷危机，但是绝大多数人并没有注意到政策的这种前后关系，割裂开来看就会对2010年下半年开始的"房地产调控"产生误判，认为政府并不会真正调控房地产。如果炒家没有很好地解读此前的政策，那么就会在新政策出台的时候进行错误的解读，最终会导致股市上的错误操作，代价就是资金的亏损。

　　金融行业相关的政策法规比较特殊，但是也容易成为金融板块炒作的题材。金融行业的相关政策也会对金融相关上市板块的个股产生非常大的影响，如央行的利率调整政策，以及保监会相关政策对保险行业的影响、证监会相关政策对证券行业的影响等，如融资融券业务相关政策对证券公司业绩的影响、转融通政策对证券行业的影响等。金融行业的某些政策与宏观经济密切相关，如央行的利率调整。央行有时候会采取不对称的利率调整方式，或者会

以联系和历史的观点看待问题并不是一句空话，而是大实话。

通过对存款准备金率的控制来管理信贷，这些都对银行业的收益产生影响。因此，金融相关政策往往也成为相关板块和个股的炒作题材。

举例金融产业方面的政策题材，如 2012 年 4 月"浙江省温州金融综合改革试验区整体方案"和"深圳市加强改善金融服务支持实体经济发展的若干意见"出炉，浙江东日（见图 2-7）、香溢融通、华联控股等个股出现了飙升行情。

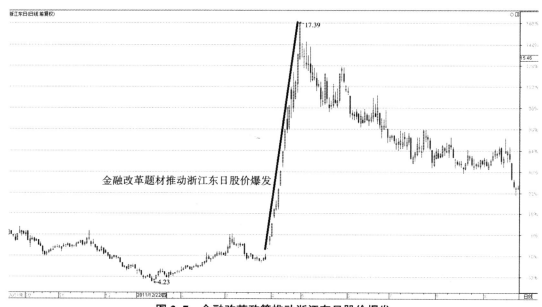

图 2-7　金融改革政策推动浙江东日股价爆发

但是，产业政策题材或主题的参与有一个原则，那就是"喜新厌旧"，除非是"炒"的角度发生了变化或是出现了"旧瓶新装"或"别出心裁"的老题材新要素。有些时候政府出于战略考虑会反复重申或者关注某个产业政策，但这并不意味着资本市场也会一直偏好这一题材。为什么会这样？第一，题材此前热起来的时候往往会套牢一些后知后觉的筹码，这个时候主力再去运作难度就非常大，除非是有新的东西可以吸引新资金来高位接盘。第二，题材只有出乎大众预期时才能便于主力无声无息地吸筹，如果一个题材早就为人所熟知，那么就很难吸纳到足够的筹码，

筹码是非常重要的一个观察视角，投机针对的就是筹码。

既然没有合理价格的足够筹码，主力又有什么动力运作呢！第三，同样的题材或主题比起新的题材或主题，吸引力下降不少，不能为主力退出提供充足的流动性，这样就存在运作风险，这样的个股爆发力也较差，提高了主力运作资金的时间成本。要想股价突破此前的区间，就必须有新题材。实际上，老题材可以看成是已被完全吸收，至少是大部分被吸收的题材，这样的题材反而容易成为上波行情尚未出尽筹码的主力出逃机会。

举个例子，农业政策往往是每年的中央一号文件，按理说算得上是最大的产业政策了，但由于算是"老题材"，所以并不能带来一般人预期的爆发行情。根据相关机构的统计，2004~2013年，历年中央一号文件发布后农业板块相对上证指数的超额收益率从–2.2%到14%，这个超额收益率其实对于题材投机客而言算不了什么。农业股炒了多年的概念对于股价并没有太大的"催化剂"作用，反而是一些与农业股沾边，但并非农业相关政策的概念能够推动相关个股爆发，这就是《孙子兵法》中所谓的"出其不意，攻其不备"，主力发动"割韭菜"的行动又何尝不是遵循这条原理。

最后总结一下，产业政策能够真正带来行业利润高速增长的主题或者题材是最值得介入的行情，这是第一等的行情。第二等的行情就是新题材想象空间很大，但题材带来业绩增长却是很久远的事情，股价也处于相对低位，此前也没有被恶炒过，主力趁着概念朦胧时建了一定仓位，那么主力运作的可能性就较大，这种行情就能趁着"群情激昂时"落袋为安。第三等的行情就是"老调重弹"，毫无新意，这种题材即使有行情，也没有什么爆发力或是持续性，对于投机客而言应该知难而退，敬而远之。

主力能不能拿到充足的筹码，题材有无持续性、能不能帮助主力在高位找到充足的对手盘，这些都是重要的问题。

第三节　资源价格题材

　　"资源价格题材"在最近几年成为游资圈里比较关注的炒作机会，如 2014 年初镍期货价格的持续飙升也带动了相应 A 股上市公司的股价飙升（见图 2-8 和图 2-9），身边有不少私募和大户都从这波炒作中收获甚丰。这一题材的炒作方式对于期股两栖交易者而言比较熟悉，对于只关注股票市场和国内市场的投机客而言则相对陌生。但是，这样一个题材领域往往与暴利又密切相关，每年往往有一两个大题材与此相关。本节主要介绍这方面的分析对象和思路。

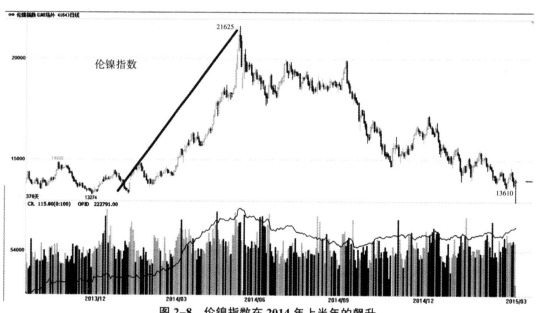

图 2-8　伦镍指数在 2014 年上半年的飙升

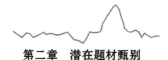

图 2-9 华泽钴镍在 2014 年上半年的飙升

　　水泥和钢材的价格变化影响房地产公司的利润，原油价格的变化影响化纤行业的利润，橡胶价格的变化影响轮胎公司的利润，棉花价格的变化影响纺织行业的利润等，这是大家都会明白的简单逻辑。另外，对于原材料生产者而言，如对于金矿开采商而言，黄金等贵金属价格的上涨意味着利润上升，对于原油开采商而言，国际油价的飙升也是利好的因素。A 股市场对原材料价格的变化存在一个反应滞后期，很多时候原材料价格已经上涨了，但是相应的上市公司股价却没有反应，这中间存在一个时滞期，有时候是一天，有时候则是一周甚至一个月，不过这也为专注于资源价格题材的投机者提供了介入的机会。如何把握这些机会，确实是一门技巧，但更多的却是对相应信息源的持续关注，做个有心人更为重要。

　　下面我们介绍一些具体的资源价格题材的操作。国际油价的变化与中石油和中石化股价变化有明显的对应关系，而国际油价与航空股的走势则更为密切。航空股主要受到油价、汇率和大众安全事件的影响。由于国内航空公司购

生意社这个网站中的研究板块对于及时把握大宗商品相关题材有很大帮助。

买飞机大多是以美元计价的贷款支付，所以当人民币升值的时候，航空公司的负债是下降的，这就改善了上市公司的资产负债表。但是我们这里主要讲油价题材对航空股的利多方面。最近十来年有三次航空股的大行情基本上都离不开油价的影响：第一次大行情是 2006~2007 年，行业景气度高加上人民币大幅升值以及原油价格不高，使得航空股大幅上涨超过了上证综指；第二次大行情是 2009 年，油价在 2008 年暴跌加上人民币继续升值，使得航空板块大幅上涨超过了上证综指；第三次大行情则是 2014 年下半年到 2015 年第一季度，油价大幅下跌（见图 2-10），使得航空板块再度超过上证综指，如该板块的东方航空 2014 年下半年涨了接近三倍（见图 2-11）。

> 当你对某一事件的相关金融影响不清楚时，可以看看历史情况。

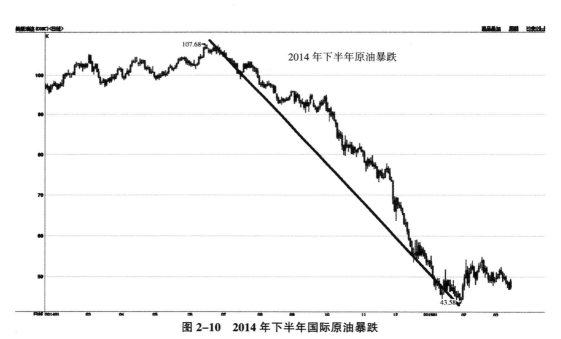

图 2-10　2014 年下半年国际原油暴跌

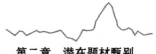
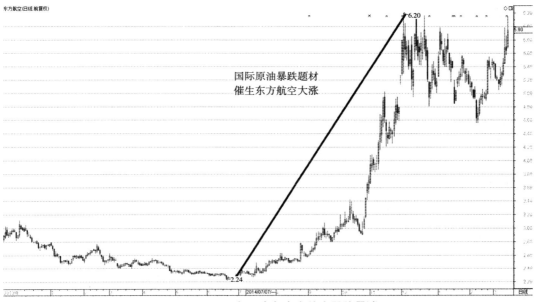

图 2-11 2014 年下半年东方航空股价暴涨

所以,与航空股相关的题材就是国际油价,而国际油价的变化可以通过其他类型的分析工具和途径获得,如通过观察中东局势和全球经济发展增速以及美元指数来推断油价走势,进而推断出航空股的利润变化。当然,我们要做有关油价变化的题材,往往可以采用更"笨"的做法,那就是盯着国际油价做航空股。

国际金价的变化,特别是快速的变化对国内黄金矿业上市公司的股价有显著的影响,如当金价日内以超过几十美元的幅度波动时,紫金矿业、山东黄金和中金黄金等相关个股次日也会出现大幅波动。

国际铜价的变化,特别是大幅度的日内变化对国内铜矿上市公司的股价产生显著影响,具体而言就是江西铜业这类个股会出现显著变化。

上述国际油价、金价和铜价的行情变化都可以从期货行情软件上查到,通过观察这些资源价格走势,可以寻找到"资源价格题材"的交易机会。

其实,本节教授的题材发掘方法,也可以被称为"商

保持对期货市场的持续关注往往可以发现股票市场上相关题材的启动。

品和股票联动分析法"，也就是通过对商品走势的了解来发掘 A 股相应上市公司的题材，下面我们先对"商品—股票联动"涉及的板块进行介绍，然后再讲"资源价格题材"的把握思路。

在介绍"商品—股票联动"板块时，我们将举一些相应商品与对应的上市公司的例子，这样大家就能建立一种快速的信息归纳能力。当某一商品价格出现异动的时候，你能够快速地找到对应的受冲击板块和上市公司，然后再进行深入的分析，看这一冲击的幅度和持续性、市场目前的关注程度、股价是否对此已经有了反应、后续的炒作空间有多大。

焦煤是国内期货上市品种，相应的生产商有：安源煤业、煤气化、昊华能源、靖远煤电、平庄能源、西山煤电、露天煤业、郑州煤电、兰花科创、阳泉煤业、盘江股份、上海能源、恒源煤电、开滦股份、大同煤业、平煤股份、潞安环能、国投新集、伊泰 B 股、神火股份、冀中能源、兖州煤业、中煤能源、中国神华、永泰能源。

焦煤相应的下游用户有：四川圣达、长春燃气、美锦能源、安泰集团、山西焦化、宝泰隆。

动力煤是国内期货上市品种，相应的生产商有：国际实业、安源煤业、爱使股份、永泰能源、煤气化、神火股份、开滦股份、昊华能源、大有能源、陕西煤业、郑州煤电、兰花科创、阳泉煤业、上海能源、潞安环能、国投新集、平庄能源、露天煤业平煤股份、中煤能源、中国神华、冀中能源、恒源煤电、盘江股份、靖远煤电、伊泰 B 股、兖州煤业、山煤国际、西山煤电、大同煤业。

动力煤相应的下游用户有：桂东电力、申能股份。

焦炭是国内期货上市品种，相应的生产商有：中泰化学、酒钢宏兴、韶钢松山、黑化股份、西宁特钢、云维股份、太化股份、永泰能源、山煤国际、百花村、宝泰隆、国际实业、山西焦化潞安环能、美锦能源、四川圣达、煤气化、长春燃气、安泰集团、西山煤电、开滦股份。

焦炭相应的下游用户有：武钢股份、北京利尔、柘中建设、雅致股份、西部建设、大冶特钢、抚顺特钢、三钢闽光、首钢股份、华菱钢铁、鞍钢股份、包钢股份、宝钢股份、杭钢股份、凌钢股份、南钢股份、酒钢宏兴、方大特钢、方大炭素、安阳钢铁、八一钢铁、攀钢钒钛、本钢板材、三一重工、中船股份、中国铁建、中国建筑、五矿发展、西宁特钢、金岭矿业、创兴置业、新兴铸管、广钢股份、广船国际、沈阳机床、内蒙君正、广东明珠、龙溪股份、徐工机械、鲁银投

资、杭萧钢构、光正集团、山东钢铁、沙钢股份、常宝股份、重庆钢铁、马钢股份、河北钢铁。

甲醇是国内期货上市品种，相应的生产商有：兴化股份、云天化、黑化股份、远兴能源、宝泰隆、兖州煤业、鲁西化工、河池化工、天润控股、江山化工、昌九生化、太化股份、华鲁恒升、湖北宜化、华昌化工、天科股份、天茂集团、岳阳兴长、柳化股份、开滦股份、冀中能源、兰花科创、山西焦化、泸天化、云维股份。

甲醇相应的下游用户有：江山化工、辉丰股份、天茂集团、兰花科创。

燃料油是国内期货上市品种，但是这一品种基本上没有交易量，只能通过现货燃料油价格的走向来分析。燃料油相应的生产商有：滨化股份、上海石化、中国石油、中国石化。

燃料油相应的下游用户有：深南电、华银电力、天富热电、长航油运、国电电力、华能国际、中海发展、中远航运、南玻 A、中国神华、南钢股份、宝钢股份、山东钢铁、河北钢铁、马钢股份。

天然橡胶是国内期货上市品种，相应的生产商有：海南橡胶、中化国际。

天然橡胶相应的下游用户有：珠江轮胎、鼎立股份、中化国际、大橡塑、宝通带业、龙星化工、青岛双星、黔轮胎、风神股份、双钱股份、际华集团。

PVC 是国内期货上市品种，相应的生产商有：盐湖股份、滨化股份、三友化工、太化股份、亿利能源、中泰化学、金路集团、佛塑股份、冀中能源、天原集团、中泰化学、内蒙君正、英力特、湖北宜化、方大化工、金牛化工、新疆天业、巨化股份、云南盐化、祥龙电业、沈阳化工。

PVC 相应的下游用户有：永高股份、双星新材、蓝帆股份、鸿达兴业、先锋新材。

LLDPE 是国内期货上市品种，相应的生产商有：沈阳化工、中国石油、中国石化。

LLDPE 相应的下游用户有：大东南、永高股份、通产丽星、鸿达兴业、国风塑业。

PP 是国内期货上市品种，相应的生产商有：天利高新、大庆华科、天茂集团、中国石油、岳阳兴长、茂化实华、上海石化、华锦股份。

PP 相应的下游用户有：佛塑股份、国风塑业、华数传媒。

PTA 是国内期货上市品种，相应的生产商有：恒逸石化、中国石油、上海石化、中国石化、荣盛石化、桐昆股份。

PTA 相应的下游用户有：维科精华、蓝鼎控股、桐昆股份、荣盛石化、华西股份、春晖股份。

上面列举了少部分与商品相关的上市公司，与贵金属、有色金属、白糖、棉花

等有关的上市公司就不再一一列出，大家可以根据这一思路，自己建立一个相应的"资源价格题材股票池"。

关于这些商品价格的变动可以从期货软件上查询，如文华财经和博易大师，更加全面的信息可以参考"生意社"这个网站（见图 2-12），其网址是 http：//www.100ppi.com/。这是一家专门提供大宗商品信息的专业机构，很多信息是免费的，其中有一个栏目叫"商品与证券"，大家可以每日关注，从中发掘"资源价格题材"。

图 2-12　生意社网站中的"商品与证券"栏目

资料来源：生意社。

我们现在对如何把握"资源价格题材"进行总结，在挖掘和把握"资源价格题材"的时候需要注意以下五点：

（1）资源价格的最大影响因素是美元和中国需求，所以，要想做好资源题材，对于美联储的动向和美国经济的动向要特别留意。在外汇网站会有相应的信息来源，对于美元指数和非美货币汇率的分析方法大家可以参考《外汇交易三部曲》等专著，这里不再赘述。

经济周期是成就大宗商品王者的关键力量。

（2）资源价格的大周期变动与世界经济周期，主要而言是与"金砖四国"和欧美发达国家的经济周期密切相关的，因此通过观察主要经济体所处的经济周期可以估计到重要资源的价格趋势，进而对相关个股可能出现的题材性质进行估计。如 2011 年 11 月 1 日澳大利亚自 2009 年以来首次降息，作为资源出口大国已经感受到了全球经济正步入下降通道，同时还有一则消息是国际铁矿巨头首次愿意同中国钢厂客户协商降价事宜，这表明世界经济步入了下降通道。从这个角度出发，我们可以判断此后国内采用钢材作为原材料的上市公司的成本会下降，可能会出现这方面的短期题材炒作。

（3）在进行资源价格题材发掘的时候，要密切关注生意社和商务部的网站，商务部对各种产品的价格进行了持续的跟踪，从中可以发现某些题材炒作的线索（见图 2-13）。

图2-13 商务部网站中的"市场监测"栏目

资料来源：商务部。

（4）做股票的时候一定要关注商品期货的走势，要养成同时关注两者的习惯，现在许多股票软件都兼容了期货行情，这就为我们提供了很大方便。不过，关键的还是在于我们能够很好地利用这些条件。这里又涉及市场间分析的问题，"市场间分析"或者称"跨市场分析"是 20 世纪 80 年代随着欧美金融市场紧密发展而出现

跨市场分析可以帮助你获得一个整体观，这就是第三知觉位置。

的趋势，著名学院派技术分析专家约翰·墨菲奠定了这门技术的理论基础。由于"市场间分析"正式发展的时间远远晚于目前仍旧在散户中占据统治地位的正统技术分析，所以它的可靠性很高。毕竟，一个工具的有效性会受到使用者数量的影响，还是那句话：短线投机是一个"零和游戏"，你赚的钱就是别人亏的钱，别人赚的钱就是你亏的钱，因此这是一场你与他人的战争，而不是你与市场的战争。既然短线投机是一场战争，这就意味着胜利与否取决于你是否拥有别人没有的"先进武器"。别人如果用冷兵器，你也用冷兵器，那么你的胜算就不具有概率上的优势；相反，如果你用热兵器，那么你的胜利就是很自然的事情了。传统的技术分析好比冷兵器，跨市场分析好比热兵器，当你比别人多一样武器的时候，也就多了一分胜算。

（5）天气灾害和政治变动也会影响到资源的价格，所以有时候对重大的灾难和政治变动也要保持嗅觉上的灵敏度，关于自然灾害和社会性事件对资源价格的影响我们将在本书的第四节进一步介绍。

一般而言，很多期货网站都会有天气相关的新闻。

第四节　公众事件题材

公众事件涉及的范围很广，如自然灾害（地震、干旱、洪水、瘟疫）、安全事故（地铁事故、食品安全）、地缘政治动荡（如产油国出现恐怖袭击）等。

若流行病暴发，当然是医药类股票最受益。2002年末到2003年初，"非典"期间涨得最好的股票有海王生物（见图2-14）、天坛生物、白云山等。2009年，甲型H1N1病毒流行也在当时成了很好的炒作题材。

2011年10月，泰国遭受50年难遇的热带风暴，而泰国是全球最大的稻米出口国，这两个因素使得国际粮价飙

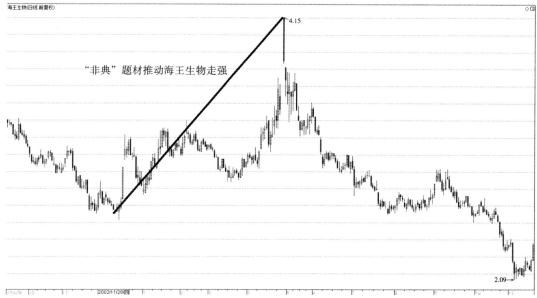

图 2-14 海王生物"非典"期间持续走强

升。热带风暴引发泰国持续的洪水，洪水持续了较长的时间，随着这一公共事件的持续发展，损失也越来越大：泰国 10% 的稻田受灾，A 股市场上的相关板块也持续上涨。泰国的洪水是引发国内种业板块全线大涨的一个因素。此外，第四季度是种子的销售季节，同时伴随着国家种业扶持政策的出台，几个题材叠加到了一起。在泰国大洪灾这个持续性较强的题材驱动下，万向德农、荃银高科、神农大丰、登海种业都出现了持续的上涨（见图 2-15 至图 2-18）。

双汇"瘦肉精"事件使得双汇发展股价暴跌（见图 2-19），这是融券做空的机会，当然双汇这种事件在一个不便于做空的市场中是很难作为一个可炒作和可操作的题材的。双汇的"瘦肉精"事件与当年光明乳业的"回收奶"事件都属于食品安全事件，在美国这类发达的金融市场可以成为那些空头基金的操作题材。2015 年 2 月底，美国新闻节目"60 Minutes"曝光，Lumber Liquidators 销售的中国地板中致癌物甲醛含量超标，股价在几天内暴跌 60%（见图 2-20）。类似的还有上市公司环境污染事件，也属于公众事件。

下面归纳总结一下如何把握公众事件：

（1）挖掘公众事件类题材需要有对新闻的敏感度。公众事件每天层出不穷，但是只有那些与上市公司相关板块的事件才能最终成为题材。所谓的对新闻的敏感度，就是站在游资的角度，看看某一公共事件是否能够成为 A 股炒作的题材。反过

图 2-15　泰国洪灾与万向德农

图 2-16　泰国洪灾与荃银高科

来说，一起公共事件要成为 A 股的炒作题材，首先要与 A 股相关板块或者是个股相关。例如，流行病往往刺激生物制药公司的股价，地震等自然灾害刺激活动板房生产企业的股价，恐怖袭击刺激安防器材生产企业的股价，全国严重雾霾刺激环保

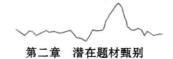

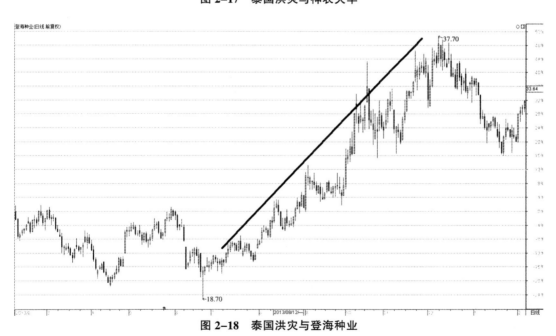

图 2-17　泰国洪灾与神农大丰

图 2-18　泰国洪灾与登海种业

相关企业的股价，中国周边态势紧张刺激军工企业的股价等。股票软件商会预先建立并且更新一些概念和行业板块，但是可能不太及时，还需要自己动手建立一些板块。在某些公众事件发生时，我们应该在第一时间建立起相应的板块，这样便于观察事件对相关个股的影响，在介入后也便于观察整个板块的情况。

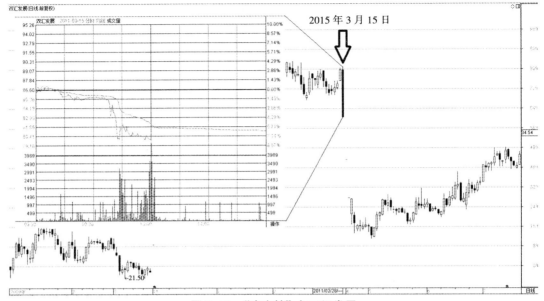

图 2-19 "瘦肉精"与双汇发展

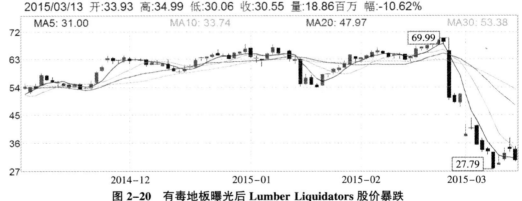

图 2-20 有毒地板曝光后 Lumber Liquidators 股价暴跌

要学会利用一些新闻 APP 的推送，如华尔街见闻、财联社等。

（2）公共事件在网络上往往最先得以报道，当然央视的"3·15"晚会也是一个题材发源地。但是诸如自然灾害和国际地缘政治动荡的信息往往先在网络上出现，然后才是电视台报道，纸质传媒则最为滞后。所以，平时要关注信息更新非常及时的门户网站，这些网站会提供最及时的公共事件信息。

（3）自然灾害，如洪灾、台风、干旱等基本上都可以通过关注某些天气预报网站获得及时的信息，如中央气象

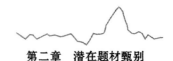

台（见图 2-21），其网址是 http://www.nmc.gov.cn/。与金融市场关联度较大的栏目有"气象灾害预警"，如广西大面积受灾可能影响南宁糖业的股价，云南大面积受灾则会影响一些中药原材料的价格，进而影响一些相关制药公司的成本和股价。比较重要的栏目还有"环境气象"，这个与大气治理股的阶段性炒作有一定关系。另外值得关注的栏目是"台风"，海南如果受台风影响较大，则影响橡胶和轮胎相关上市公司的股价。

图 2-21 中央气象台网站

资料来源：中央气象台官网。

对天气影响最大的因素是厄尔尼诺和拉尼娜现象。厄尔尼诺和拉尼娜现象引发了全球大多数的极端天气，关注有关它们的最新报道和预测可以帮助我们利用相关 A 股板块进行炒作。这样做具有一定的超前性，但是通过关注它们可以对相关天气事件的炒作更加敏感。

农产品期货交易者对厄尔尼诺和拉尼娜现象非常重视，而农产品与 A 股相关上市公司密切相关，自然也应该成为 A 股交易者关注的因素。厄尔尼诺现象是除种植意愿之外最容易引发农产品甚至工业品（通过影响采矿和运输）价格波动的因素，我们在这里着重介绍一下，以便大家在这

> 除了厄尔尼诺之外，猪周期与农产品关系也很密切。

一题材的炒作上有预见性。厄尔尼诺和拉尼娜现象实际上是一个更大的全球大气中的变化——ENSO 的一部分。南方涛动是指海平面在南太平洋大溪地和澳大利亚达尔文之间的空气压力模式的变化。在厄尔尼诺现象期间，达尔文平均气压高于大溪地。ENSO 主要是监测南方涛动指数（SOI），基于大溪地和澳大利亚达尔文之间的压力差异（见图 2-22 至图 2-24）。关于厄尔尼诺和拉尼娜的进展大家也可以查询中央气象台的相关栏目，或者是通过新闻来了解。对于绝大多数投机客而言，没有必要在预测厄尔尼诺和拉尼娜上花太多精力，这是气象学家的职责，我们要明白的是厄尔尼诺和拉尼娜发生时，全球各区域会出现哪些极端天气，这些区域是什么大宗商品的主要产地，把这些搞清楚了就能够很好地利用厄尔尼诺和拉尼娜现象进行炒作。图 2-25 至图 2-28 显示了厄尔尼诺和拉尼娜发生时，各种极端天气出现的区域（wet 意味着容易洪涝，dry 意味着容易干旱），表 2-1 显示了各种大宗商品的最主要产地，其中 A 代表第一大产地，B 代表第二大产地，依此类推。知道了厄尔尼诺和拉尼娜发生时会出现极端天气的国家，同时有了这张表，你就可以推导出厄尔尼诺和拉尼娜影响的大宗商品是哪些。简而言之，有了"ENSO—国家/地区"和"国家/地区—大宗商品"这两个关系图，就可以得出"ENSO—大宗商品"的关系图了。

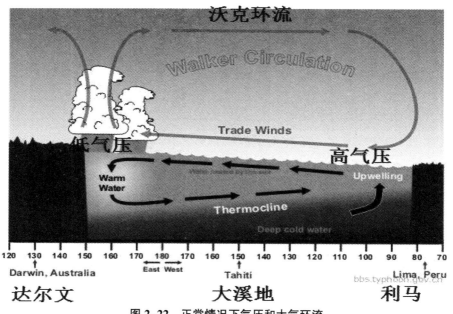

图 2-22　正常情况下气压和大气环流

资料来源："云娜"台风论坛。

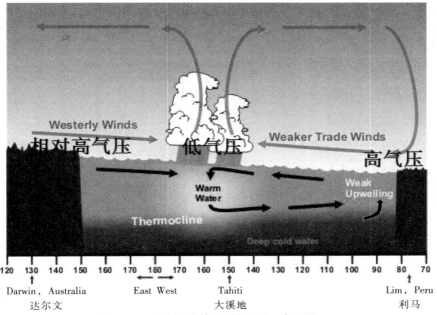

图 2-23 厄尔尼诺情况下气压和大气环流

资料来源："云娜"台风论坛。

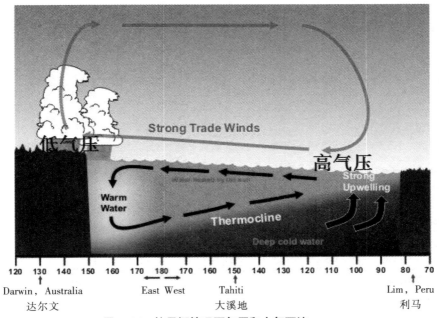

图 2-24 拉尼娜情况下气压和大气环流

资料来源："云娜"台风论坛。

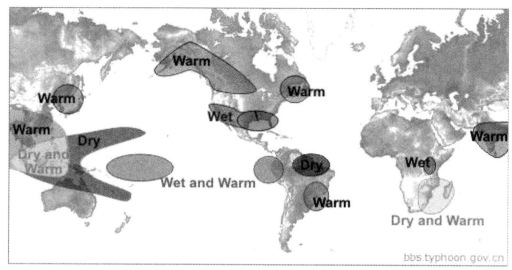

图 2-25　12 月至次年 2 月期间厄尔尼诺的影响

资料来源："云娜"台风论坛。

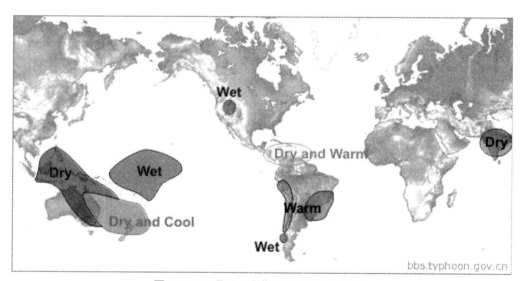

图 2-26　6 月至 8 月期间厄尔尼诺的影响

资料来源："云娜"台风论坛。

（4）公众事件纷纷扰扰，各个领域都可能出现可供炒作的题材，所以在挖掘这类题材的时候一定要保持视野的开阔性，同时要具有一定的想象力，对可能出现的题材炒作有一定的估计。

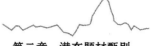

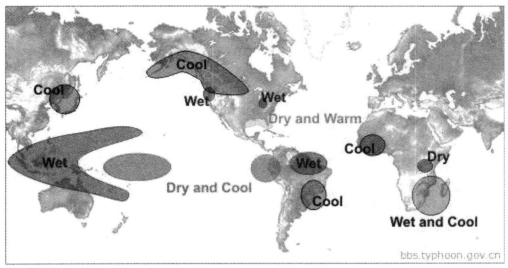

图2-27 12月至次年2月期间拉尼娜效应

资料来源:"云娜"台风论坛。

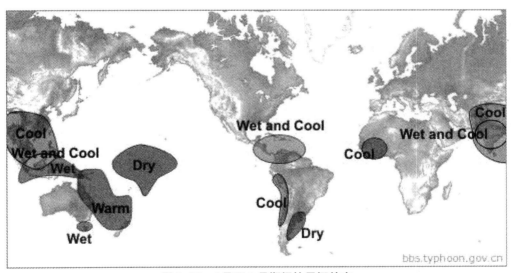

图2-28 6月至8月期间拉尼娜效应

资料来源:"云娜"台风论坛。

(5)公众事件的持续性和影响范围存在差别,对于那些影响范围不大的公共事件不要花力气去分析,重点落在那些可能影响中国经济和普通群众生活的公众事件上。同时,在介入题材之前要对题材的可持续性有所认识,持续性时间短的题材就要跑得快,持续性时间长的题材需要谨

题材投机要做得好,不仅要上通天文,还要下知地理。

表 2-1　大宗商品主要产地

	巴西	阿根廷	中国	印度	俄罗斯	美国	印度尼西亚	越南	泰国	马来西亚	科特迪瓦	加纳	澳大利亚	秘鲁	加拿大	白俄罗斯	南非	菲律宾	新喀里多尼亚	墨西哥	哈萨克斯坦	加蓬	刚果	波兰	智利	博茨瓦纳	赞比亚
原木	A				A																						
糖	A		C	B																							
咖啡	A			C			C	B																			
可可							C				A	B															
橙子	A					B														C							
小麦			A	B	C	C																					
大豆	A	C	D			A																					
玉米	C		B			A																					
棉花			A	B		C																					
煤炭			A				B						A														
铁矿	B		C	D									A														
铜矿			C										D	B										E	A		
银矿			C											B						A					E		
铝矿	C		B										A														
镍矿					A		B						D		C			C	D								
铂金矿					B												A										
钯金矿					A												B										
稀土			A																								

续表

	巴西	阿根廷	中国	印度	俄罗斯	美国	印度尼西亚	越南	泰国	马来西亚	科特迪瓦	加纳	澳大利亚	秘鲁	加拿大	白俄罗斯	南非	菲律宾	新喀里多尼亚	墨西哥	哈萨克斯坦	加蓬	刚果	波兰	智利	博茨瓦纳	赞比亚
钾肥					B										A	C											
铅矿			A										B	C													
锌矿			A										C	B													
锡矿			A				B							C													
铬矿			B										B				A				C						
钒矿			C		C												A										
锰矿	E												B		B		A					D					
钴矿													C										A				D
钼矿			B			A								D											C		
钨矿			A																								
钛矿						B	F						A		D		C										
金矿					D	E							B	C			A						D			B	
天然钻石			C	D	A		B	D		C			C														
天然橡胶							B	A	A	A																	
棕榈油				C				B																			
稻米			C						A																		

资料来源：Dina Pri fund.

慎持有，一旦市场开始"炒剩饭"，在题材上没有新的内容时就应该及时退出。如何识别题材的可持续性呢？根据我们在第一章介绍的题材捕捉模型，看看题材的参与度和关注度就可以大致知道题材还能吸引多少资金流入，这些通过个股论坛和交易大厅就能了解。如果能够流入的资金基本都流到了某个题材，则该题材的"燃料"可能也就用完了。简而言之，通过问"是否还有资金继续流入"就能知道场外是否有足够的资金等待入场。如果市场外还有不少资金跃跃欲试，那么接下来的行情还可以期待。如果能够进入题材板块的资金都进到市场中来了，那么行情也就到头了，因为没有资金推动，再有想象空间也是无济于事的。这些信息可以通过各种媒介取得，相互验证，这是一门技能，随着你练习次数的增加会变得越来越娴熟。此外，要想知道题材的持续性，还可以通过推测事件是否继续发展来得知，简而言之就是问"还能更坏吗"或者是"还能更好吗"。

在事件发展空间（想象空间、预期）和后续资金充裕程度两者之间，资金是第一位的，预期是第二位的。历史上臭名昭著的资产价格泡沫的破灭根本上还是因为资金跟不上了。如密西西比河泡沫、郁金香泡沫、南海泡沫都是如此，即使 21 世纪初的美国次贷危机，也是因为房价缺乏充裕资金的支持（美联储在此之前持续紧缩银根减少了房地产信贷市场的资金供给）。2007 年 10 月 A 股从高位崩盘也是因为这个原因，此前持续地加息和提高存款准备金导致了股票市场缺乏资金进入，同时随着股票价格不断高涨，要维持相同幅度的上涨需要越来越多的资金，最终资金无法继续加速流入导致了 A 股的转折。资金导致了资产价格的转折，而市场心理和预期只是转折后的加速器而已。回到本节的主题——"题材投机的可持续判断"，也可以从资金和预期两个角度出发来进行判断，一个题材能否持续下去取决于资金是否能够继续流入，以及是否还有进一步的发挥空间。

如果题材生命力还很强、想象空间还很大，但是后续入场资金不够也会引发激烈回撤。

第五节 重组并购题材

重组并购题材是一种非常典型的暴利题材，但是由于涉及的环节和因素较多，所以风险和时间成本也比较高。重组并购涉及定向增发和资产注入等手段，所以本节也会兼顾讲一下定向增发和资产注入的问题。

重组并购题材的发掘从两个方面入手：一是从价量异动的股票中筛选可能的重组股，二是根据基本面筛选具有重组预期的股票。价量异动可能涉及广泛的驱动因素，或者说题材和主题，其中有一小部分可能是重组并购题材。价量异动方面的分析大家可以参考本书第七章的相关内容，简单而言无非就是天量、地量、倍量和大阴线、大阳线、十字星这些价量极端形态。下面我们重点讨论推动上市公司重组的原因。

题材投机总是从两条线索去分析的，第一条是从驱动因素到行为因素，第二条是从行为因素到驱动因素。

第一，同业竞争。例如，一家集团下多家子公司的业务是相互竞争的，这样就存在一个资源浪费问题，所以集团就有动力将同类业务重组到一家公司。具体的例子有百联集团下的两家子公司——第一百货和华联商厦处于同业竞争的状态。2004 年 11 月 16 日第一百货（600631）吸收合并华联商厦（600632）获得了证监会的批准。在这次重组中，第一百货是合并方，华联商厦是被合并方，合并后存续公司更名为上海百联集团股份公司，这是中国证券市场上首例上市公司之间的合并案例。

第二，母子公司重复上市。母子公司都是上市公司对于投资者分析财报和运营而言存在难度，更为重要的是这相当于两次上市，有"圈钱"的嫌疑，所以存在重组压力。例如，中国铝业通过新增股份吸收合并了包头铝业（600472），通过换股吸收合并了山东铝业（600205）和兰

州铝业（600296）。

第三，关联交易。集团下上市子公司与其他非上市子公司存在大量关联交易，从法律上来讲存在"灰色地带"，从资源利用效率上来讲存在整合要求。

第四，国家政策和战略。如军工方面的重组，过剩周期行业的重组往往就有很大的国家意志推动。这种重组题材往往比较容易被投机客预期到，从而也便于出现板块热炒。

第五，借壳上市。借壳上市较多采用定向增发的方式。

第六，为了引入战略投资者以提高公司业绩。

我们来看一个具体的重组并购案例。*ST 力阳（600885）公司股票在 2011 年 7 月 21 日停牌，发布公告称将商讨重大事项。同年 10 月 14 日，重组的初步方案终于浮出水面，明确了重组方式为公司拟以截至评估基准日合法拥有的全部资产和负债与有格投资、联发集团、江西省电子集团所合计持有的厦门宏发 75.01% 的股权进行置换；公司拟置入资产与拟置出资产之间的差额，由公司向有格投资、联发集团、江西省电子集团以非公开发行股份的方式支付。受到重组消息的提振，*ST 力阳复牌后连拉六个涨停板（见图 2-29）。

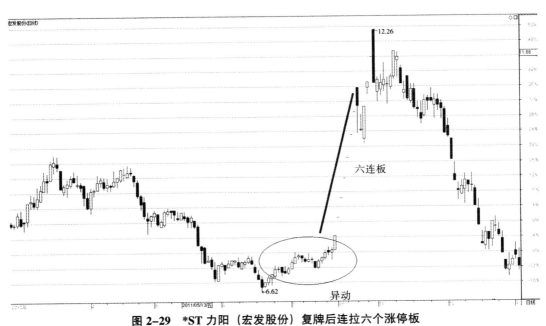

图 2-29　*ST 力阳（宏发股份）复牌后连拉六个涨停板

在资产重组过程中，经常会涉及"定向增发"。"定向增发"又被称为"非公开发行"，也就是向特定投资者发行。从定向增发的对象、交易结构出发，可以将定

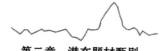

向增发划分为两种形式：第一种是资产重组并购型定向增发，国内资本市场对于这类增发往往持有积极态度。第二种是财务型定向增发，主要是以补充公司投资资金为主，有利于上市公司抓住有利的产业投资时机。

定向增发本身可以作为一个投资项目，当然这需要一些门槛。根据相关数据统计，2006~2010 年，参与定向增发并持有一年到解禁日卖出的平均收益分别为 322%、42%、39%、84%、57%。可以看出，在特定的历史条件下，无论股市大盘涨跌，投资定向增发的平均收益都非常高。2007~2008 年股市大起大落，根据专业机构的统计，如果参与定向增发也能够取得 40% 左右的年均收益率。简单计算一下，倘若每年都能获得平均收益并继续参与下一年的每个定向增发项目，则参与者 5 年后的复合收益率将达到惊人的 20 倍。当然，这只是较为理想的状态，实际情况要更为复杂，因为牵涉到利益就必然牵涉到博弈，自然也就牵涉到各种算计和争斗。

如果不能直接参与定向增发，则可以作为题材投机的对象来对待定向增发。定向增发事件对股价有正面影响，其主要原因：一是定向增发确定后，增发价对股价有一定支撑作用，增发价是重量级参与者的成本线，也是某种程度上的底牌。当然跌破增发价也是经常发生的事情，在结合主力成本的基础上可以更好地推测跌破后股价的走向。二是上市公司为了保障增发成功往往有动力做好近期业绩，这也很可能成为股价上涨的推手。三是定向增发后，如果上市公司管理层确实能够将募集的资金用来投资收益较好的项目或者收购优质资产，则将在中期提高公司的业绩，进而推升股价，这是最有底气的上涨，属于真正的价值投资。所以，定向增发可以作为题材来投机，也可以作为价值来投资，关键就要看定向增发的意图、参与者的情况、最后能够达到的效果，将这些综合起来考虑，你才能明白定向增发的投机怎么参与、定向增发的投资怎么参与，是

资产重组是一个比较专业的领域，如果对这方面感兴趣需要专门研究和实践。

不是真的值得参与。

无论从绝对收益还是从超额收益来看，定向增发公司都是值得选择的参与标的。但一般投机客并不能直接参与定向增发，只能通过介入二级市场来实现，此时增发价就成为投资者买入价的重要参考。实际情况是，从增发完成到增发股上市这段锁定期内，多数定向增发公司的股价会受到市场影响，产生较大波动，有可能调整到增发价格以下，这就给"题材投机客"提供了买入的机会。但这是不是真的买入机会，还需要结合大盘、板块、题材和主力意图来考虑。所以，真正的投机客要取胜靠的是综合素质，而不是一招鲜。题材投机要落实到对手盘分析、大盘分析、板块分析、资金流向分析、业绩和题材分析上才能持续盈利。

华泰证券研究员吴璟经过深入研究提出了定向增发的四种挖掘策略：第一种策略是在发审委已批或实施时介入，"根据对发审委通过日前个股的超额收益观察，从 T–30 至 T–1 交易日取得超额收益较高的个股，增发目的主要为借壳上市、资产注入或者项目融资，增发对象主要为大股东和机构投资者，流通股本普遍较小，多数个股的流通股本不到 2 亿股。如果投资者对上市公司定向增发的发审委审核时间和审核意见具有较确定的预期，可关注方案通过可能性较大的上市公司，在预期的审核通过日前 30 个交易日买入"。第二种策略是股东大会已通过时介入，"从近期通过股东大会批准的拟定向增发公司中，选择流通股本相对较小、一般不超过 3 亿股，增发目的主要为资产注入或项目融资，增发对象多为大股东及关联方或机构投资者，所处行业基本面及公司基本面较好，个股估值水平相对行业平均估值较低的上市公司。投资者可在预期审核通过日前 30 个交易日买入或在发审委通过公告且复牌当日买入，持有至公告日后的 20 个交易日卖出，获得定向增发的公告日效应的短期收益；对基本面良好、估值合理的个股，也可买入后长期持有"。第三种策略是董事会预案已通过时介

现在股市操作比拼的是综合素质，所谓的竞争优势必然也是基于综合素质。

入，"董事会预案公告日后 30 个交易日内投资者有望获得一定的超额收益。分时间段来看，董事会公告日当天的平均累计超额收益最明显，为 2.75%，但对投资者而言难以把握。T+1 日之后的 30 个交易日内各时间段的平均累计超额收益不超过 2%。总的来说，投资者在董事会公告日后仍可尝试买入以获取一定的超额收益"。第四种策略是参与定向增发破发股，"定向增发公告日后 1 年，股票二级市场超额收益算术平均值为 21.04%，定向增发公告日后 2 年，股票二级市场的超额收益算术平均值为 37.75%。总体表现为定向增发后 1 年和 2 年内，上市公司股票二级市场明显超过 A 股市场总体走势"。

　　"定向增发网"（见图 2-30）中有很多信息值得读者关注，但所有信息都只能作为分析的基础，而不能作为决策的依据，这个是大家需要反复提醒自己的。一旦做出决策，自己就要承担起所有责任，这样才能进步和真正成功。但是绝大多数股民不是这样的，决策的时候轻信别人的意见，一旦出现亏损后就会把责任推到别人的身上，这就是缺乏独立思考同时又不敢承担责任的表现。投资者可在破发幅度超过 10% 甚至 20% 时买入，持有到定向增发股票锁定期结束时卖出，获取短线的价差收益；或对于长期看好的公司，在股价跌破定向增发的发行价时买入，以长线持有为主。

图 2-30　定向增发网

　　重组并购有时候会涉及"资产注入"，所谓的"资产注入"一般是指上市公司股东将自己的资产出售给上市公司。"资产注入"这个题材在 A 股市场是非常火的，无论在牛市还是熊市中，"资产注入"四个字往往都成为股价飙升的"催化剂"。举一个耳熟能详的例子，在 2007 年的大牛市中，沪东重机资产注入后更名中国船舶

造就了财富神话（见图 2-31）。

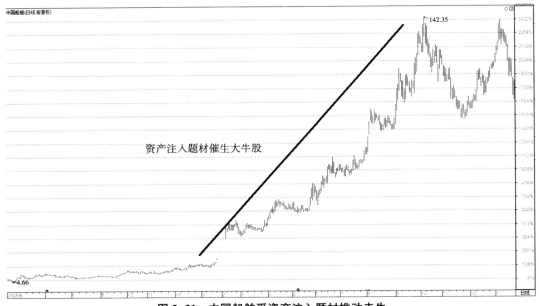

图 2-31　中国船舶受资产注入题材推动走牛

一般而言，资产注入题材之所以能够催生牛股是因为注入的资产质量较高、盈利能力较强、与上市公司业务关联比较密切，这样才真正有助于提高上市公司业绩，市场才会有积极正面的反应，也才能够推升股价。因此，我们介入"资产注入"题材的时候首先要判断注入资产的总体质量如何，是不是优质资产，是不是存在提升上市公司业绩的想象空间。需要强调和区分的是，对于业绩最终的影响并不重要，重要的是能不能引发提升业绩的丰富想象空间，这是题材投机与价值投资的区别。本书首次将"题材投机"作为区别于"价值投资"的一个实战流派，当然也就是主要从题材投机的角度来看待"资产注入"这一上市公司行为。

除了关注注入资产的质量，还要关注注入的方式。倘若采用的是杠杆收购，则会导致风险系数的提高，比较好的方式是股权收购，而非纯粹的现金收购。

对于重组股，我们在操作上要恪守分散风险的原则，分仓非常重要，不能重仓某一只重组题材股，因为一旦重组失败或者操作失误，则将面临重大损失。关于重组并购的细节，在《股票短线交易的 24 堂精品课：驾驭市场的根本结构》的"暴利板块之重组股攻略"中有非常详细和富有可操作性的步骤，这里不再赘述，本节的主要目的是让大家意识到存在这样一类题材，并且大概知道怎么回事，再结合本章关于价量、主力、板块和大盘的理论及策略就可以较好地利用这样的题材了。

第六节　高送转题材

　　每年末到次年第一季度是年报发布的时候，这时候的主要投机题材是"业绩大幅预增"和"高送转"。那么，什么是"高送转"呢？"高送转"一般是指大比例送红股或大比例以资本公积金转增股本，如每10股送6股，或者是每10股转增8股，又或者是每10股送5股转增5股。高送转作为一种炒作的题材，在大盘处于牛市时，更容易受到市场参与者的追捧；而在大盘处于熊市时，就不太容易受到市场参与者的追捧，不过这还要结合具体的板块和公司来分析，没有机械的结论。从理论上来讲，"高送转"其实就是股东权益的内部结构调整，也就是数字游戏，与公司的竞争优势无关，对公司的盈利能力并没有实质性影响，当然也就不能影响净资产收益率了。"高送转"后，公司股本总数虽然扩大了，资本公积金转增股本与送红股将摊薄每股收益，但公司的股东权益并不会因此而增加。在发达市场，股票分拆在很多时候被当作利空，但是在A股市场却往往与利好挂钩，所以年报行情往往以"高送转题材"为焦点。不成熟的股票参与者往往以股价绝对高低等同于上涨空间大小，股价低就认为上涨空间大，股价高就认为上涨空间小，股价低便于散户流通换手，所以A股市场炒作高送转的习惯沿袭至今。作为题材投机者，我们不与市场的非理性争辩，我们要做的只是利用这种非理性，并且在市场纠正非理性的时候及时脱身。题材炒作往往都是击鼓传花的游戏，哪怕有业绩支持的题材也有业绩走下坡路的那一天。所以，我们要做的就是及时介入、及时退出，不要因为没有业绩支持而失掉介入的机会，也不要因为一厢情愿而失掉退出的机会。是题材就有"生老病死"的生

　　同时具有题材和价值的个股也不少见，所以不要认为能够用来投资的个股就不能用来投机。

命周期，高送转也是一种题材，自然也逃脱不了这个自然法则，因此我们不要一味"死拿"，投机毕竟是以追逐中短期价格波动为目的，并不是以公司业绩持续上升扩大股东权益为目的。题材是用来投机的，价值才是用来投资的，这句话大家要反复多念几遍，本书传授的是"题材投机"，而不是"价值投资"。2012 年底，联创节能凭借"高送转"预期连收 19 根阳线，股价从 26.74 元一路上涨至最高的 73.15元，累计涨幅 173.56%（见图 2-32），但是最终却并没有实施高送转，这就是题材投机的特征，炒的是"预期"，而不是"事实"，如果太执着于"事实"反而可能错过牛股的启动，又或者是在"高位站岗"了。

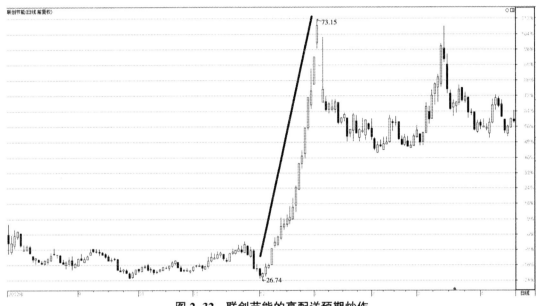

图 2-32 联创节能的高配送预期炒作

当然，"价值"与"题材"有时候也是不分彼此的，某些"题材"也不缺乏"价值"的支撑，高送转往往也是以上市公司的业绩增长为基础的，所以"高送转"其实是以业绩为基础，以事件为噱头，迎合了广大散户喜欢低价股的倾向而展开的题材。从价值投资的角度来看，苏宁电器（苏宁云商）独特的商业模式奠定了竞争优势，从而带来了 2010 年前的业绩大爆发，这是一个真正的价值投资优秀标的。从题材投机的角度来看，苏宁多次进行高送转操作也提供了炒作的基础。苏宁从2004 年开始共实施过四次 10 转增 10 的高送转方案，平均每次高送转预案公布前40 个交易日有 19%的收益和 11%的超额收益（见图 2-33）。

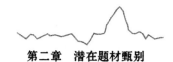

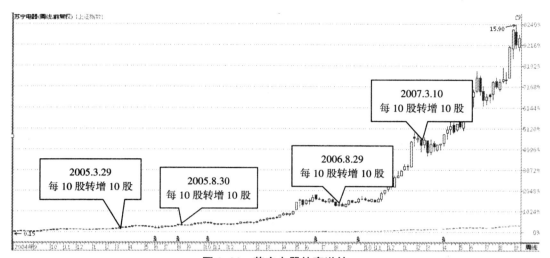

图 2-33 苏宁电器的高送转

资料来源：东方证券研究所绝对收益策略团队。

从操作时间上看，高送转股的炒作一般分为三个阶段。第一阶段为伏击期。公布高送转之前，难免会有某些消息外泄，主力提前知道在 A 股市场并不是什么稀罕事，况且不少先知先觉的投机客也会闻风而动，因此股价通常会出现预热，这时候就是以炒作预期为主，市场大众将极有可能的高送转个股筛选出来进行投机，这个阶段往往也是股价飙升幅度较大的时期。第二阶段为公布期。这时候高送转方案被上市公司公布，情况就比较复杂了，有时候主力可能会借利好出货（见图 2-34），

图 2-34 主力借助高送转题材出货

有时候主力会乘势继续拉高。在上市公司正式公告高送转预案时，要努力琢磨它们进行高送转的动机，认真分析业绩、成长性、股本规模、股价、每股收益等指标，要搞清楚上市公司是否为了配合大股东和高管而出售股票。第三阶段为填权行情。上市公司高送转方案实施当日，股价要进行除权处理，投资者持股比例不变，持有股票的总价值也未发生变化，但是数量发生了变化。这是个股除权后可能被市场继续看好，然后拉升填补缺口的行情，这个阶段能否出现很大程度上要看上市公司的业绩是不是还能继续如期高歌猛进，如果不能，这种情况则要看是不是后期还有其他潜在重大利好，否则主力强拉填权之后，高位找对手盘就很难了。

根据历史统计数据分析，要想做高送转的题材投机，主要瞄准伏击期，此时既要看基本面分析又要看价量异动。高送转题材的伏击阶段通常是年末。以 2008 年的中兵光电（北方导航）为例，其披露 10 转 10 分配预案的时间是 2009 年 1 月 15 日，但对公司股价的炒作则基本上是之前的两个月（见图 2-35）。

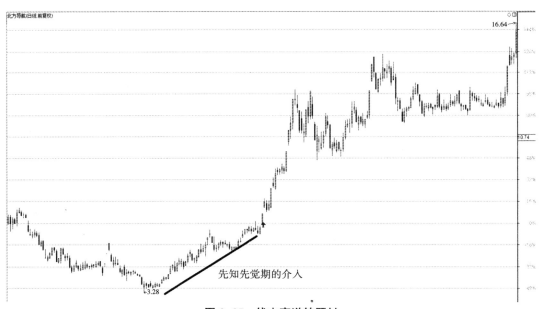

图 2-35　伏击高送转题材

公布期的题材投机获利空间往往要小于伏击期，不过某些情况下高送转的题材落实后会激发相关的想象空间，这样就会再度激发主力的做多动力和整个市场的炒作热情。高送转题材投机进入填权期后，相关个股的走势出现分化是非常正常的，部分个股可能依然会有比较好的表现。这取决于公司基本面是否能够继续不低于预

期地向好，是否存在可供炒作的新题材，这些都是主力需要考量的因素。也就是说，并不是像一般散户认为的那样：送得越多，那么该股填权的可能性越大。这并没有抓住关键，填权与否的关键往往在于该公司的成长性是否非常好，成长性越高则填权的可能性越大。高配送方案所带来的填权行情，往往都源于对于该公司业绩后续增长的强劲预期。因此，高分配除权后能否获得迅速填权的走势预期，关键在于业绩能否高成长。只有未来的业绩高速增长才能带来股价盘升的动力，才会有填权行情的出现。反之，倘若未来业绩不能继续高速增长，那么所谓的填权行情是很难产生的，主力做填权行情也要考虑基本面配合与否。另外，还要注意一个问题，那就是配送一般有两种情况：一是送股和转增股；二是派现金。我们在选择这些个股的时候，除了考虑主力和基本面，还要考虑优先选择送股为主的个股，因为只有这样的情况才会有较大的"填权"空间。

简而言之，只有综合考虑了公司基本面、题材以及市场人气之后，主力才会决定是不是做填权行情，所以不能机械地来追涨杀跌。

做高送转题材，主要参与伏击期的行情，所以我们就要判断在怎样的特征下，一家公司会出现值得参与的高送转行情。

第一个特征是较高的每股资本公积金。东方证券研究人员发现，"每股资本公积金越高、每股未分配利润越高、每股净资产越高、每股股价越高，发生高送转的概率也就越高"。华泰证券的研究人员发现，"与高送转比例相关性最高的为每股资本公积，其次为每股现金流，相关性最弱的是每股未分配利润。科技股的每股资本公积较高，高送转比例也最高；另外，公司规模越小，发生高送转的概率越大"。在上市公司的资产负债表中有两个公积金项目：资本公积金和盈余公积金。理论上，这两类公积金都能够转增为股本，然而在实际操作中盈余公积金转增股本的情况

伏击不仅要对潜在题材有过人的洞察力，而且对主力的心理也要非常了解。

比较少见。所以，我们需要关注的是资本公积金。每股资本公积金等于资本公积金除以总股本。假如每股资本公积金大于 1，那么该公司就具备了 10 送 10 或 10 转增 10 的潜力。这个比值越大越好，越大就说明其送股的潜力越大。

第二个特征是存在高配送以外的题材可供炒作。参与高配送个股本来就是炒作该上市公司的高成长预期。如果还有其他想象空间，那么能够吸引的市场跟风资金会更多。其他题材可能是资产注入、产业利好政策等。

第三个特征是这家公司确实具有竞争优势，未来的股权回报率因为这种竞争优势而持续保持高位的可能性极大。有了这一特征的保证，不仅伏击高送转题材获利的可能性极大，参与填权行情的胜算率也很高。

巴菲特最为重视的就是持续竞争力。

第四个特征是公司的大股东或者其他重要股东需要套现，为了在高位制造足够的对手盘，公司需要推高股价并找到足够的跟风盘和高位对手盘。这个特征与第七个特征都是从把握大股东意图出发来推断高配送题材的可能性。

第五个特征是公司曾经有过高配送的历史。研究对手的历史，可以搞清楚对手的偏好，上市公司的大股东和管理层其实也是这个市场的重要参与者，也是我们的对手，知己知彼才能百战不殆，所以作为投机客，认真研究初选上市公司的配送历史是非常必要的。

第六个特征是上市公司目前股价很高。股价过高，流动性就大为下降。欧美发达市场以基金为主参与市场，所以不会存在 100 元股比 5 元股难流通的问题，基金买股绝不是几手在那里交易。A 股市场却不一样，散户占了半壁江山，而这部分人的资金量就对股价的绝对高低非常敏感。假如你是上市公司的大股东或者管理层，出于高位套现或者市值管理的目的，你有没有动力搞高配送呢？这个诱惑一般人很难拒绝。

第七个特征是上市公司有再融资的打算。上市公司再融资肯定希望以较少的股份换得更多的资金，而一股能够融到多少资金是以最近的股价作为参照标准的，所以如果上市公司想要最大化再融资的利益，肯定会想办法尽量将股价搞上去，这时候高配送上场的可能性就增加了。

以上就是可能高送转的个股特征，在具体的操作上还要看大盘人气、板块资金流向、个股价量态势，最后一定要分仓操作，这是题材投机在仓位管理上的关键，毕竟这是个概率游戏，要为"黑天鹅"的出现做好备案。

第七节 宏观经济题材

宏观经济与大盘的相关度更高，周期股则直接受到宏观经济的影响。宏观经济处于不断波动中，如利率和汇率的变动，以及通胀率的变动都会成为股市某些时候的炒作题材。在宏观经济变量中经常被当作题材来发挥的一个宏观经济变量便是人民币汇率（见图2-36）。人民币汇率升值是时常出现的一个炒作题材，所谓的人民币升值概念受益股便是这个题材下的投机对象。本节就以"人民币升值题材"为例，来介绍相关个股题材。

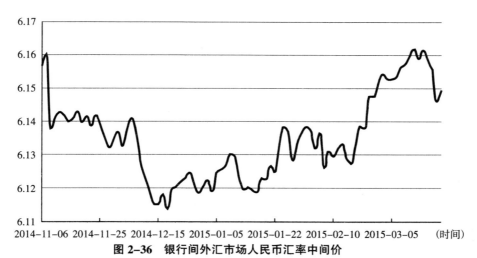

图2-36 银行间外汇市场人民币汇率中间价
资料来源：中国人民银行网站。

人民币升值题材是一个炒作多年的对象，随着人民币国际化的展开，维持人民币相对坚挺是一个战略方针，既然在20世纪末的东南亚危机中中国都没有采用竞争性贬值措施，那就更不会在人民币国际化的大战略下采取竞争性贬值举措了。人

民币升值题材对航空业和造纸业的影响较为直接，毕竟这两个板块个股数量合理，便于主力运作，虽然房地产和银行也是人民币升值题材的受益板块，但是由于房地产个股太多，而银行体量较大，其中机构又太多，所以不便于一般的游资运作。

航空行业属于典型的外汇负债类行业，航空公司购买和租赁飞机基本上都是采用杠杆的，也就是基于美元进行了融资，所以航空公司的美元负债及其利息支付占据了资产负债表相当大的比例，而人民币升值会带来一次性的汇兑收益。除了购买飞机之外，可变成本当中很大一部分就是燃油支出，一般认为燃料费用约占总成本的 30%，燃油受到原油走势的影响，而原油直接以美元定价，所以当人民币兑美元升值的时候，以人民币计价的原油价格是下跌的。当然，前面讲到的资源价格题材谈到原油价格显著下跌也是利好航空股的，原油价格下跌其实有三种可能性：第一种可能性是美元和人民币保持稳定而供给显著增加，如 2014 年中到 2015 年初的原油暴跌就带动了航空股暴涨；第二种可能性是美元兑人民币保持稳定，但是美元升值，原油价格因为以美元标价而下跌；第三种可能性是原油供给保持稳定，以美元计价的原油价格保持稳定，但是人民币兑美元升值，这样以人民币计价的原油价格就是下跌的，这就是本节提到的情况。本章第三节提到的情况属于第一种和第二种的可能性更大。

人民币显著升值时可供炒作的第二个板块是造纸业。造纸业的原材料很大部分来自进口，造纸机也很大部分源自进口，所以人民币如果升值则可以减少造纸业的支出和负债。造纸板块中经常被作为人民币升值概念题材的个股有岳阳林纸（600963）、晨鸣纸业（000488）、博汇纸业（600966）、太阳纸业（002078）和恒丰纸业（600356）。

宏观经济题材门类较多，引发的行情往往也非常大，这其中涉及"板块宏观相关性套利"，难度更高和更加全面的策略技巧可以参考《股票短线交易的 24 堂精品课》中的"板块宏观相关性套利"，而汇率题材只是其中非常小的一个门类。除此之外，还有财政政策题材、区域政策题材、货币信贷政策题材等，而经济增长和通胀以及证券市场政策则直接关系到大盘指数的走势。

题材投机必看大盘、必重大盘，不看大盘和板块炒个股是题材投机的大忌。关于经济增长和通胀对大盘的影响，需要阅读《股票短线交易的 24 堂精品课》中的"跨市场分析：实际经济的圆运动和金融市场的联动序列"，关于货币信贷政策对大盘的影响，需要阅读这本书中的"流动性分析：人民币的近端供给和美元的远端供给"，关于证券市场相关政策的影响需要阅读这本书中的"政策性因素对大盘的影

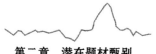

响"。但仅从题材和主题的角度来分析大盘的走向，还是不够的，我们还要从价量的角度来判断大盘的走势，这就需要阅读《股票短线交易的 24 堂精品课》的第一阶段课程"大势与大盘"。本章省略了关于指数和大势判断的部分，但是题材投机的完整流程是需要判断大盘和大势的，否则个股操作存在较大的风险。俗话说"覆巢之下无完卵"，重个股轻指数是一种毫无大局观的盲动主义，身边真正的短线高手没有不重视大盘走势的。选对了个股，大盘可以锦上添花；选错了个股，大盘可以雪中送炭。但是如果选对了个股，大盘却看错了，那么必然会降低收益；如果选错了个股，大盘也看错了，那就必然是"屋漏偏逢连夜雨"了。

不谋万世者，不足谋一时；
不谋全局者，不足谋一域。

　　本章对把握潜在题材的一般方法进行了介绍，同时对常见的题材进行了剖析，但是我们觉得这并不完善。我们除了根据题材内容来进行分类之外，更重要的是根据题材的性质进行分类，这样更便于我们进行"潜在题材"的发掘，同时也能够很好地把握"题材的持续性"。题材根据性质可以分为三类：第一类是事件性题材，一般有明确的题材失效时点；第二类是突发性题材，一般不容易预测，同时时效性也很难估计；第三类是概念性题材，这类题材往往与国家政策和战略规划关系密切，是最为重要的题材。下面我们对三种性质的题材分别进行介绍：事件性题材如奥运、世博、亚运、世界杯等，此类题材股的特点是可以明确题材开始与结束的时间。突发性题材如疫情、地震、干旱、洪水等，此类题材的特点是突发性较强、时间不确定，并且影响范围、吸引眼球的力度比较难把握。概念性题材如以前的 3G 概念、股指期货概念、创投概念，现在的新能源汽车、三网融合、物联网题材、区域题材。此类题材的特点是题材的结束时间很难把握、题材普遍具有长期性。同样是题材，很多往往是昙花一现，只有真正有实质利好题材支撑的个股才能在压力支撑指标前涨个不停。除了要分析相关题材性质、重点关注实质性长期题材之外，

我们还要讲究时机，如果动手过晚，很容易成为"抬轿者"。在市场开始挖掘新题材或启动之时，炒家要先分析题材的性质，如果是中长期利好的要果断介入。炒题材实际上相当于在讲故事，故事没完，炒作不停，一旦题材尽了，故事讲完了，股价也就到头了。因此，借利好兑现是炒题材最需要注意的一个问题。炒股就要先人一步，要买在行情启动之前或初期，而不在行情全面展开时才开始大谈特谈机会，后者永远都是为人"抬轿"的散户思维。

成功就是比别人快半步。

第三章

主力资金流向

成功的股票短线交易者需要大众所不具备的能力，而这种能力取决于对市场和其他参与者心理的洞察能力。

——魏强斌

兵无常势，水无常形，能因敌变化而取胜者，谓之神。

——孙武

绝大多数的交易者只关注交易图表，却忽视了背后移动这些图表的买卖力量……有件事你必须知道，那是真的，即有人对市场了解得比你多，多很多！

——拉瑞·威廉姆斯

参与炒作的主力资金动向是炒题材时投资者要关注的重点，主力资金相对于散户资金而言是更加"集中的"，兵法所谓的"我专而敌分"就是主力的先天优势之一。主力虽然有资金上的优势，但是也不能任意而为，懂得借力的主力才是明智的主力。那么，从哪里借力呢？大盘上借力只是一个前提，关键还是要从题材上借力。恰当的题材创造出一个有利于主力的格局，这样主力就可以基本"立于不败之地"。所以，对题材保持敏锐度，其实最终也是为了找出主力资金的动向。可见，虽然是"题材投机"，但是最终还是要看大资金怎么动。哪怕你也是主力，也要揣摩其他主力的心理和动向。关于题材，我们前面已经分类介绍了，本章我们就要对利用题材的主力进行一定的分析，主

题材是因，主力是缘，因缘具足才有趋势。

089

要讲讲如何分析主力资金动向。"题材投机"有四个核心的要素，第一是大盘的动向，第二是新兴题材，第三是主力资金动向，第四是龙头个股。大盘简记为 M，题材简记为 S，主力资金简记为 I，龙头股简记为 A，合起来就是 AIMS 分析框架。这个市场上"题材投机"做得好的人都非常强调"资金往哪里走，我往哪里走"这一原则。所以，要将"题材投机"做好，并不是要在某一技术手段上做到多么精细，关键是要学会综合分析。所谓"偏信则暗，兼听则明"，要多结合不同来源的信息来看。落实到股票投机中，就是要结合以题材和主力动向为主的多个方面来观察市场、板块和个股。

知己知彼，百战不殆，知天知地，胜乃不穷。这个天地就是大盘，就是格局，就是题材。这个"己彼"就是包括自己在内的市场参与者。

第一节　A 股市场中的主要参与群体

A 股市场的参与者可以分为两大类：一类是资金规模相对较小的散户，另一类则是资金规模相对较大的主力。这只是一种较为粗略的分类方式，主力也是一个涵盖非常广的群体，其中不同的子群体有相当大的差异，操作风格存在很大不同。主力可以分成这几种类型：第一种是所谓的私募或者游资；第二种是公募基金；第三种是产业资本；第四种是券商集合理财；第五种是汇金和保险资金构成的"国家队"。

散户的成分也可以细分为小散户和大中散户，散户对于行情的发展缺乏主导性，即使有散户发动的行情往往也持续不了多久，必须有主力的参与和维护，行情才能持续发展。

股市各阶层分析做得如何直接关系到你分析的准确性。

接下来，我们就对以主力为主的市场参与者进行大概的介绍。知己知彼，方能百战不殆，只有知道这些参与者偏好的操作对象和操作风格才能够对此后的行情发展做到心中有数。

我们先来看看所谓的私募或者游资的操作特点是怎样的，这类主力现在都是以闪电战为主。私募和游资对于题材的嗅觉是非常灵敏的，因为只有借力题材才能低位进高位出。对大众心理的把握是游资借力于题材的关键所在，只有明白大众对题材会做怎样的反应，游资才能真正做到游刃有余。游资也不是神仙，但是经过较长时期生存下来的游资往往都是具有真本事的，我们这里讲的主要是这类游资的操作风格。在存量资金博弈的时候，这里面的游资往往都是大浪淘沙留下来的，所以这时候的游资动向更具有指向性，而在大牛市中后期进来的游资水平就参差不齐了。

成功的游资和私募往往都崇尚本书开头列出的一句话——"其势险，其节短"。这类资金与正规机构基金相比规模要小很多，在资金实力上处于弱势。与散户比，虽然资金上占优势，但是进出场必然没有小散户那么容易。这些劣势和优势的存在要求游资在进出场的时候要么绝对保密，要么故布疑阵，利用消息误导散户。在散户还没有反应过来的时候游资就要完成建仓、拉升的动作，等到散户开始关注了，还要借力题材把个股炒热，在人声鼎沸中将手中的筹码卖给散户。游资和私募让大众知道他们在做什么股票的时候，往往也就是运作个股的最后阶段。游资和私募虽然比散户的资金规模大，但是操作起来并不忌讳"今日买，明日卖"，所以不要认为私募和游资不会做"一日游"行情。有些私募和游资今日进场，尾盘发现散户不怎么跟，那么次日开盘就可能出掉。这里我们就得出了游资和私募的第一个特点，那就是"持仓时间短"。所以，切莫以为"今日放量主力才进，不可能明日就出"，出没出关键看次日早盘的大卖单和今日进的大买单是不是差不多，

大单和大量往往是主力的"马脚"。

如果是差不多，基本上可以断定主力较为可能已经出了。也可以结合龙虎榜来看主力的进出，如图 3-1 所示。当然，如果你能够结合题材想象空间（看可持续性，结合第二章、第五章、第六章的内容），以及此前几日主力有无建仓（看成交量，结合第四章、第七章的内容）等情况来分析则更好。

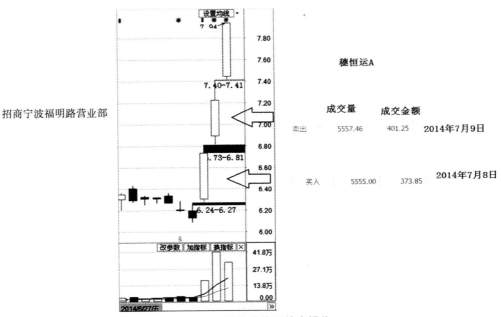

图 3-1　游资的快进快出操作

游资和私募的第二个特点是不会碰其他主力控盘的个股，除非大家是联合操作，或者是其他主力把货出完。毕竟游资和私募的理念是建仓拉高后能够出货，如果已经有主力握有大量的筹码，那么相当于帮别人做嫁妆。由于此前已经高度控盘，所以新进游资拿到手的筹码必然少，而市场整体持仓成本也低于新进游资，这样拉高必然遭到控盘机构的暗算。有时候某只个股的题材想象空间很大，题材可持续性强，这样就可能有某些新主力想要接盘，不过除非老主力放弃筹码或者联合操作，否则新主力是不会介入的，也不会拉升。只有等待抛出筹码了，新主力才会拉升。所以，已经有其他不相关主力介入的个股，或者是大

主力之间也是相互博弈的，其中有合作，也有倾轧。

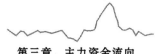

机构持有大量筹码的个股，游资和私募通常都会避而远之。这里需要区别大户和主力，大户往往是借力于主力，而主力只能借力于大盘和题材，还有散户。

　　游资和私募的第三个特点是逆向思维吸货。游资和私募建仓吸货的时候往往选择大家没注意的股票，也就是利多题材处于潜在状态的股票，又或者是选择利空题材兑现出尽大家不看好的股票。私募很少选择大盘蓝筹股，这类股票运作起来较为吃力，需要大量资金，同时也是机构介入的个股，而且往往缺乏题材和想象空间，所以不容易引起足够的跟风盘。那些大家不关注的股票或者是不被大家看好的股票往往使得游资有机会偷偷建仓，这就叫作"出其不意"。

　　什么是不被人看好的股票？第一种是从题材上去找，此前在连续利空的打压下持续下跌，现在利空全部兑现，这种个股主力喜欢介入。

　　第二种是从成交量上去找，连续出现很低的成交量。如果是在持续下跌之后，那么意味着这只个股被大众冷落了，这时候主力也很可能去运作，当然能够结合潜在题材去思考会更好，主力也会想介入后如何利用题材甚至创造题材。如果此前已经有一波显著上涨，现在回落后持续地量，那么可能是新主力进来接着做，或者是主力并没有大举出货，后续行情可期，这时候持续地量往往也表明市场筹码交换接近尾声，拉升时机成熟（见图3-2）。

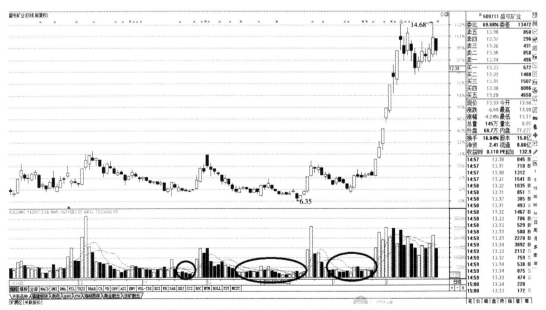

图3-2　地量表明大众关注度较低的个股

　　第三种情况则是从关注度上去找，看看哪些个股的关注度下降了。有券商做过统计发现，换手率并不能很好地代表市场对个股的关注度，要想搞清楚某只个股的关注情况，最好的办法是去股吧论坛查看。现在也出现了一些可以查看个股关注度的大数据工具，这些工具如果能够结合价量和题材来看则更有效，如和讯网提供的个股关注度排行榜，查询网址是 http：//focus.stock.hexun.com/index.html（见图 3–3）。关注度排名靠前和靠后的股票是我们要密切关注的，结合板块资金流向可以更好地理解关注度排行榜的含义。例如，排名非常靠后的股票最近一段时间陆陆续续有主力加仓迹象，但是关注度却一直未能进入前列，那么就说明主力已经知道某些潜在题材开始建仓了。寻找热点的时候个股的关注度很多时候没有板块行业的关注度重要，将和讯的行业关注度与东方财富通的增仓排名结合起来观察，对整个市场的资金关注度动态就会有很好的盘感，这个是每天盘中盘后都要做的工作（见图 3–4 和图 3–5）。

如果是逆向思维才能拿到足够的低成本筹码，这就是游资和私募的第三个特点。从这个角度反推可以得出一个结论：绝大多数人看好的个股往往游资不会去碰，这相当于帮散户抬轿。

筹码在谁手里？主力收集得到筹码吗？多问为什么，多针对筹码问为什么，可以让你很快搞清楚对手们的底牌。

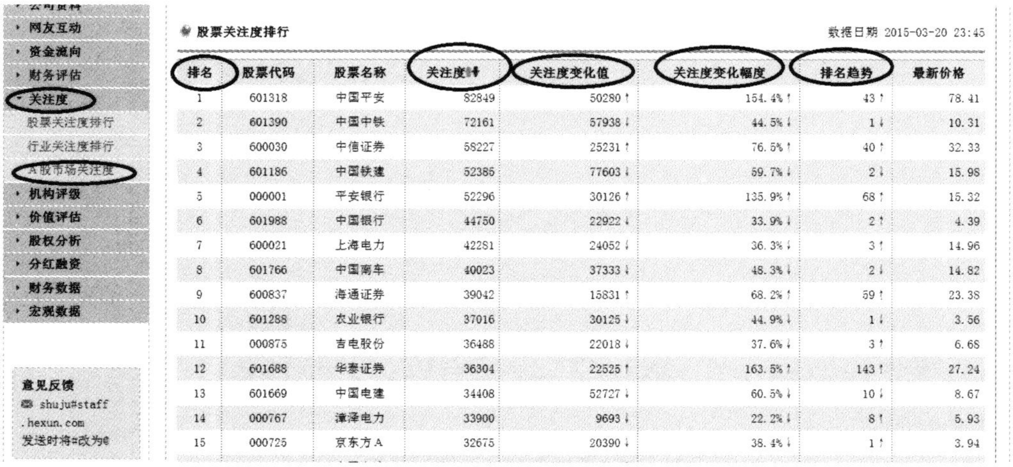

股票关注度排行　　数据日期 2015-03-20 23:45

排名	股票代码	股票名称	关注度	关注度变化值	关注度变化幅度	排名趋势	最新价格
1	601318	中国平安	82849	50280 ↑	154.4% ↑	43 ↑	78.41
2	601390	中国中铁	72161	57938 ↓	44.5% ↓	1 ↓	10.31
3	600030	中信证券	58227	25231 ↑	76.5% ↑	40 ↑	32.33
4	601186	中国铁建	52385	77603 ↓	59.7% ↓	2 ↓	15.98
5	000001	平安银行	52296	30126 ↑	135.9% ↑	68 ↑	15.32
6	601988	中国银行	44750	22922 ↓	33.9% ↓	2 ↑	4.39
7	600021	上海电力	42281	24052 ↓	36.3% ↓	3 ↑	14.96
8	601766	中国南车	40023	37333 ↓	48.3% ↓	2 ↓	14.82
9	600837	海通证券	39042	15831 ↑	68.2% ↑	59 ↑	23.38
10	601288	农业银行	37016	30125 ↓	44.9% ↓	1 ↓	3.56
11	000875	吉电股份	36488	22018 ↓	37.6% ↓	3 ↑	6.68
12	601688	华泰证券	36304	22525 ↑	163.5% ↑	143 ↑	27.24
13	601669	中国电建	34408	52727 ↓	60.5% ↓	10 ↓	8.67
14	000767	漳泽电力	33900	9693 ↓	22.2% ↓	8 ↑	5.93
15	000725	京东方A	32675	20390 ↓	38.4% ↓	1 ↑	3.94

图 3–3　利用大数据判断个股关注度高低

资料来源：和讯网。

行业关注度排行　　　　数据日期 2015-03-20 23:45

排名	行业简称	关注度	关注度变化值	关注度变化幅度	排名趋势	行业平均关注度
1	工业工程	315337	164528↓	34.3%↓	—	1031
2	建筑与材料（III）	272312	122869↓	31.1%↓	—	1640
3	电子与电气设备	263770	101382↓	27.8%↓	—	984
4	化工品（III）	222084	57890↓	20.7%↓	—	848
5	不动产	186944	70694↓	27.4%↓	—	1246
6	银行业（III）	186825	37419↓	16.7%↓	2↑	11677
7	电力（III）	164709	43100↓	20.7%↓	2↑	2840
8	软件与计算机服务	157088	80680↓	33.9%↓	1↓	1288
9	普通金融服务	153897	5817↑	3.9%↑	5↑	5691
10	工业运输	146191	110365↓	43.0%↓	4↓	2003
11	医药与生物科技	129511	18942↓	12.8%↓	2↑	863
12	硬件与设备	109168	54014↓	33.1%↓	—	1200
13	采矿业	107837	55536↓	34.0%↓	—	1659
14	食品生产（III）	103936	41221↓	28.4%↓	1↑	971
15	汽车与零配件（III）	97358	23598↓	19.5%↓	3↑	1058
16	人寿保险（III）	92028	51158↑	125.2%↑	15↑	23007
17	钢铁	91144	87920↓	49.1%↓	7↓	2279
18	一般零售业	89065	12158↓	12.0%↓	3↑	1157
19	个人用品	76668	54629↓	41.6%↓	3↓	833
20	旅游与休闲	70577	54219↓	43.4%↓	3↓	1680

首页　上一页　下一页　末页　1/1 转到　　　Go

图 3-4　利用大数据判断板块关注度高低

资料来源：和讯网。

图 3-5　主力增仓板块排名

资料来源：东方财富通。

游资和私募的第四个特点是善于站在散户的角度想问题。游资和私募往往以"题材投机"居多，只有少部分私募采用"价值投资"的策略。既然游资和私募以"题材投机"居多，那么肯定就是靠题材误导对手盘获利了。游资的对手盘基本上以散户为主，当然可能有些违法乱纪的公募基金帮助游资高位出货，但随着监管越

来越严格，这种情况会变少。游资和私募必须识别出潜在的题材，并且判断这个题材的想象空间、可持续性以及吸引跟风盘的程度。做出这些判断的基础都需要站在散户的角度想问题。因此，游资和私募在选股的时候主要将精力放在心理分析的领域，对于技术面的研究肯定不会像散户那样花太多精力，对于基本面的研究肯定不会像正规机构那样深入而全面。游资和私募研究基本面是为了预判是否能够当作题材使用。总而言之，游资和私募总是提前研究最近的潜在重大题材，然后确定进攻的具体目标。

对手在想什么，你都没搞清楚，怎么能够取胜呢？

接着我们来看与产业资本相关的主力。产业资本相关的主力不像一般的主力，一般的主力为的是通过分仓或者分账户的手段运作股价赚取价差，而产业相关主力则有更多的获利途径。第一种途径是与二级市场的一般主力合作，从后者那里分利；第二种途径是在高位减持手中的原始股；第三种途径是在高位配股或者增发。同一般的主力相比，产业资本相关的主力有两个非常有利的条件：第一个有利条件是本来就持有了可以流通的股份，省去了建仓的麻烦；第二个有利条件是了解公司的各个方面并且可以控制运营活动，通过发布利空或者利多信息，间接为股价涨跌提供驱动力。

产业资本相关的主力都是控股股东，自己手里有筹码，相当于有底仓，最多是加仓，但这并不是必要的，即使是相关联的二级市场主力也只需吸纳一部分底仓即可，整个建仓量不需要那么大。有时候为了二级市场的关联方能够顺利地拿到廉价筹码，控股股东可以让上市公司配合发一些利空消息。在此后的拉升和出货阶段，上市公司仍然可以配合发布连续的利好消息。出货的时候分两种情况：第一种情况是出货不顺利，那么控股股东就会将题材兑现，这样出货也就不难了。第二种情况是出货顺利，那么控股股东就会将题材以种种理由不兑现。产业庄股方面的研究

一切理论和别人说的话都只能做参考。

和动态可以参考万隆证券网的一个专栏，名字就是"产业

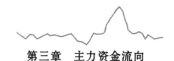

庄股"，网址是 http：//www.wlstock.com/gupiao/，这里面的信息和案例可以提供一些借鉴，但是不要轻信和迷信（见图 3-6）。

图 3-6　产业庄股分析

资料来源：万隆证券网官网。

在本节我们还要介绍券商集合理财类主力的风格。券商集合理财也称为集合资产管理业务，指的是由证券公司发行的、集合客户的资产，由专业的投资者（券商）进行管理的一种理财产品。它是证券公司针对高端客户开发的理财服务创新产品。通俗地讲，就是券商接受投资者委托，并将投资者的资金投资于股票、债券等金融产品的一种理财服务，其风险和收益介于储蓄和股票投资之间。证券公司是这种理财产品的发起人和管理人。

券商集合理财和公募基金一样都是集中投资者的资金进行专家理财，均以权益类和固定收益类产品为主要投资目标，投资人的资产均设立专门账户，由专业的资产管理人管理，由独立的托管银行进行托管。公募基金管理人的收益来源于管理费用，而券商的收益不仅来源于管理费用还包括业绩分成，这点类似于私募基金。

券商集合理财产品不能公开宣传，参加集合理财的客户资金门槛有一定要求，一般首次参与的资金必须达到 5 万元以上。券商可以以自有资产购买一定比例本公司开发的集合产品，并可在有关协议中约定，当投资出现亏损时，证券公司投入的资金将优先用来弥补该公司其他购买人的损失。券商集合理财一般在数月至一年的

封闭期之后才有一小段时间的开放期，开放期也比较有限，这就使得券商集合理财可以很好地避免因为无序赎回导致的非理性操作。公募基金的募集可以公开宣传，开放式基金认购起点一般为 1000 元，如果定期定额申购，起点最低可以降到 200 元左右。

券商集合理财账户的操作在某些程度上与私募有点类似，喜欢选择中小盘股票，操作时间较短。

养老金入市是必然的趋势，而且 A 股作为国际资本市场的重要组成部分也是必然的趋势，所以未来的 A 股市场中养老金和国际资本必然是非常重要的参与者，它们的操作手法肯定是基于价值增长预期而不是纯粹的题材。所以，"题材投机"在未来必然走向以业绩增长预期的炒作为主，一眼就能看出没有持续业绩影响的题材将逐渐为市场所唾弃，游资的炒作手法将发生重大的变化。"持续增长的业绩预期+丰富的想象空间"将成为未来题材投机的重要考量，同时"价值投资"和"题材投机"将不那么泾渭分明，只是持仓长短、对手盘和操作风格的区别而已。价值投资的对手盘是对公司竞争优势和业绩增长认识非理性的投资者，题材投机的对手盘是对题材空间和资金流向认识非理性的投机者。

第二节　汇金与政策底

行为的动机是第一位的，行为的能力是第二位的，不要一厢情愿地假设对方的动机和能力。

交易的本质是利用对手盘，而 A 股市场中最为重要的对手盘之一可能就是"国家队"。"国家队"在资金和信息上占据最大的优势，而我们作为短线交易参与者必须发挥柔道精神，顺应这些大型选手的力量，而不是与之对抗。国家战略最终要体现在股市大盘的运行上，如果不了解国家意志，不了解体现这种意志的"国家队"动向，那么就不

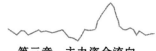

能真正做到"顺势而为"。这个市场上的参与者很多，散户群和公募基金往往被当作鱼肉，是市场的逆向指标，所谓的"反常者赢"，这个"常"就是指他们。

　　股票市场的大势往往被汇金中央汇金投资有限责任公司资金和社保养老基金所把握，它们的密集建仓期股市接近底部、密集减仓期股市接近顶部。不过，所谓"战胜不复"，当越来越多的人知道这一现象的时候，"国家队"就有可能"反其道而用之"，所谓"常见则不疑"。主力经常就是利用所谓的"养—套—杀"策略。首先通过重复某一走势，让散户养成某种习惯，适应某种节奏，其次突然改变节奏，出其不意地让散户被"套"和被"杀"。所以，不光要知晓"国家队"的动向，还要明白其真正意图。国家队介入的时候是真的认为是买入机会，还是做给市场其他参与者看，希望引导大众预期呢？多去琢磨一下，肯定就比那些仅拘泥于现象的投机者有更高的胜算。

　　所谓的 A 股市场"国家队"，具体包括了"汇金"、社保基金和保险基金三个组成部分，我们下面分别介绍这三个"队员"及其在 A 股市场上的影响力和风向标意义。

　　中央汇金投资有限责任公司简称汇金公司，应该算得上是中国目前最大的金融投资公司。其于 2003 年 12 月 16 日注册成立，注册资金 3724.65 亿元人民币，性质为国有独资，办公地点位于北京东城区新保利大厦 16 层。根据国务院授权，汇金公司的主要职能是对国有重点金融企业进行股权投资，以出资额为限代表国家依法对国有重点金融企业行使出资人权利和履行出资人义务，实现国有金融资产保值增值。直接控股参股金融机构包括六家商业银行、四家证券公司、两家保险公司和四家其他机构。汇金公司不开展其他任何商业性经营活动，不干预其控股的国有重点金融企业的日常经营活动。2007 年 9 月 29 日中国投资有限责任公司成立后，汇金公司变为后者的全资子公司。汇金公司的官网是 www.huijin-inv.cn，大家可以在"资讯中心"这个栏目中跟踪汇金公司的一些动向（见图 3-7），除此之外还可以从增减持公告中得知其最新的动向。至于如何分析其意图，就需要结合大背景来分析了，较为系统和复杂的分析参考《股票短线交易的 24 堂精品课》中的"国家队法则：社保和中金的动向"。

　　为了给大家一个直观的印象，我们列出汇金最初三次入市时大盘所处的位置。第一次汇金入市为中央汇金公司 2008 年 9 月 24 日公告，自 9 月 19 日起已在二级市场自主购入中国工商银行、中国银行、中国建设银行三行股票，并将继续进行相关市场操作（见图 3-8）。

图 3-7　汇金公司官网

图 3-8　汇金第一次入市

　　第二次汇金入市为 2009 年 10 月 11 日三大行分别公告，10 月 9 日收到股东汇金通知，汇金公司于近日通过上交所交易系统买入方式增持三大行 A 股股份分别为 3007 万股、513 万股和 1614 万股。三大行同时还公告称，汇金公司拟在未来 12 个月内（自本次增持之日起算）以自身名义继续在二级市场增持公司股份。三大行发布"汇金第二次入市公告"时，恰遇大盘技术走势已破位下行，这让市场人士更加

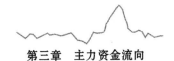

忐忑不安，三大行股价在国庆节前三天即应声回落。汇金公司"第二次买入三大行股份"的"战役"在国庆节休市后的第一个交易日正式打响（见图 3-9）。

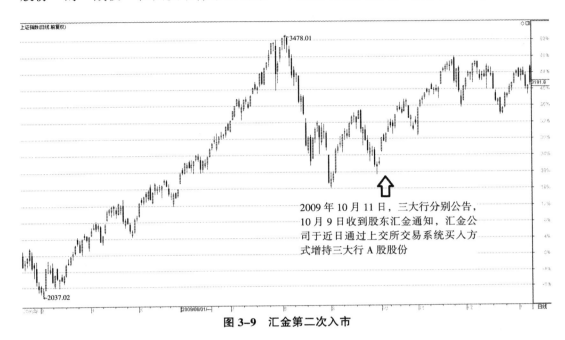

2009 年 10 月 11 日，三大行分别公告，10 月 9 日收到股东汇金通知，汇金公司于近日通过上交所交易系统买入方式增持三大行 A 股股份

图 3-9　汇金第二次入市

第三次汇金入市为 2011 年 10 月 10 日中央汇金公司在二级市场自主购入中国工商银行、中国农业银行、中国银行、中国建设银行四行股票，继续进行相关市场操作，并称汇金公司拟在未来 12 个月内（自本次增持之日起算）以自身名义继续在二级市场增持公司股份。当日，汇金增持工商银行 A 股股份 1458.40 万股，这次增持后，汇金公司持有工商银行 A 股股份 1236.55 亿股，约占总股本的 35.43%。汇金增持中国银行 A 股股份 350.96 万股，这次增持后汇金公司持有中国银行 A 股股份 1885.56 亿股，约占公司总股本的 67.55%。汇金增持建设银行 A 股股份 738.43 万股，这次增持后汇金公司持有建设银行 A 股股份 1427.52 亿股，约占总股本的 57.09%。汇金增持农业银行 A 股股份 3906.83 万股，这次增持后汇金公司持有农业银行 A 股股份 1300.39 亿股，约占总股本的 40.037%（见图 3-10）。

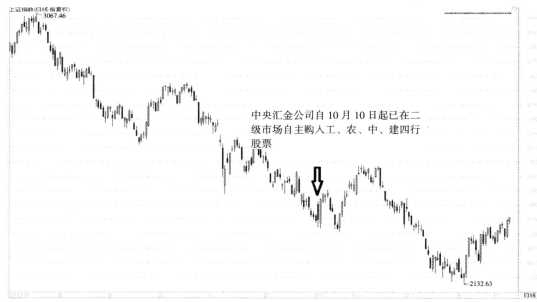

图 3-10 汇金第三次入市

证金公司的出现将取代部分汇金维稳职能。

汇金入市往往与政策底相关，政策底有真正的政策底和展示的政策底，真正的政策底与国家大战略密切相关，如推动股权分置改革顺利进行的 2005 年的政策底就是真正的政策底（见图 3-11），2014 年的政策底也是真正的政策

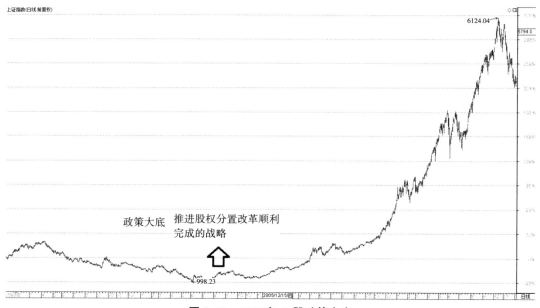

图 3-11　2005 年 A 股政策大底

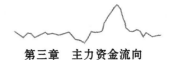

底（见图 3-12），因为需要通过股票市场来实现经济降杠杆和调结构的国家战略。"展示的政策底"只是出于战术上的需要，为了让大盘跌势减缓或者能够稳定市场，又或者是为某些大型国企股发行护航。

图 3-12　2014 年 A 股政策大底

政策底与估值底、市场底又有什么关系呢？在市场趋势性下跌的过程中，估值底首先出现，然后是政策底，最后才是市场底。所谓的政策底，就是政府开始战略性做多股市了；所谓的估值底，并不是估值最低的时候，而是指这个市场开始出现了较大幅度的低估，价值投资者开始入市了；所谓的市场底，就是指数或者价格的最低点。这些大底看起来似乎与投机客、短线客没有什么关系，但其实短线是"看长做短"，如果"看短做短"那就必败，个股的走势与大盘相关度达 80%，同时短期走势必然受制于中长期走势，我们只能在大盘大势和个股趋势向上的时候去参与个股题材的投机。虽有智慧，不如乘势，这是所有投机客最容易违背的一点。为什么这样讲呢？首先，一个多年混迹于市场的投机客必然会被市场"教训"出来，最终明

在近似崩盘的格局中，政策维稳和干预会先于估值底出现。

虽有智慧，不如乘势；虽有镃基，不如待时。

白仓位管理的重要性、及时止损的重要性，但是却未必能够有足够的大局观。其次，投机客天天都在看日内盘口、买卖挂单和成交明细，久而久之就成了"近视眼"，自然也就容易违背"乘势"这一点了。

第三节　社保基金、保险资金与估值底

政策底往往与相关政府部门有关，也与汇金的入市有关。题材投机只看政策底是没用的，政策底离市场底还有一段距离，只是一个提醒信号，往往也是高开低走的短线走势，所以还要搞清楚估值底和市场底。估值底的参与者则是社保基金和保险资金。汇金是"国家队"的首席队员，仅居次席的则是"社保基金"。社保基金全称为全国社会保障基金，是指全国社会保障基金理事会负责管理的由国有股减持划入资金及股权资产、中央财政拨入资金、经国务院批准以其他方式筹集的资金及其投资收益形成的由中央政府集中管理的社会保障基金。社保基金是不向个人投资者开放的，社保基金是国家把企事业职工上交的养老保险金中的一部分资金交给专业的机构管理，实现保值增值。

社保基金的投资范围包括银行存款、国债、证券投资基金、股票，以及信用等级在投资级以上的企业债、金融债等有价证券，其中银行存款和国债的投资比例不低于50%，企业债、金融债不高于10%，证券投资基金、股票投资的比例不高于40%。全国社保基金理事会直接运作的社保基金的投资范围仅限于银行存款、在一级市场购买国债，其他投资需委托社保基金投资管理人管理和运作，并委托社保基金托管人托管。单个投资管理人管理的社保基金资产投资于一家企业所发行的证券或单只证券投资基金，不得超过该企业所发行证券或该基金份额的5%；按成本计

估值底为题材投机客的偶尔重仓提供了机会和保护。

算，不得超过其管理的社保基金资产总值的10%。委托单个社保基金投资管理人进行管理的资产，不得超过年度社保基金委托资产总值的20%。社保基金投资运作的基本原则是：在保证基金资产安全性、流动性的前提下，实现基金资产的增值。

接下来，我们逐一细数社保基金的成长历史以及在A股市场上的"先知先觉"表现。在股市疯狂的2007年，社保基金实现收益1129.20亿元，实现收益率高达38.93%，而在股市萧条的2008年，基金权益投资收益仅亏损393.72亿元，投资收益率为-6.79%，但相对于同时期跌幅超65%的上证指数，也可谓"鹤立鸡群"。社保基金在股市强劲反弹的2009年以及跌宕起伏的2010年表现也不俗，社保基金权益投资分别实现850.49亿元和321.22亿元，投资收益率为16.12%和4.23%。

2004年7月到2005年6月，上证指数由1340.75点跌至998点，下跌约20%，但社保基金持股量却从4.32亿股增加到26.14亿股，增仓规模约为5倍，所选行业也开始多元化，机械制造、电力、银行、地产纷纷纳入囊中（见图3-13）。

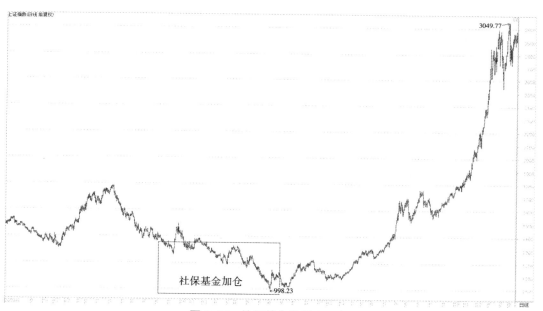

图3-13 社保基金抄底998点

资料来源：通达信。

2005年7月至2006年6月，上证指数从1077.31点上升至1641.30点，涨幅达50%，而社保基金则从2006年第三季度开始减仓（见图3-14）。

2007年，A股市场迎来了一轮史无前例的牛市，前三季度上证指数呈单边上扬走势，从年初的2675点一路飙涨至5552点，三个季度涨幅分别为18.99%、

20.12%和45.34%，沪指一路冲至6124.04点。当疯狂的中国股市攀上6000点而继续奢望10000点时，社保基金则开始逐步减仓（见图3-15）。

图3-14 社保基金2006年阶段性高点减仓

资料来源：通达信。

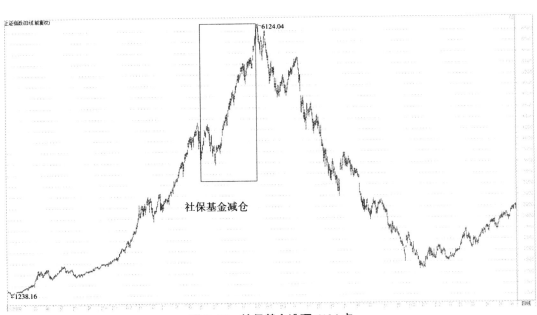

图3-15 社保基金逃顶6124点

资料来源：通达信。

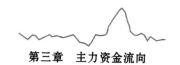

2007 年第一季度，社保基金重仓持有的股票数为 203 只，持仓市值为 291.18 亿元。2007 年 4 月，社保基金理事会副理事长高西庆在出席摩根大通投资年会上表示社保基金正在卖出股票，以减少在这个快速上涨市场中的投资。社保基金的持仓变化从另外一个角度印证了其高明之处。从上市公司前十大流通股东看，2007 年前两季度全国社保基金持股市值也是水涨船高，而在快速上涨的第三季度社保基金已隐现撤资迹象。第二季度末，社保基金重仓持股数虽然降至 172 只，但其持仓市值却有增无减，金额达到 330.47 亿元。截至第三季度末，社保基金持有的重仓股数大幅降至 137 只，市值也较第二季度末减少 36.19 亿元。

2007 年 10 月，上证指数悄然筑顶 6124 点，并在当年第四季度一度下探至 4778 点，跌幅达 21.98%，而年末反弹至 5261 点，上涨幅度为 10.11%。2007 年第四季度，大盘上演"冲高—回落—反弹"走势。

2007 年第四季度社保基金的重仓持股市值数据较第三季度进一步缩水，仅为 181.78 亿元。社保基金大肆斩仓出货，锁定了其年内收益。2007 年社保基金实现收益 1129.20 亿元，收益率为 38.93%，经营业绩为 1453 亿元，经营收益率为 43.2%。在 2007 年第四季度的大逃顶中，对机械设备制造业和交通运输业大幅减持，其中社保基金对传统重仓的机械制造业抛售最多。同年第四季度，其股票占资产的比重已由 2007 年的 40% 左右下降至 16%。

进入 2008 年后，股市呈单边下跌之势，社保基金在 2008 年第一季度继续抛售股票，成为其精准抄 1664 点大底的前奏。

2008 年，社保基金继续减持，至 2008 年第一季度末，社保基金持股数从 26.14 亿股减少到 7.78 亿股。

2008 年 4 月，财政部、人保部批复同意全国社保基金投资股权基金，全国社保基金成为股权基金市场上的"国家队"。

社保基金的偏好是以价值投资为主，投机客是做题材投机，不可混淆。但是，作为最有实力的对手盘，投机客不能忽略他们的一举一动。

2008 年 4 月 24 日，A 股市场因调低印花税而迎来了一路下跌过程中的"井喷"行情，截至 5 月 6 日，反弹至 3786 点，反弹幅度达 26.62%。但当时全国社保基金投资部是"看空"定调，表示"2007 年，由于股票市场大幅上涨，社保基金股票投资比例在进入目标比例区间后一度超过目标比例，较大偏离了资产配置的比例区间，使社保基金整体风险超出资产配置计划要求的风险承受水平，需要通过再平衡操作来降低股票投资比例。因此，社保基金进行了纪律性再平衡操作，使股票投资比例回到了资产配置目标区间"。

在迷茫和恐惧的下跌中，2008 年上证指数一路破关 4000 点、3000 点、2000 点，而全国社保基金或是先知先觉，已加仓布局股市暴跌严冬后的反弹春天。2008 年下半年，股市最大下跌幅度竟达 70%。

2008 年 10 月 28 日，上证指数已悄然筑底 1664 点。此后，政策面刮起暖风，同年 11 月，4 万亿元的投资让市场重燃信心。

2008 年 11 月 28 日，社保基金理事会提出了五大举措支持经济发展，其中有一条为"逐步扩大指数化投资规模，同时追加部分股票投资，以稳定市场信心并追求资本市场长期发展中的稳定收益"。同时，社保基金自 11 月起连续三个月新增开户或隐现"跑步"入市的迹象。2007 年 10 月到 2008 年 10 月，除 2008 年 7 月新开 24 个打新账户外，其余月份均为零开户。此后，社保基金在 2008 年 11 月、12 月和 2009 年 1 月分别开户 8 个、8 个和 16 个。从具体持股看，社保基金大抄底主要布局在房地产、基础建设、医药和石化等行业，而对房地产板块尤为青睐。

到 2009 年 1 月，社保基金的开户数已增加至 16 个，社保基金呈现"跑步"入市的态势，抄底的动机明显（见图 3-16）。社保资金这个时候加紧入市，一方面是很多质地优良的公司被错杀，估值显著被低估，另一方面是社保资金肯定对国家大政方针的把握比市场上其他资金强很多。当时美国经济大幅下滑，中国对美国出口肯定要大受影响，大量的劳动力在这些行业就业，出于社会稳定的角度，政府出台强刺激政策是大概率事件。

2009 年，政府实施了被称为"四万亿元"的刺激计划，推出了十大产业调整振兴规划。虽然中央实际的刺激力度低于计划，但是地方政府却实施了远超预期的刺激措施，这使得我国经济从大幅下跌变为急速反弹。股市在预期到大规模刺激政策之前就先于经济回升而止跌反弹，上证指数从 2008 年 10 月 27 日的 1664 点到 2009 年 8 月 4 日的 3478 点，最大上涨幅度达到了 109%。这其实也是一波牛市，因为涨幅如果超过 50% 还算熊市反弹的话就说不过去了。在这波强刺激导致的牛市中，社

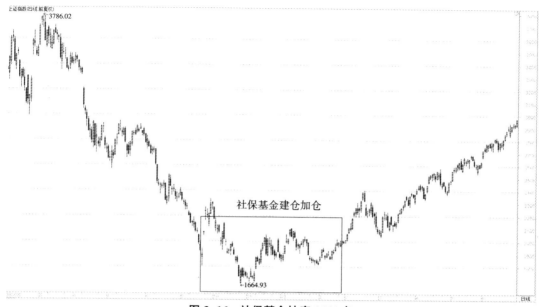

图 3-16 社保基金抄底 1664 点

资料来源：通达信。

保基金仍不断加仓换股，以中小板和创业板为主的新兴产业和高成长公司成为社保基金加仓和持有的对象，此后的行情走势也证明了社保基金的英明之处。社保基金将地产股换为新兴产业股，这种行为其实是建立在对国家大战略的充分理解之上。做题材，不仅是游资所为，"国家队"在题材上也"长袖善舞"，这点可能被大家忽略了，只不过他们往往要以价值和业绩作为基础。

2009 年 8 月股市开始大跌，然而在这轮大跌行情之前，社保资金却能够基本上全身而退，这才是真的先知先觉。其实，社保资金比一般的公募资金更加看重估值和政策大方向，所以在估值出现大幅度高估的时候，社保资金减仓出货是必然的。在大跌之前的 7 月，社保基金在深圳市场净套现了 6.64 亿元，这使得深圳市场创下当年单月最大资金净流出。那么，这时候社保基金卖出的是哪些行业和板块？当时社保基金卖出的正是地产板块，净卖出 13 亿余元。卖房地产板块也是看准了中央对房地产的中长期政策和短期的拐点，在估值上当时的房地产确实不便宜了。在后来的市场大跌中，房地产这个权重板块确实导致了指数的大跌（见图 3-17）。

2010 年 3 月，全国社会保障基金理事会召开第三届理事大会第三次会议，明确提出建设一流社会保障资产管理机构。

在 2010 年第一季度的震荡行情里，社保基金进行了减持，投资比重低于 30%。2010 年第二季度 A 股再遭重创，自 4 月 15 日 3181 点在短短不到三个月的时间内

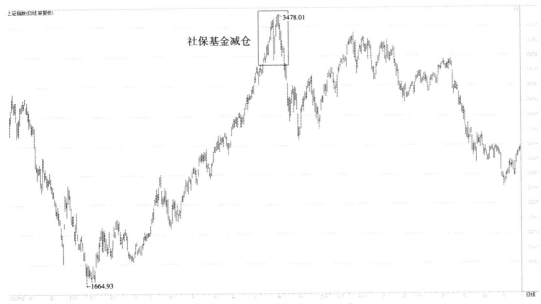

图 3-17 社保基金逃顶 3478 点

资料来源：通达信软件。

下挫至 2319 点，跌幅达 27.10%，社保基金又一次神奇躲过。在 2010 年 4 月大跌之前，社保基金在第一季度累计出现在 263 家上市公司的十大流通股东名单中，合计持股市值达 296.85 亿元，与 2009 年第四季度 338.43 亿元相比，减少了 41.58 亿元，减少幅度为 12.29%，如果考虑到同期沪指 5.13% 的跌幅，其减仓幅度仍为 7%。

股指在 2010 年 7 月 2 日探新低后绝地反击，直至 2010 年 11 月创下 3186 点一轮反弹新高，涨幅达 37.39%。半年之内，A 股市场演绎了如此的杀跌急涨走势，社保基金却又在微妙地抄底，在大盘连破 2500 点、2400 点后，于 7 月 6 日火线增仓 30 亿元。

2010 年 7 月的反弹未能持续，而是进行了长达两个月的横向整理，第二季度累计涨幅仅为 10.73%，这也给社保基金第二季度未能重仓抄底留下了机会。

2010 年 8 月 5 日保监会发布《保险资金运用管理暂行办法》，规定保险资金投资于股票和股票型基金的账面余额不高于本公司上季度末总资产的 20%。这一动作，被市场广泛称为险资快速入场。

2010 年第三季度，社保基金持股市值高达 375 亿元，较第二季度增加 57.59%，创历史新高；此外，持股数也从第二季度的 18.08 亿股升至 24.66 亿股，增幅为 36.40%。

　　在 2010 年 9 月 30 日至 2010 年 11 月 11 日的 26 个交易日内，上证指数累计涨幅超 22.02%，而上证指数疯狂上涨的背后，社保基金已无声撤退。

　　2010 年第四季度股指回调，社保基金持股市值及持股数分别较第三季度增加 13.86% 和 9.00%；而随着 2011 年第一季度的反弹，其持股市值及持股数分别较 2010 年第四季度下降 7.00% 和 9.27%。

　　2011 年，全球金融海啸余波未消，紧随而至的或是一场席卷全球的国家主权信用债务危机。2011 年 5 月，社保基金新增 100 亿元入市，其中 60 亿元为权益投资额度。2011 年第一季度社保基金持股市值和持股数分别为 399 亿元和 24.6 亿股。受"十二五"行业规划政策的影响，第一季度社保基金主要增持机械设备和石油化工。随着社保基金在股市中的收益率越来越令人满意，社保基金总额和可入市资金也越来越多（见图 3-18）。

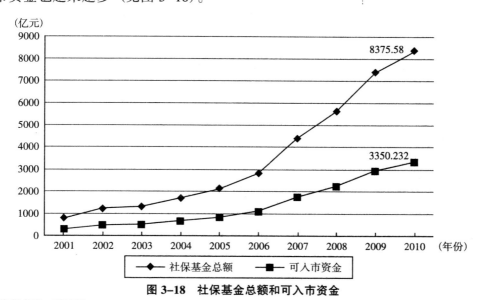

图 3-18　社保基金总额和可入市资金

资料来源：豆丁网。

　　保险资金作为规模较大的资金，而且资金性质偏向中长期，同时从众压力很小，因此能够较好地把握股市大势。虽然保险资金不是"真正的国家队"成员，但是仍旧有某

保险资金不太可能成为高位接最后一棒的人。

些"准国家队"的意味，因此在信息上仍旧具有某些优势，我们先来回顾一下保险资金入市的历程。

1999年10月，保监会正式批准保险资金间接入市。同时确定保险资金间接进入证券市场的规模为5%，以后视情况适当增加。

2000年，保监会先后批复泰康人寿、华泰财险等多家保险公司投资于证券投资基金的比例适当提高，但不超过上年末总资产的10%。

2001年3月，保监会将平安、新华、中宏三家保险公司的投资比例从30%放宽至100%。

2001年5月，保监会分赴全国各地对保险公司的资金运用情况进行检查。2002年5月，全国金融工作会议对保险资金运用提出明确要求，强化保险资金集中管理，防范资金运用风险，提高资金运用效率。

2002年12月，中国保监会公布首批取消的58项行政审批项目，从监管上进一步与国际接轨。其中包括保险公司投资证券投资基金资格审批、保险公司在境外运用资金审批、保险公司购买中央企业债券额度审批、保险公司投资证券投资基金的投资比例核定等。

2003年1月1日，新修订的《保险法》开始实施。与旧《保险法》相比，新修订的《保险法》将保险公司的资金"不得向企业投资"规定改为"不得用于设立保险业以外的企业"。也就是说，国家允许保险公司的资金可用于设立与保险产业相关的其他企业，如保险资产管理公司、各类保险中介机构等。以新《保险法》实施为标志，国内保险资金运用开始进入"快车道"。

从2003年1月开始，各保险公司购买的证券投资基金占保险公司总资产的比重由10%上升到15%。2003年1月，保监会主席吴定富在全国保险工作会议上提出，要把保险资金置于与保险业务发展同等重要的地位上，要加以高度重视，而成立保险资产管理公司，则成为保险资金管理体制与运作体制的新突破。

2003年6月，新出台的《保险公司投资企业债券管理暂行办法》将可购买的债券品种由四种中央企业债券扩展到经国家主管部门批准发行，且经监管部门认可的信用评级机构评级在AA级以上的企业债券，投资比例也由原来的10%增加到20%。

2003年7月，中国人民保险公司正式更名为中国人保控股公司，并发起设立了中国人民财产保险股份有限公司和中国人保资产管理有限公司。中国人保资产管理有限公司也是我国第一家由保险企业成立的资产管理公司。

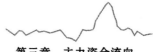

　　2003 年 8 月，中国人寿保险公司正式重组为中国人寿保险（集团）公司和中国人寿保险股份有限公司，重组后的集团公司主要代表国家控股中国人寿保险股份公司。同月，中国再保险公司正式更名为中国再保险（集团）公司，由其作为主要发起人发起设立的中国财产再保险股份有限公司、中国人寿再保险股份有限公司、中国大地财产保险股份有限公司三家公司先后挂牌成立。

　　2003 年 11 月，中国人民财产保险股份有限公司的股票正式在中国香港联交所上市，启动了中国内地大型保险企业海外上市历程。随后，中国人寿于同年 12 月在中国香港和美国实现同步上市。

　　2004 年 2 月 1 日，《国务院关于推进资本市场改革开放和稳定发展的若干意见》出台，该意见提出，要鼓励合规资金入市，支持保险资金以多种方式直接投资资本市场，逐步提高社会保障基金、企业补充养老基金、商业保险资金等投入资本市场的资金比例。要培养一批诚信、守法、专业的机构投资者，使以基金管理公司和保险公司为主的机构投资者成为资本市场的主导力量。这标志着保险资金直接进入股市的政策坚冰开始融化。

　　2004 年 4 月，保监会公布《保险资产管理公司管理暂行规定》，使保险公司搭建资金管理运用平台有章可循。该规定没有限制保险资产管理公司受托管理社保基金和企业年金。

　　2004 年 4 月末，中国保险业总资产终于首次突破 1 万亿元的大关，达到10125亿元，其中，中资保险公司总资产为 9890 亿元，外资及中外合资保险公司总资产为 235 亿元。

　　2004 年 5 月，保监会出台《保险资金运用风险控制指引（试行）》。该指引对保险公司和保险资金管理公司建立运营规范、管理高效的保险资金运用风险控制体系，以及制定完善的保险资金运用风险控制制度提出了具体要求，被业内视为出台有关保险资金直接投资股票、投资境外资本市场、参与重大基础建设项目等投资管理细则的前奏。

　　2004 年 6 月，平安保险在中国香港顺利挂牌交易。

　　2004 年 6 月 23 日，中国保监会主席吴定富明确表示，要加强保险资金运用监管，积极探索与保险资金运用渠道相适应的监管方式和手段，建立动态的保险资金运用风险监控模式。

　　2004 年 7 月 31 日，保监会发布通知，允许保险公司投资可转债，可转债投资规模计入企业债券投资余额内，合计不得超过保险公司上月总资产的 20%。这标志

着保险资金直接进入股市已近在咫尺。

2004年10月24日，中国保监会和中国证监会联合发布《保险机构投资者股票投资管理暂行办法》，保险资金直接进入股市获准。

2005年2月15日，保监会同证监会下发《关于保险机构投资者股票投资交易有关问题的通知》及《保险机构投资者股票投资登记结算业务指南》，明确了保险资金直接投资股票市场涉及的证券账户、交易席位、资金结算、投资比例等问题。

2005年2月17日，中国保监会联合中国银监会下发《保险公司股票资产托管指引（试行）》和《关于保险资金股票投资有关问题的通知》，明确了保险资金直接投资股市涉及的资产托管、投资比例、风险监控等问题。自此，我国保险资金进入包括股市在内的整个证券市场已无法律障碍，余下的只是技术操作问题与风险规避问题。

一般而言，保险资金与社保基金在选择标的时具有类似的考量，同时资金规模比较接近，在对估值和政策方向的把握上也有相当大的优势，所以在6124点和1664点上，保险资金都与社保基金共同进退，由此可以看出保险基金"先知先觉"的能力或者对市场的影响力。那么，我们从哪里可以了解到社保基金和保险资金的动态呢？不少网站都有相关的报道，不过相对较为零散，我们推荐东方财富网的"主力"栏目，网址是 http：//stock.eastmoney.com/zhuli.html。其中有两个子栏目分别为"社保基金"和"保险资金"，可以方便地查询到相关动态（见图3-19）。

图3-19　东方财富网"主力"栏目

资料来源：东方财富网。

第四节 公募基金与市场底

政策底与"国家队"的动向相关，与证监会和国务院的表态有关；估值底与社保基金和保险资金的动向有关；市场底则与公募基金以及个人投资者的开户和交易账户数目有关。估值底与社保基金和保险资金的动向基本上是正相关的，也就是说社保基金和保险资金的动向是趋势的正向指标。"国家队"的动向则有可能是正指标，也可能是反指标，这个就要结合具体情况了。那么公募基金的股票仓位极端水平则往往是趋势的反向指标，也就是说当公募基金的股票仓位处于历史低位时，趋势转而向上的可能性极大，而当公募基金的股票仓位处于历史高位时，趋势转而向下的可能性极大。所以，市场底在公募基金仓位处于历史低位的时候出现，相应的是市场顶部在公募基金仓位处于历史高位的时候出现。做个股投机也需要看公募基金动向和仓位，虽然游资是题材投机的主力，但是游资介入某只个股的时候也需要查看是否已经有公募介入，这些公募的成本是多少，仓位有多大，个股题材空间有多大。很多时候，公募不卖出，游资就不会拉升，这就是为什么龙虎榜显示机构席位在卖出，而游资在买入，此后股价却能够爆发的原因。有些人认为既然机构都卖出了，机构也算主力，既然主力都不看好，为什么股价还会大涨。反过来，既然此后股价大幅上涨，为什么机构没有看到而卖在一个较低的价位。这些想法其实是没有搞清楚这个市场上重量参与者的想法，机构这个时候已经获利丰厚了，有游资愿意来接盘那就各取所需，如果不卖游资也不会拉升，所以不能认为机构卖得差。机构在这个位置上卖赚得也不少，游资提供了流动性，这就为机构兑现利润提供了方便，而

公募整体而言就是披着马甲的散户。

115

游资则拿到了足够的低位筹码，各取所需而已。在这个市场上不要吃独食，大家都有得赚才是长久之道，所以不同的主力之间虽然不认识，但还是有良性竞争的问题。某些私募基金仗着自己的市场影响力大，不太注重同行的利益，所以这些个别私募一旦进入某些个股，别人就会打压，等你走了才会真正拉升，一杯羹都不让你分。这是从个股持仓角度看公募，我们前面强调的是从整个市场的公募持仓水平来判断股市大势，这点对于个股投机而言则涉及系统风险的判断和处置问题。

接下来，我们详细谈谈公募基金与市场大势的关系。由于绝大多数公募基金可以随时赎回，这就使散户的行为特征会间接地体现在公募基金的操作上。在牛市的时候，散户的热情很高，新增资金有一部分会通过公募基金入市。在牛市中，大众的情绪越是乐观，则流入公募基金的资金就越多，而这些资金不太可能一直以现金的方式持有，这就使得公募基金的仓位在市场最乐观的时候最重。只有极少数的公募基金经理能够避免这种群体性癫狂的陷阱，选择在大众极端乐观时减仓。

在熊市中，散户在恐惧情绪的驱动下会选择赎回自己的公募基金份额，这时候就算基金经理想要逢低加仓也没有足够的现金，反而为了应付赎回而被迫减仓。这种散户特性使得公募基金在应该加仓的时候不得不减仓，在应该减仓时不得不加仓。所以，公募基金整体的仓位水平往往与市场整体的高低点对应，公募基金仓位达到历史高点附近时，市场顶部差不多就出现了；而当公募基金仓位达到历史低点附近时，市场底部差不多就出现了。市场上经常流传的"基金仓位88魔咒"讲的就是公募基金整体仓位达到88%以上时市场往往就容易见顶。其实，任何金融市场上都有类似的规律，如商品期货，我们以棉花期货为例，投机基金净多持仓的阶段性极大值往往与期价最大值相邻，而阶段性净多持仓极小值则往往与期价最小值相邻（见图3-20）。为什么会这样？当对冲基金做多能力达到极限时，期价还能继续上涨吗？当对冲基金做空能力达到极限时，期价还能继续下跌吗？做股票要看市场整体的持仓，除了本节介绍的公募基金持仓水平，还要看散户的持仓和交易情况，除此之外还要关注个股的持仓情况，这个可以看成交量、龙虎榜、资金净流入流出、大单进出情况、F10的股东变动、均笔成交、人均持股水平变化……其实就一个要点：投机是博弈，不能只盯着博弈的结果——价格变化，关键是搞清楚参与者的动向，那就是考量上面这些东西。我们只是提供一个思路，这毕竟是一种技能，只看书不实践，实践了不总结，总结了不再实践都不行。

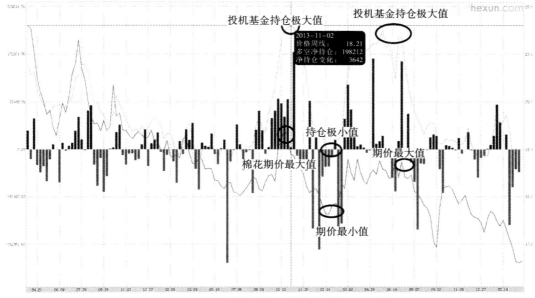

图 3-20　CFTC 棉花非商业持仓与棉花期价走势

资料来源：和讯网。

机构席位往往与公募基金有关，这个看龙虎榜的时候要注意，做个股是需要关注这些的，后面的章节会详细介绍这一点。公募基金的主流选股思路是行业龙头股和低价蓝筹股，这些个股如果有代表公募基金的机构席位接连出现买入，则往往意味着中线牛股。

行业龙头股是公募基金的最爱之一，行业龙头股也比较稳定，不像题材龙头股变得那么快，题材龙头股的行情爆发性强、持续性差，而行业龙头股的行情持续性强，但往往属于"慢牛"。公募基金喜欢在行业龙头股上"扎堆"，往往某一只行业龙头股会有多家公募基金介入其中，所以在看个股龙虎榜的时候，往往会出现某一日前 5 个买入席位中的几个都是机构席位。

低价蓝筹股也是公募基金的爱好，在大盘持续下跌的过程中，公募基金整体上必须要面对赎回而卖出股票。但是如果大盘处于震荡或者持续上涨过程中，则公募基金会采取所谓的"再平衡策略"。具体而言，卖出那些已经有大幅盈利的蓝筹股，买入那些处于"洼地"的蓝筹股，这就

想要钓鱼，就要关注鱼想吃什么，哪个鱼塘鱼最多。

117

是公募基金对低价蓝筹股的偏好。必须注意的是，在大盘大幅下跌的过程中，公募基金整体上不可能主动去买低价蓝筹股，因为这时候要面对赎回压力，只有大盘稳定或向上的时候，公募基金才有能力去进行"再平衡"，这就是卖出盈利丰厚的高价蓝筹股，换成低价蓝筹股。

如果说公募基金以"价值投资"为主线，那么私募基金就是以"题材投机"为主线。当然，公募基金也会做"题材投机"，但不是主流。私募基金里面也有做"价值投资"的，但不是主流。

这里进行一个简单的总结：第一，对于公募基金的整体仓位水平可以作为衡量大盘指数高低的一个指标；第二，个股龙虎榜上的机构席位扎堆或者是频繁出现可以作为个股中线走牛的一个指标。

那么，如何查看公募基金的整体仓位水平呢？第一，经常有财经报道会提及这方面的信息，如和讯财经、东方财富通、第一财经等；第二，可以从基金互动网上查询，网址是 http：//www.fundxy.com/，在其主页的右边竖栏中部有一个"基金仓位测算统计"项目，可以看到每周的基金整体仓位水平和变化（见图 3-21）。

基金仓位测算统计			
	07-24	07-18	仓位变动
全部基金平均	73.58%	73.82%	-0.24%
股票基金平均	80.23%	80.55%	-0.32%
混合基金平均	62.6%	62.74%	-0.14%
指数基金平均	73.14%	73.3%	-0.16%

图 3-21　基金仓位测算

资料来源：基金互动网。

关于查看个股机构进出情况，短期可以通过龙虎榜（席位）功能查询，中期可以通过股票软件的 F10 功能，如东方财富通的相关功能（见图 3-22），或者财经网站的公司股东资料查询，如和讯的机构持仓栏目，其网址是 http：//stockdata.stock.hexun.com/jgcc/（见图 3-23）。

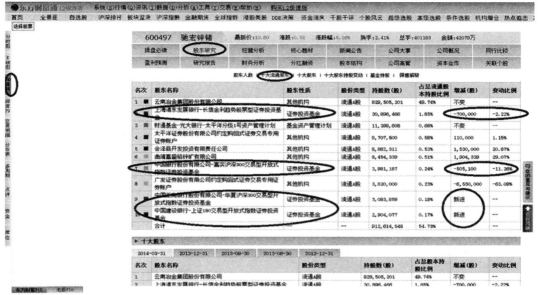

图 3-22　东方财富通 F10 功能

资料来源：东方财富通。

图 3-23　机构持仓查询

资料来源：和讯网。

第五节 开户人数和交易户数

逆向永远是选择性的。

散户其实是主力的逆向指标，散户进场的高潮往往是主力出场的高潮，所以研究主力动向不仅可以从主力本身入手，还可以从散户入手。从散户的行为反推主力的行为是非常不错的做法，本节就从散户开户人数和交易户数这两个大多数人忽视的指标入手，从中找出市场、主力和散户三者之间的关系。

一般而言，开户人数指的是新增个人投资者的账户数，这个指标往往是一个滞后指标，可以帮助我们确认散户是不是被吸引进场。开户人数显示了散户的情绪状态，而这个是主力特别关心的一个问题。所以，散户情绪高涨的时候，主力就会减仓甚至平仓，而散户情绪低落的时候，主力就会建仓或者加仓，主力肯定会利用散户的情绪波动进行滚动操作。个人投资者除了直接开立股票账户参与股市之外，还可以开立个人基金账户，这就是通过基金间接参与股市，其实这也同样反映了散户对市场的看法和情绪。这些数据主要与指数走势相关，在个股操作上用来防范系统风险。

那么，如何查询上述两个数据呢？

作为一个高明的投机客，必须要勤奋，不断去挖掘新的数据来源。

第一个信息源是最权威的，这就是中国证券登记结算公司官网提供的数据（见图 3-24 和图 3-25），网址是 http：//www.chinaclear.cn/。

第二个信息源是中财网的"股票专栏"（见图 3-26 和图 3-27），网址是 http：//stock.cfi.cn/。

第三个信息源是证券之星的"宏观数据"项目下面的子栏目"股票开户数一览"和"基金开户数一览"，网址是 http：//finance.stockstar.com/finance/macrodata/gupiaokaihu.htm

（见图 3-28 和图 3-29）。

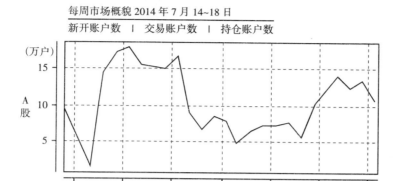

资料来源：中登公司。

图 3-24　新开户数查询

一周股票账户情况统计表（2014 年 7 月 14~18 日）

	上海分公司	深圳分公司	合计
一、期末有效账户数（万户）	6845.42	6693.01	13538.43
二、新增股票账户数（户）	53518	53182	106700
其中：			
1. 新增 A 股开户数（户）	53394	53076	106470
2. 新增 B 股开户数（户）	124	106	230
三、期末股票账户数（万户）	8958.16	8825.82	17783.98
其中：			
1. 期末 A 股账户数（万户）	8304.11	8725.22	17529.33
（1）期末持仓 A 股账户数（万户）	2908.02	2404.30	5312.32
（2）本周参与交易的 A 股账户数（万户）	507.71	599.07	1106.78
2. 期末 B 股账户数（万户）	154.05	100.60	254.65
四、期末休眠账户数（万户）	2112.74	2132.81	4245.55

图 3-25　新增开户数周报

资料来源：中登公司。

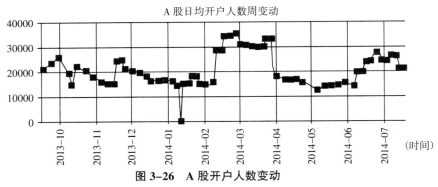

图 3-26　A 股开户人数变动

资料来源：中财网。

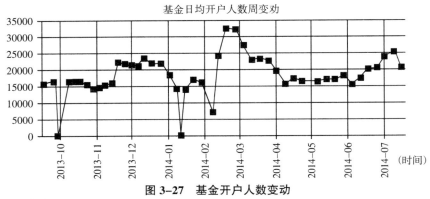

图 3-27　基金开户人数变动

资料来源：中财网。

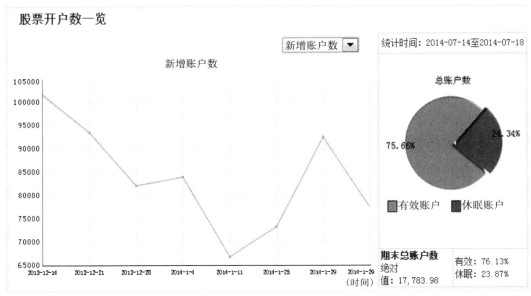

图 3-28　新增股票账户数

资料来源：证券之星。

基金开户数一览

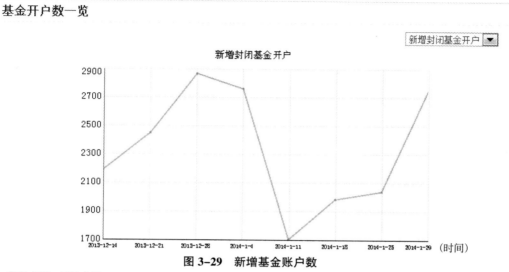

图 3-29　新增基金账户数

资料来源：证券之星。

　　除了开户数，还有一个反映散户情绪动向的指标，这就是交易户数，交易户数显示了市场当前的热度，是一个较新增开户数更为有效的指标。当时为了能够更好地纵向比较，可以用交易户数除以持仓户数，然后进行历史比较。如何查询交易户数和持仓户数呢？第一个是上面提到的中登公司，其中的"每周市场概貌"和"一周股票账户情况统计表"都提供了这一数据（见图 3-30 至图 3-32）。第二个是上面提到的"证券之星"网站（见图 3-33 和图 3-34）。第三个是价值 500 网站，网址是 http：//value500.com/account.html ，其中同时提供了交易账户数和持仓账户数（见图 3-35）。

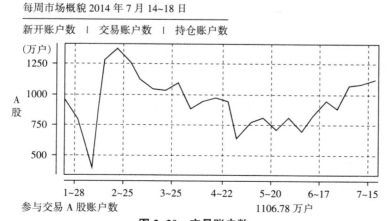

图 3-30　交易账户数

资料来源：中登公司。

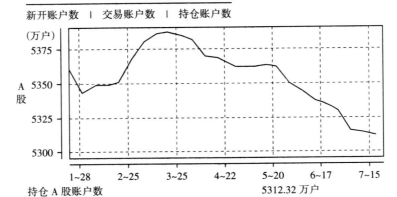

每周市场概貌 2014 年 7 月 14~18 日

新开账户数 | 交易账户数 | 持仓账户数

图 3-31 持仓账户数

资料来源：中登公司。

一周股票账户情况统计表（2014 年 7 月 14~18 日）

	上海分公司	深圳分公司	合计
一、期末有效账户数（万户）	6845.42	6693.01	13538.43
二、新增股票账户数（户）	53518	53182	106700
其中：			
1. 新增 A 股开户数（户）	53394	53076	106470
2. 新增 B 股开户数（户）	124	106	230
三、期末股票账户数（万户）	8958.16	8825.82	17783.98
其中：			
1. 期末 A 股账户数（万户）	8304.11	8725.22	17529.33
（1）期末持仓 A 股账户数（万户）	2908.02	2404.30	5312.32
（2）本周参与交易的 A 股账户数（万户）	507.71	599.07	1106.78
2. 期末 B 股账户数（万户）	154.05	100.60	254.65
四、期末休眠账户数（万户）	2112.74	2132.81	4245.55

图 3-32 持仓账户和交易账户周报

资料来源：中登公司。

股票开户数一览

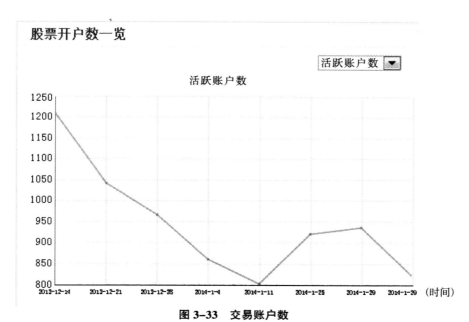

图 3-33　交易账户数

资料来源：证券之星。

股票开户数一览

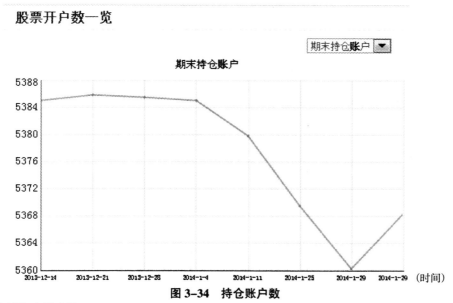

图 3-34　持仓账户数

资料来源：证券之星。

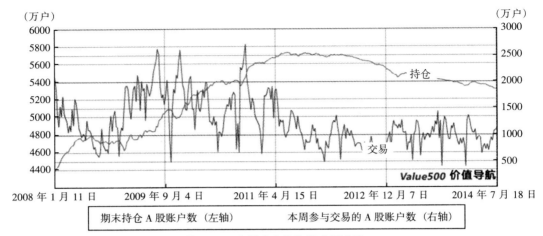

图 3-35　交易账户数和持仓账户数

资料来源：价值 500 网。

交易账户数除以持仓账户数得到一个比值，这个比值有一个历史波动范围，如果这一比值处于 45% 以上，那么指数的大顶部就很可能出现，如果这一比值处于 15% 以下，那么指数的大底部就很可能出现（见图 3-36）。当定稿本节的时候，交易/持仓账户比达到了 56.5% 的高位，上证指数也创出了多年来的新高（见图 3-37），如果单从这个指标出发，阶段性顶部已经出现，至少要调整几个月的时间，不过当驱动因素出现重大变化时，这些相关性规律就会改变。

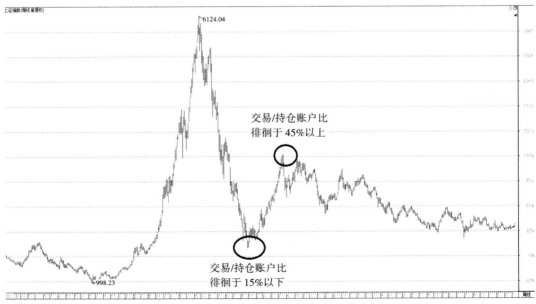

图 3-36　交易/持仓账户比与上证顶底

资料来源：通达信、中登公司。

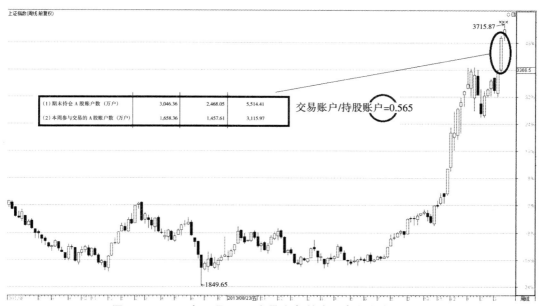

(1) 期末持仓 A 股账户数（万户）	3,046.36	2,468.05	5,514.41	交易账户/持股账户=0.565
(2) 本周参与交易的 A 股账户数（万户）	1,658.36	1,457.61	3,115.97	

图 3-37 2015 年 3 月 20 日交易账户/持仓账户占比达到 0.565

资料来源：中登公司、通达信。

　　当然，这只是从以散户为主的账户资金进出状况推断大盘指数的趋势转折点，要提高其胜算率还需要结合其他方面的信息，如下面提到的成交量和前面提到的主力资金动向。

第六节　成交量

　　查看主力资金流向最及时的方法是看成交量，真正的股票高手有三个特点：第一点是对大盘走向能够做出较准确的判断，很多人说不预测，其实是为了与一般的预测相区别，我们一般称为"预判"。总而言之，提前对市场最可能的走向要有一个预先的判断，但是还要想好在什么情况下这个预判是错的，也就是预判要能够"证伪"。同时，仓位管理上也要明确在什么情况下止损退出，这就是"预判"

没有预测，就没有结论，没有结论就无法证伪。

与"预测"的区别。预测要么是不可证伪的，要么是没有止损措施的。第二点是对题材能够有很好的把握，明确题材的影响力、题材的可持续性，本书其实就是针对第二点展开的。第三点是对主力的动向和意图了解得非常透彻，本节要讲的是这一点。前面介绍了一些有关主力动向的研判方式，主力在高点会利用散户的狂热，在低点会利用散户的恐惧，所以开户人数和交易户数会成为一个主力行为的反向指标，估值和政策只能判断主力大的动向，如何及时判断主力的动向？只有成交量具有这样的功效，其他所谓的资金流向、DDX 等指标其实都是基于成交量展开的。

价格的波动是由每一笔成交量直接决定的。价格的变化直接决定了账户的浮动盈亏，因此散户偏重价格。但是，要想真正持续地赚钱就必须搞清楚价格变化背后的直接原因，这就是成交量。在大多数情况下，主力的资金运动对行情的推动是主动的，因为一张主力的单子可以扫掉多少张散户的单子，这是一个很浅显的道理。不过在极少数散户极端狂然或者恐惧的情况下，也可以将行情持续一段时间，所以凡事不能一概而论。

根据成交量如何看主力的进出呢？地量和天量是两个关键的线索。主力进场和出场肯定要弄出很大的动静，这个动静必然是成交量。放大量，特别是天量的时候，要么是主力在进场，要么是主力在出场。主力进出场最直接的体现就是大量，特别是天量，这是看成交量的重点。如果没有重点地去看，那么所谓看盘就事倍功半。大量和天量出现了，你就要问：谁在这里卖？谁在这里买？卖的人是怎么想的？买的人是怎么想的？

除了天量，地量也是我们要关注的一个成交量现象。为什么要关注地量？地量代表浮筹少到极致，这又分几种情况：第一种情况是卖出的筹码多，买入的资金少，这就很容易出现跌停地量，这时候只要成交量不放大，那么下跌就会持续。第二种情况是卖出的筹码少，买入的资金多，

天量出现了，你就要问：谁在这里卖？谁在这里买？卖的人是怎么想的？买的人是怎么想的？

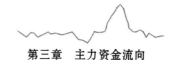

这就容易出现涨停地量的情况，缩量上涨、一字板都是可能出现的情况，这种情况下只要成交量不被放大，上涨就会持续。第三种情况是卖出的筹码少，买入的资金也少，这时说明市场处于均衡状态，大家分歧较少，稍微施加一点外力股价就很容易上涨或者下跌。地量的时候，如果股价此前经历了深幅下跌或者小幅度回调，而且大盘稳定甚至看好，而个股也是利空出尽或者利好持续，那么主力就很可能介入或者拉升。

　　只讲理论不行，形象的实例才能让我们直接体会到如何实践和操作。图 3-38是上证指数的价量走势，主力集体行为会体现在指数的走势上。上面我们已经提到了地量代表着脆弱的均衡，如果此前价格下跌，那么此刻的地量意味着力量对比由空头占绝对优势转为了多空平衡。在地量的位置，参与者的分歧较少，比较认可目前的价位。当市场处于平衡状态的时候，稍微施加一点力量就可以让市场朝某个方向运行很远。如果往下"砸"，估值提供的安全空间就更大了，但是也很容易"为别人做嫁妆"。但是，凭着价值投资的大资金随着下跌的展开其实是一直在买入的。当市场从下跌转为均衡的时候，这些大资金就成为打破均衡的力量，很容易就让市场上涨。所以，指数充分下跌后出现地量，表明市场处于均衡，此后如果伴随着放大量甚至天量的低位上涨，那么肯定是主力入场了。

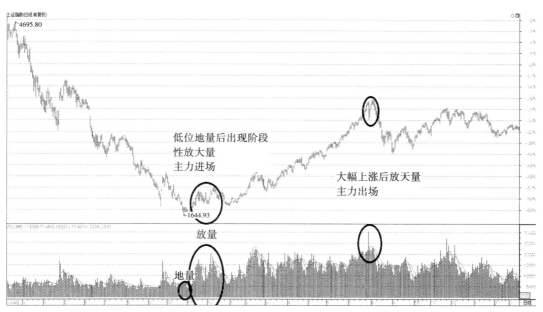

图 3-38　上证指数中的天地量与主力进出场

资料来源：通达信。

大象很难掩盖其脚印。

大象总有类似的习性。

主力进场，特别是超大资金进场是难以被掩盖的，而且也很难制造空头陷阱后再入场，他们经常的依据是基本面，而不是技术面，所以没有动机也没有能力来很好地掩盖住进场和出场的痕迹。

出场方面也是相同的道理，大资金集体减仓或平仓，肯定是依据基本面的，盘中可能有一些掩盖动作，但是在日线和周线上是不可能掩盖的。最容易为大家识别的出场迹象就是天量，或者连续放大量，但指数是横盘或者下跌。上面讲的是通过指数的成交量来识别大资金的进场和出场。大资金的进场和出场为什么如此靠近呢？首先，他们进出场的判断依据比较一致，主要是宏观面和估值方面的重大变化，如无风险利率的变化、经济周期阶段、全球风险偏好中长期变化等；其次，他们的信息来源往往也较为一致；再次，他们的估值手段和基本面分析思路比较一致；最后，他们处于同一个圈子，相互之间的信息和思路沟通还是比较多的。

指数上的成交量异动往往用于分析大的趋势，以中长期变化为主，而个股上的成交量变化则对个股庄家和主力的行踪做出及时、准确的判断。当然，主力也受到大盘和题材以及公司经营业绩的制约，他们也有判断错误的时候，特别是对大盘的判断可能出现失误，所以主力没有离场并不代表股价就不会下跌，也不代表股价不会跌破主力的成本价。洞悉主力的动向只是增加了我们获胜的可能性，AIMS 中有四个要素，每个要素了解透彻一点，胜率就高一点。但是，我们不能认为对主力动向分析得很透彻了，就可以忽略大盘和题材了，要真正透彻地了解主力，就不能不透彻地了解大盘和题材。因为主力的动向也是要基于大盘和题材的，主力也是对大盘和题材有了深入的了解后才决定如何行动的。要明白主力未来的意图，就必须推断主力会怎么看未来的大盘走势，主力是怎么看待现在和未来的题材的，然后结合价量透出的主力此前和当下的行为综

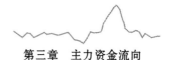

合预判未来主力的动向，这是一个有机整体。

我们如何从成交量看主力资金流向，举两个例子简单地说明一下。第一个例子是宇通客车（见图 3-39），股价长期显著下跌之后（一般至少两波下跌），成交量萎缩到极致，这说明要卖的人很少了，看空的人也很少了。另外，要买的人、看多的人也不多。这是不是意味着股价就开始了上涨趋势？当然不是这样的，要上涨还必须有力量将利空对比由均衡转变为多头占优势，这时候如果底部出现放量，股价上涨，但没有一次性利多的消息出现，那么肯定是有先知先觉的大资金看上这只股票了。当然，如果这时候有重大利多出现，那么即使市场都知道这一消息，后市仍旧可能持续上涨。宇通客车地量出现之后不久，股价开始放量上涨。股价长期下跌后，市场逐渐对这只股票失去了兴趣，但是突然有一股力量开始关注这只个股，遇到这种个股就应该回过头来仔细看看相应的板块和行业，以及上市公司本身是不是有什么潜在利多题材，同时也看看大盘是不是也阶段性见底了。个股的走势、上市公司和相应板块的基本面，以及大盘往往是相互反映着对方的信息，这就是全息效应。但是，三者之间并非完全映射对方，所以要相互参照。主力的动向反映了题材和大盘，题材的潜在变化会体现在主力的动向上，会影响主力的决策，大盘的动向往往是权重个股主力和题材的综合作用。

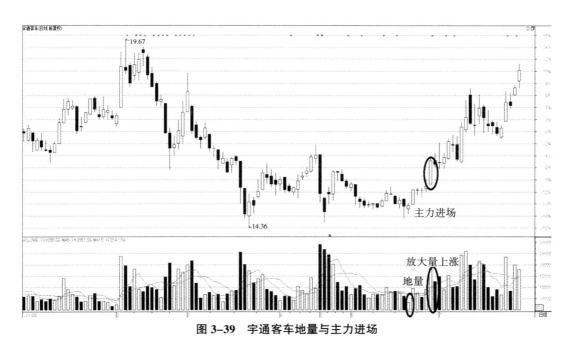

图 3-39　宇通客车地量与主力进场

资料来源：通达信。

　　通过宇通客车的例子我们大概知道了主力进场与成交量的关系，现在我们通过永新股份的例子（见图 3-40）来了解主力出场和成交量的关系。大户和中户，还有某些游资可能今日进明日就出，这种个股往往会上龙虎榜。能够连续数日、数周，甚至数月上涨的个股，其中的主力实力更强，不光是资金实力，其研发和运作能力也是最强的，所以通过成交量异动来识别这类个股的效果更好。如果股价连续上涨，然后出现成交量异动，那么就容易判断出主力是否大幅减仓或者出场。永新股份持续上涨之后，出现了"天量"，然后股价显著下跌，这就很可能是主力大幅减仓或者出场的信号。因为主力出场肯定会导致成交量显著放大，但是却滞涨或者下跌。"天量"出现之后，永新股份此后的股价回落到起涨位置。

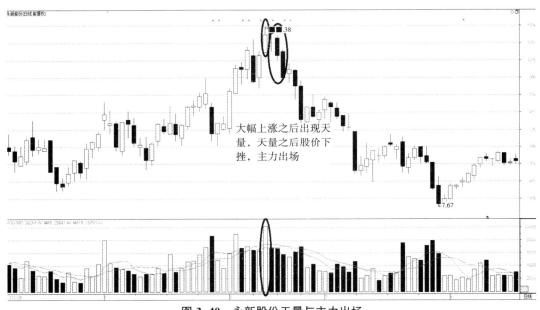

大幅上涨之后出现天量，天量之后股价下挫，主力出场

图 3-40　永新股份天量与主力出场

资料来源：通达信。

　　通过成交量来识别主力资金流向是一种较为常用和有效的方法，本节只是从这个角度来介绍成交量。在第七章我们将从把握波段节律的角度来更为详细地介绍成交量的相关内容。

第七节　资金流向

　　高手以成交量为主洞悉市场主流资金的变化，原因有两点：一是成交量是最原始的数据，相对而言更加接近市场的本质，成交量没有附带太多的主观假设，这点是与其他技术指标的最主要区别。二是以前的行情分析软件相对简单，大数据收集和处理技术也很匮乏，在对资金量的统计上存在各种各样的制约因素。

　　除去第一个原因，如果我们能够得到大数据支持的资金流向指标，那么也应该作为重要参考。随着技术的发展和数据采集处理能力的提高，有越来越多的资金流向指标可供参考，本节就是主要介绍这些指标。

　　第一个资金流向指标是东方财富网上数据中心提供的"资金流向"统计（见图3-41），平时大家可以通过下面这个网址来查询到这一栏目：http：//data.eastmoney.com/zjlx/detail.html。我们主要以看板块资金流向为主，因为主流资金基本是以板块为中心运作的，特别是以题材为主的资金基本上都是围绕板块展开的。

图3-41　东方财富网的"资金流向"统计

资料来源：东方财富网。

第二个指标是和讯网的资金流向市场总览和行业板块（见图 3-42），这个指标的概念板块更新通常要慢一些，但是可以与第一个指标同时参考，相应的查询网址是 http：//vol.stock.hexun.com/。

市场总览	资金流入(万元)	资金流出(万元)	资金净流入(万元)	资金净流入率	连续流入天数(天)	资金流入股票数量(只)	资金流出股票数量(只)
全市场	11452782.84	10296259.37	1156523.47	0.05%	2	1751	1232
沪市	5858794.66	5008487.86	850306.80	0.05%	4	601	351
深市	4402877.96	4071723.12	331154.84	0.07%	1	636	549
主板	8220750.79	7145392.06	1075358.73	0.06%	2	871	546
中小板	2040921.83	1934818.92	106102.91	0.04%	1	368	354
创业板	850834.06	867660.63	-16826.57	0.01%	-3	191	191

图 3-42　和讯网的资金流向

资料来源：和讯网。

如果网页刷新速度较慢，可以采用股票软件上的类似功能，现在圈内用得较多的是大智慧软件和东方财富通的相关功能，我们以免费版东方财富通为例来说明。打开软件后点击"板块监测"（见图 3-43），可以看到相关板块的涨幅领涨股等数

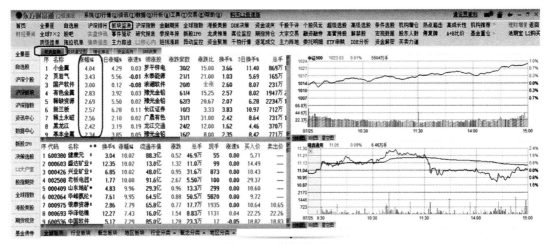

图 3-43　板块监测

资料来源：东方财富通。

据，这个就是主流资金目前的动向，三日涨幅也可以关注并可以推断出热点持续度。另外一个功能是"增仓排名"（见图3-44），在大盘下跌的时候这个排名要重点关注，因为机构换股和抄底的迹象会被这个栏目捕捉到。还有一个根据单子大小计算"主力资金"的功能（见图3-45），这个功能隐含了一个假设，就是当一笔交

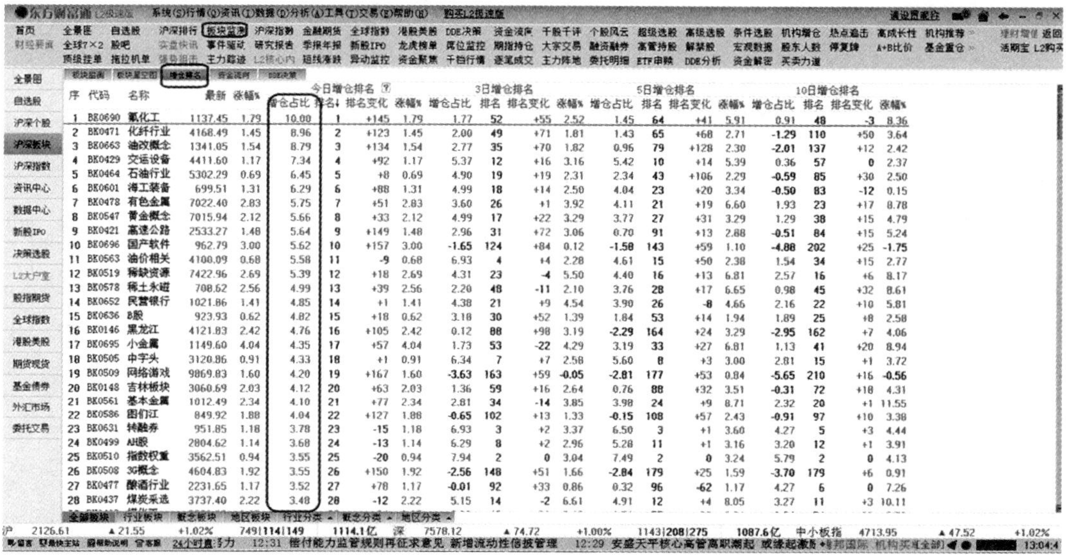

图 3-44　板块增仓排名

资料来源：东方财富通。

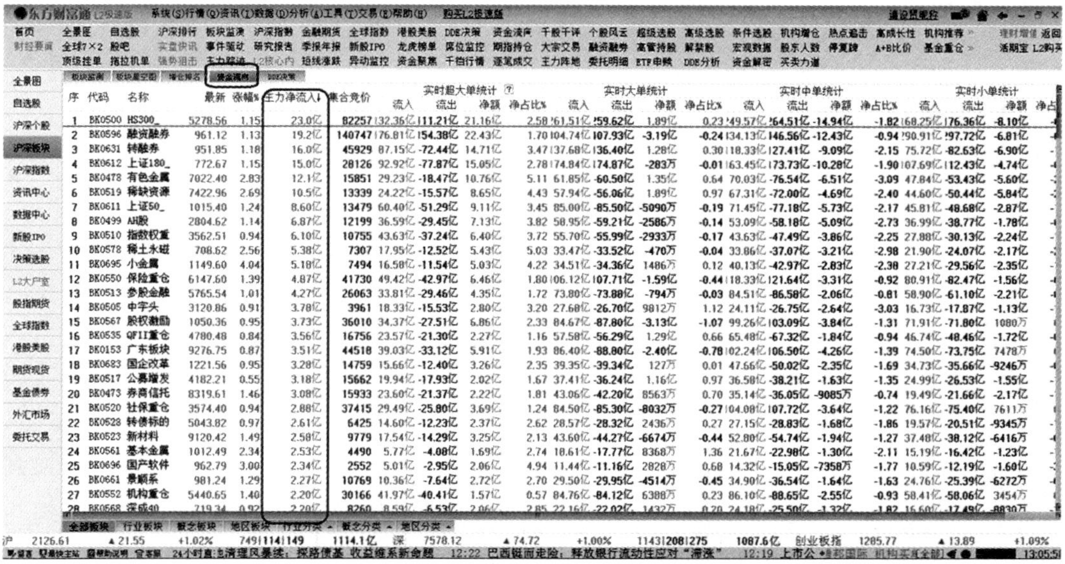

图 3-45　板块资金流向

资料来源：东方财富通。

易的股数大于多少算主力大单，这个假设可以被主力利用，也可能本身就存在主观随意性，并非有效的主力大单过滤器，但整体上还是可以作为参考的，毕竟超大资金也不可能花太多精力来拆分单子以规避风险。

上面这些资金流向数据和指标来源是我们经常参考的，除此之外肯定还有不少内容类似的来源，大家可以自己到各大财经网站，特别是股票网站寻找，也可以查看自己的股票行情软件的相关功能。凡事兼听则明，偏信则暗，所有本书提供的"观察窗口"都要相互交叉验证，只看一个资金流向就想搞清楚主力动向是不现实的，任何指标都要搞清楚其假设，在什么情况下可能误导我们，不同数据和指标给出的信息要综合起来想想为什么，而不是机械、死板地认为"数字＝买卖信号"。逻辑才是买卖理由，而不是数字。

> 我们最容易忽略前提，而前提往往是分析对错的决定性因素。

> 这个市场里没有谁是神，大家都会犯错。

对于这类指标和数据，我们的心得只有一点，那就是多用多总结。什么是高手？不是书看得多，不是交易做得多，而是高质量交易日志写得最多最久的人。当然，写交易日志的前提是你做了交易，没有交易实践，你也无交易日志可写。交易是不能仅从书上学会的，也不能仅从他人身上学会，书和榜样只能作为启发，交易只能从自己的交易日志中掌握。

> 高手皆复盘。

第八节　热点轮换规律

第七节介绍了一些资金流向方面的分析方法和指标，资金流向往往以板块作为单位，而本节介绍的热点轮换其实也是以板块为主，当然小盘股和大盘股之间也会出现轮换。为什么热点需要轮换呢？通过板块之间的轮动可以让散户踏错节奏，这样主力才能做到出其不意、攻其无备。

上涨的板块需要通过高位换手来提高散户的持仓成本，进而才能有继续上涨的动力，而主力这个时候可以充分利用其他板块的机会，在板块间合理运用资金和把握节奏可以提高自己资金的利用效率，同时能很好地迷惑对手盘和榨取利润。

"兵者，诡道也。故能而示之不能，用而示之不用，近而示之远，远而示之近。利而诱之，乱而取之，实而备之，强而避之，怒而挠之，卑而骄之，佚而劳之，亲而离之。攻其无备，出其不意。"这是孙武讲的，主力运作股票何尝又不是如此，通过热点和板块的轮动，主力就让散户搞不清楚真正的情况，从而踏错节奏。当散户在既有热点上刚适应不久，主力就会改变节奏，这时候散户的心就乱了，乱而取之。股市上主力经常用"养—套—杀"这一招，其实就是三十六计的"瞒天过海"，所谓"常见则不疑"，主力刚开始让散户养成某种思维定式，适应某种行情节奏，就突然改变节奏将散户套住。刚开始套住，绝大多数散户是不会止损的，因为他们刚开始抱有侥幸心理，往往还会补仓摊平成本，这时候主力就会肆无忌惮地出货，这就是所谓的"杀"。

我们先讲热点轮动，之后介绍大小盘轮动的问题。那么，怎么预判和分析热点轮动呢？

第一要对潜在热点做好储备，价量有异动或者上涨信号，如向上 N 字，以及低位放大量上涨，那么就是热点开始被主力资金关注的时候。只要热点是持续性的重要基本面变化，而非一次性的短期利好，那么这个热点就正处于运动中。

第二要对现在市场上已经在炒作的热点有进一步的认识，看看有无阶段性巨量滞涨的情况，看看热点是不是已经找不到新意了。如果是，那就是在"炒剩饭"，这样的热点是要暂时避免介入的，如果有持仓至少应该减仓。

第三要对此前的热点板块有所关注，如板块整体是不

投资没有那么简单，只靠交易就能赚钱。交易只是投资中很小的一部分，除此之外还要做很多工作。

一定要设定止损线，一旦股票走势触及止损线，要坚决止损。根据个股的弹性不同，止损线的标准也不同。如果对公司的基本面没有太大把握，可容忍的浮亏就很小。

是已经调整一段时间了，有没有出现阶段性地量，震荡指标是不是出现低位金叉了，有没有潜在题材浮现，如果有，那就意味着这个板块又要热起来了。

上一节提到的板块资金流向分析方法可以结合本节的热点轮动来使用。潜在热点有哪些？可以根据新闻和研报列出来，然后密切观察大资金流向，如果板块增仓迹象出现，那么这个热点开始兴起的可能性很大。

潜在热点、当下热点和过气热点之间对资金的争夺就是热点轮动，首先要对不同生命阶段的热点有记录，然后通过观察资金流向和价量来发现热点轮换的迹象，这就是基于热点轮换规律的预判方法。

除了板块热点之间的轮动，还存在大盘股和小盘股之间的热点轮动，这种轮动持续时间一般较短，很多投机客对此都非常熟悉，所以某些情况下有些游资会诱导这种轮动出现。例如，大盘股出现下跌之后，游资可能炒作小盘股，看市场是否跟风，如果跟风就会进一步运作，如果不跟风次日开盘就会出逃。在通货紧缩时期，小盘股炒作更加盛行，流动性不宽裕时题材更受追捧。在流动性宽松时期和经济复苏及繁荣时期，市场资金更加喜欢炒作大盘股。大盘股一般以估值低和绝对价格低被追捧，而小盘股则以题材多和业绩预期好被追捧。大的轮动往往持续时间较长，与估值和流动性有关，小的轮动则是上面提到的这种游资造势，往往持续一日到几日。

主力在大小盘轮动上与板块热点轮动上的原则是一样的，就是要让散户踏错节奏，所以大盘股和小盘股每隔一段时间就会轮动一次。市场上某种模式持续一段时间且得到市场充分认同后，这种模式就会转变。热点也是一样的道理，只有让散户的认识严重落后于股市轮动周期的变化，才能够让散户在高位接货在低位出货。例如，在 1995 年 5 月浦东概念股的炒作就结束了，但多数散户仍恋恋不舍，直到 1997 年上半年仍在谈论浦东概念股；1997 年 5 月大盘

故其战胜不复，而应形于无穷。

绩优股的炒作结束，但散户对四川长虹和深发展的热情直到 1999 年才消退。"虽有智慧，不如乘势；虽有镃基，不如待时"。题材主导了个股的趋势，把握了题材就把握了个股的趋势，但仅是如此也容易被市场的波动清洗出来。如果你不觉察市场的情绪和共识，就很容易被大众影响，买在阶段高点、卖在阶段低点就会频繁发生，这其实并非主力专门针对你一个人的操作，而是因为散户的情绪往往处于相同频率，这样就会踏错热点轮动的节奏。由此看来，时机的把握对于题材投机客而言也是非常重要的，对于一只个股的题材投机而言，几百万元的资金并不会影响机动性，所以对于大户而言，乘主力造的势是高效的盈利方法，但是如果择机进出却关系到安全空间和盈利空间，本节介绍的热点轮动其实就是关于择时的一个方面。

我们介绍了板块热点轮动和大小盘风格的轮动，这关系到市场节奏的把握，每天收盘后的功课之一就是分析这种轮动节奏。和讯财经和同花顺都有一个热点复盘的栏目，我们经常跟踪，这对于把握热点轮动有很高的价值。和讯"每日热点复盘"栏目（见图 3-46）的网址是 http：//stock.hexun.com/2013/rdtj/，当然这个栏目的更新不是很有规律，并不是每个交易日都会更新，但是可以作为参考，作为自己复盘日记的基础。

图 3-46　和讯的"每日热点复盘"

资料来源：和讯网。

做一件事情，失败或成功，重新演练一遍。大到战略，小到具体问题，原来的目标是什么，当时怎么做，边界条件是什么，回过头看，做得正确不正确，边界条件是否有变化，要重新演练一遍。

另一个相对而言较为热点的复盘栏目是同花顺"复盘必读"（见图3-47），相应的网址是http：//stock.10jqka.com.cn/fupan/。这个复盘栏目日常维护、更新得都较为及时和有规律，大家可以重点参照。东方财富通软件也有一个L2内参，也是类似于热点复盘的栏目，但是这个需要付费才能获得，有条件的朋友可以试试。其实这三个复盘栏目的形式和内容都差不多，作为参考即可，重要的还是要形成自己的复盘日记，希望大家一定予以重视。

图3-47 同花顺热点复盘

资料来源：同花顺。

追踪热点轮动的时候，要经常翻看行情软件的板块排名，如通达信热门板块分析（见图3-48）、大智慧、东方财富通、同花顺都有类似功能，大家要多加利用，这样就能将热点轮动的脉络做到烂熟于心。

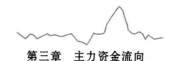

图 3–48　通达信热门板块分析

资料来源：通达信。

在本章末，我们谈一下龙虎榜（席位）的问题。龙虎榜是指沪深交易所每日涨跌幅、换手率等由大到小的排名榜单。通过该交易数据，我们能判断当天个股异动是游资所为还是机构主导，从而研判这波行情的性质。通常我们看龙虎榜数据要先看其性质，大体上分为两类：机构主导的行情和游资主导的行情。

我们这里只谈与题材类个股比较密切的游资主导行情。交易席位均为游资，则是游资主导的行情。买卖双方力量比对，买方前 5 名总金额越大越好。买方席位前 5 名的总资金要远大于卖方席位前 5 名总资金，并且买一的资金要远大于卖一的资金，最好是 1.5 倍以上；买一和买二的金额不能相差太大，否则会容易造成"一家独大"，意味着后市抛压也大。如果是第一次涨停，在龙虎榜交易数据当中，买方数据为纯买入最好，表示新进资金入场，后市还将走高。第一次涨停后要留意买一席位是直接出局、锁仓、继续加码买进还是做差价，通常直接出局代表了"行情一日游"；锁仓说明行情可持续，等待别的资金接力拉高；继续

龙虎榜是一个窗口，是众多窗口之一，对于题材投机客而言具有重要的意义，不过这种价值只有放到整个格局中才会清晰起来。

加码买进表示强烈看好；做差价说明买一实力不够强。个股的大行情都是由游资接力完成的，不会是某一个游资来推动整轮行情的发展，因而如果两到三个涨停后买一继续锁仓，别的游资就只能观望了，因为持仓量太大造成的抛压也大。只有当买一出局后，别的游资才考虑进场接力拉升，所以说行情的初、中期换手率是一个非常重要的参考指标，一个游资的离去会吸引其他游资的进驻。另外，还有一种情况就是边拉升边对倒的游资，对倒涨停是为了投入少量的资金来达到涨停效应，持续力不会太强。要查看游资的身份和操盘风格，是一线知名游资还是名不见经传的游资，最近是否经常上榜，操盘风格如何等。通常一日游资的口碑不太好，上榜了也不会对行情有推动作用，反而打击做多的积极性，波段游资则比较受欢迎。

那么，如何查询龙虎榜呢？第一个比较好的来源是"东方财富通龙虎榜"（见图3-49至图3-51），网址是http://data.eastmoney.com/stock/lhb.html；第二个比较好的来源是"同花顺龙虎榜"（见图3-52），网址是http://data.10jqka.com.cn/market/longhu/。

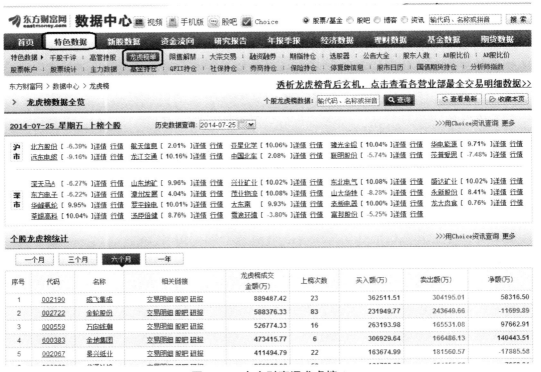

图3-49　东方财富通龙虎榜1

资料来源：东方财富通。

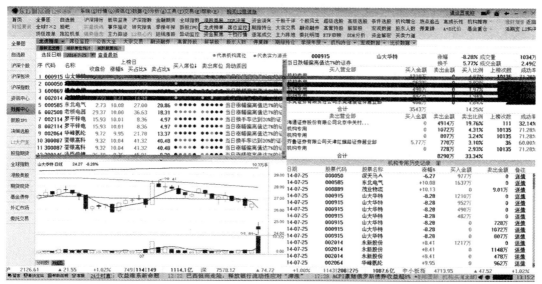

图 3-50　东方财富通龙虎榜 2

资料来源：东方财富通。

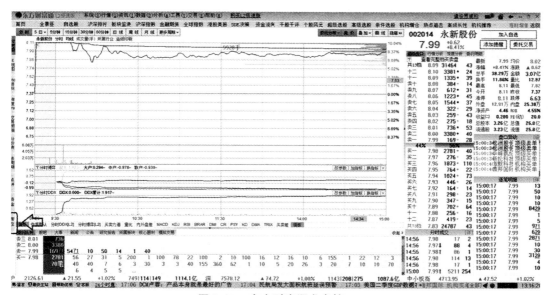

图 3-51　东方财富通龙虎榜 3

资料来源：东方财富通。

图 3-52　同花顺龙虎榜

资料来源：同花顺。

144

第四章

N 字结构驾驭

从包色特的理论中，拿破仑学会了如何故意分散自己的兵力，引诱敌人也分散兵力，然后再突然集中自己的兵力。

——利德·哈特

虚拟模型是对真实情景的简化，它并不一定是对真实世界的准确描述。在虚拟模型中，我们尽量从本质上模仿真实世界，而不是复制真实世界。从本质上模仿就是把最关键的因素加入模型，忽略次要因素。

——约瑟夫·E.哈林顿

正如情景能够选择个人，个人也能够选择情景……情景并不总是自动"撞上"我们，而是我们在很大程度上能够决定自己所处的情景。我们基于情景所能提供的机会来选择情景……当不同的情景提供不同的机会时，我们倾向于选择那些看起来与自己愿望和目标相匹配的机会。

——道格拉斯·肯里克

题材是驱动因素，是主力发动行情并且最终套现的外在条件。题材严格来讲属于基本面因素，而我们进行操作仅根据基本面来建仓和减仓肯定是不科学的。原因有以下几点：第一，我们最终的盈亏取决于股价波动的状况，如果没有股价的波动，题材对于我们而言也毫无意义，因此价格才是"题材投机"的真正落脚点。第二，一个题材是否真正起作用，主力是否真的介入其中，目前行情的走势对题材消化了多少，题材炒作是否已经到头了等这些问题

> 题材、主力、价量是行情这张桌子的三条腿。

的解决都必须借助于对价格的分析和判断。这是因为主力的行为我们一般不可能直接、及时地掌握，因此通过观察价格走势就能间接获得一些信息。所以，价格往往可以对题材进行验证，价格也可以帮助我们获悉主力和散户的行动。例如，地量后的大量往往与游资或者其他机构进场有关，而大幅上涨之后的天量则往往意味着散户的疯狂买入，而这往往是行情的末端、题材炒作的末端。第三，建立仓位需要一个具体的进场点位，因为这涉及风险的控制。"题材投机"是短线投机，而股价的短期波动是不可忽视的，如果没有选择好入场的位置，在上升回调开始时买入则会陷入被套的境地，无论止损还是摊平都面临两难局面。进场点的选择对于短线交易者而言意义重大，因为一个较好的进场点能够让投机客进场后更早获利，同时也更容易放置较小的合理止损。

作为一个"题材投机者"，不仅需要关注题材，还需要对潜在题材板块的相关个股进行技术走势的扫描，通过技术走势扫描来确认潜在题材可能实现的概率，此后再通过技术走势确认具体个股的具体进场点。进场的同时还需要借助技术走势设定恰当的止损点，因为任何交易都必须设定恰当的退出机制，其实就是行情假设的证伪机制。在游资借助题材推动个股走势的过程中，技术走势也是我们监视行情的温度计或者说题材"生命周期"的 CT 扫描仪。

不过，题材投机者重视"题材"超过"技术指标"，因为"题材"是行情的来源，而技术指标只不过是行情的度量工具而已。如果没有行情，再好的度量工具也等于零。所以，我们必须首先努力去揣摩游资中意的潜在题材，然后再利用技术工具去验证潜在题材成为现实题材的可能性。最终，我们借助技术工具管理具体的仓位，并力图真正从这个题材中获取利润。为什么人们不太容易从股市中获利，那是因为他们天真地认为技术指标可以预测，其实技术指标只是一个"温度计"。温度计只能告诉你某个物体的现在温度是多少，绝不会改变物体的温度。技术指标告诉你目前行情如何，但是却很难具有改变行情的能力。当然，市场主力可以让技术指标有效，前提是主力也在使用技术指标或者通过暂时符合技术指标的信号误导散户。技术指标不是预测工具，只是一个同步或者滞后指标。所谓的支撑和阻力，所谓的超卖、超买都是多种可能性而已。技术指标提供的 30 个可能的支撑阻力位置中真正有效的可能只有两三个。这就好比那些天天做出预言，这样下来总能押中一两个的"大预言家"。

对技术指标进行批判，对"预言家"进行批判，可以让我们更好地利用技术指标。很多所谓的股评名嘴都存在"筛选预言"的嫌疑，他们往往会在简历中列出某

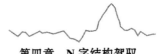

年某月某日上证多少点的时候预言见顶或者见底，而且市场果真如他们的预测一样。其实，你去深究这些"大师"的评论就会发现，他们在市场真正见顶之前一直在唱空，而在市场真正见底之前一直唱多，这样算下来他们的预测准确率就相当低了。因此，绝不要相信具有预测能力的技术指标，即使有这样的指标也会很快因为广泛使用而失效。相反，只有从市场过程本身去剖析，以动态博弈的思维去看待每一次价格的显著波动才能真正把握市场未来的波动。题材投机力图从"前价格"过程中获得价格运动的信息，是众多游资和职业大户的制胜绝招。所谓价格吸纳一切信息的说法真的是自欺欺人，如果价格吸纳了一切信息，那么股价就完全反映了价值，市场也是完全有效的，既然是有效的，那么交易者就不能通过判断获得任何超额收益。题材投机者认为，信息的扩散是非匀速的，也是非中性的，因此存在通过信息获取超额收益的可能，并且众多游资和职业大户的成功经历也一再表明这一点。

　　单纯的技术分析很难带来超额收益，不过技术分析确实是交易中必不可少的部分，理由前面我们已经提到了。本章中我们将从"题材投机"的角度讲讲简单而有效的技术分析手段，主要是价量形态分析。所谓高手，大多化繁为简，但是这有一个过程，如果一开始就很简单，你未必能认识到真正的核心和价值所在。因此，本章介绍的技术核心大家在开始的时候未必真正懂得其意义和价值，但是随着实践经验的积累就会逐渐掌握其中的奥妙。

只有从市场过程本身去剖析，以动态博弈的思维去看待每一次价格的显著波动，才能真正把握市场未来的波动。

做许多事情的捷径就是一次只做一件事。

第一节　阶段性底部与主力的介入

阶段性底部的出现往往与主力的介入密切相关，为什么主力选择在这些位置介入呢？这是因为股价此前已经有一波上涨行情，这表明股价下跌企稳了，而主力特别是游资可以借助这波走势继续上涨。同时，目前的调整也洗出了大部分不坚定的参与者，也就是说浮筹非常少了。

现在的主力做盘往往都倾向于借势，造势也是在借势的基础上进一步推升市场的人气，通过提高换手率来不断推高市场散户持仓的平均成本，最终在股价的顶峰让疯狂的大众来接货。

阶段性底部可以从价、量、盘三个阶段来识别。股价是最明显的标志，也最容易为参与者所关注。所谓股价上的阶段性具体是指股价先上涨一段，然后调整，这个调整可能是横向的，但通常是向下的，最后向上突破第一段上涨的高点。这个调整部分就是阶段性底部，也是游资容易介入的地方。拉高建仓的主力比较凶悍，这类游资可能在股价暴跌两波之后，成交量相当低迷、个股参与情绪惨淡的时候介入，所以容易出现 V 字形反转，接着是调整，洗完筹码后拉主升浪（见图 4-1）。

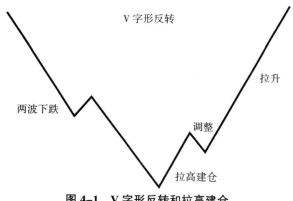

图 4-1　V 字形反转和拉高建仓

直接做拔高建仓的游资现在逐步减少了，因为市场环境在改变，单个主力在市场中的影响力逐渐下降，所以做盘要看市场大势和个股趋势。因此，游资类主力目前都主要以阶段性底部建仓为主，而社保基金和公募基金则因为资金量大，对宏观

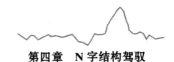

经济和产业政策把握到位，往往采用逆市甚至逆势的建仓方法。这里需要强调的一点是，本书主要针对的是题材类行情，也就是游资介入带来的行情，是一门试图做到"与庄共舞"的技术，这里的庄是投机类的庄，也就是"讲故事"类的主力。

关于股价的调整方式，这里需要分一下类，我们提到了横向调整（见图4-2）和纵向调整（见图4-6）两类。横向调整是用时间换空间，类似于艾略特波浪理论中的四浪调整，而纵向调整则是用空间换空间，先后退再前进，类似于艾略特波浪理论中的二浪。横向调整通过较长时间的整理来清理浮筹，这种方法现在的效果正在逐渐下降，因为对于A股散户而言，横向调整的风险不大，没有太大的危险性，因此往往不容易被洗出去，反而觉得这类"平台型调整"比较安全，所以会吸引后续散户买盘进入。我们来看几个横向调整的实例，如图4-3至图4-5所示。纵向调整让那些刚刚解套和抢到廉价筹码的散户胆战心惊，因此容易被洗出去，所以现在游资一般喜欢在这类阶段性底部介入。我们来看几个纵向调整的实例，如图4-7至图4-9所示。

市场没有专家，只有赢家和输家。

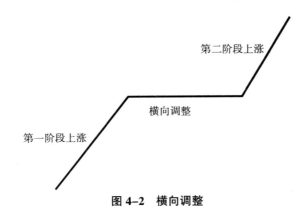

第二阶段上涨

横向调整

第一阶段上涨

图4-2　横向调整

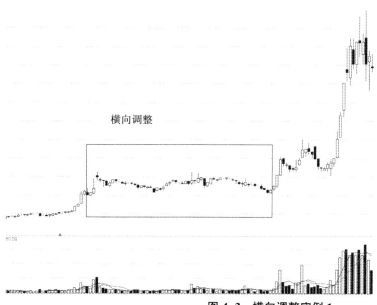

横向调整

图 4-3　横向调整实例 1

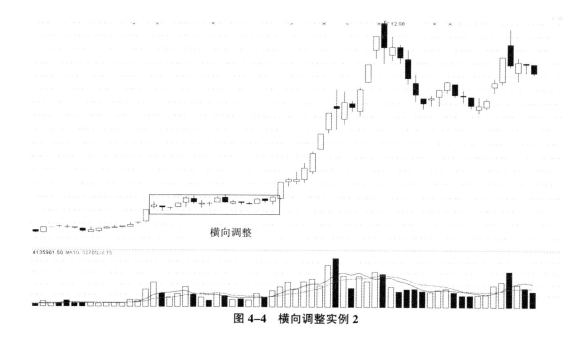

横向调整

图 4-4　横向调整实例 2

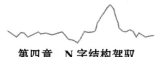
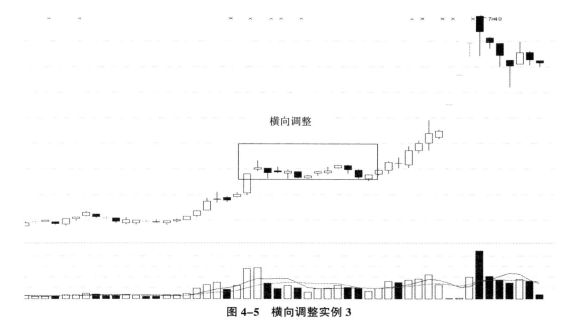

图 4-5　横向调整实例 3

图 4-6　纵向调整

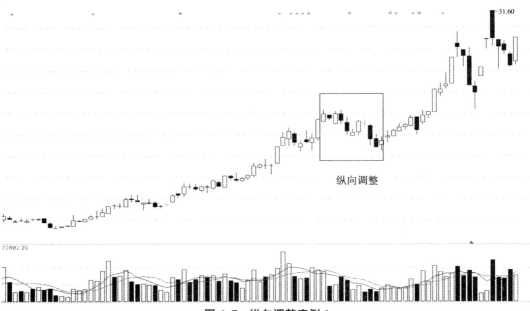

图 4-7　纵向调整实例 1

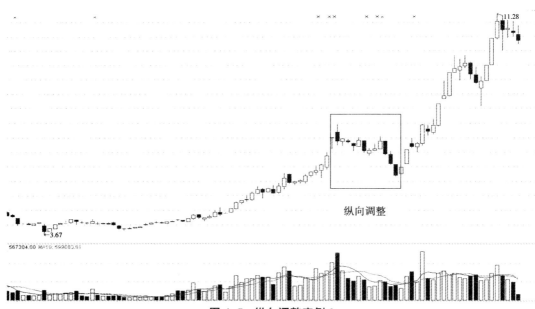

图 4-8　纵向调整实例 2

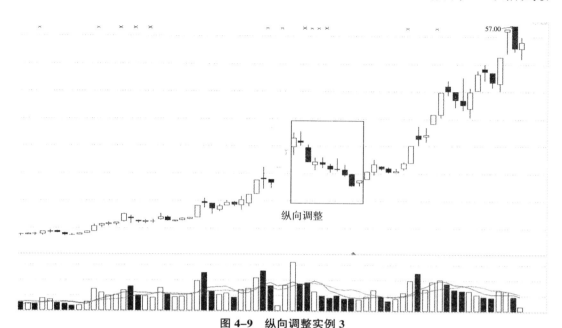

图4-9　纵向调整实例3

　　无论是横向调整还是纵向调整，都应该是缩量的，这点是非常关键的，这表明随着调整的进行，浮动筹码是减少的，当成交量缩小到某个极点时，往往就是行情再度启动的临界点（见图4-10和图4-14）。我们来看几个实例，图4-11至图4-13显示了横向调整的成交量实例，图4-15至图4-17则显示了纵向调整的成交量实例，要注意调整结束点可以通过什么来判断，后面还会提到这里的相关内容。

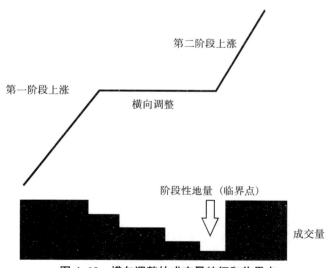

图4-10　横向调整的成交量特征和临界点

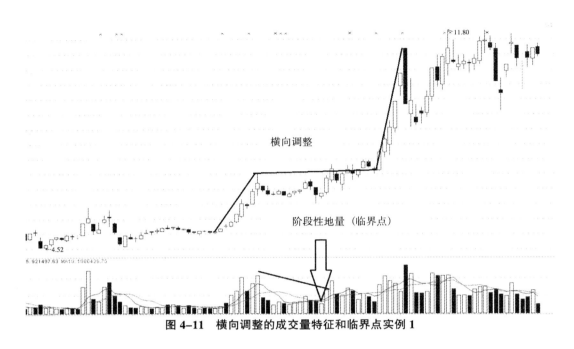

图 4-11　横向调整的成交量特征和临界点实例 1

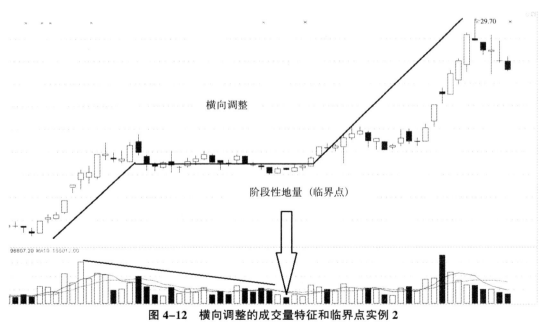

图 4-12　横向调整的成交量特征和临界点实例 2

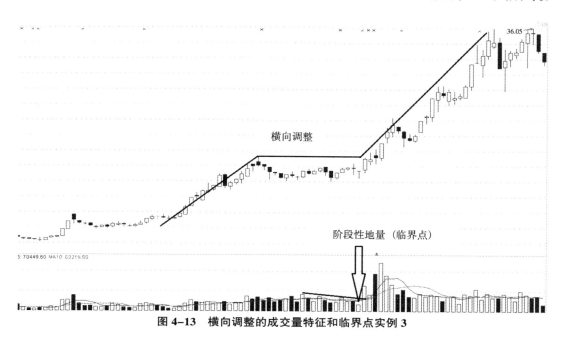

图 4-13　横向调整的成交量特征和临界点实例 3

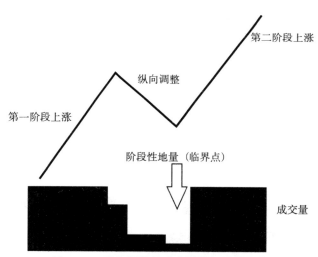

图 4-14　纵向调整的成交量特征和临界点

155

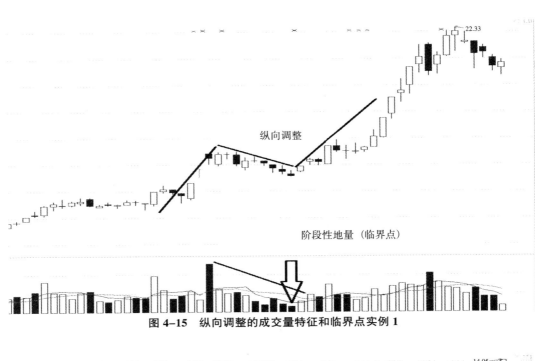

图 4-15　纵向调整的成交量特征和临界点实例 1

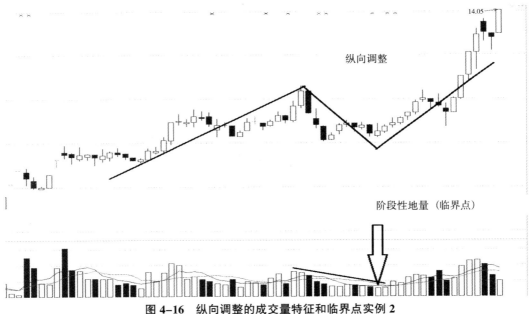

图 4-16　纵向调整的成交量特征和临界点实例 2

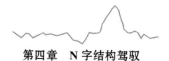

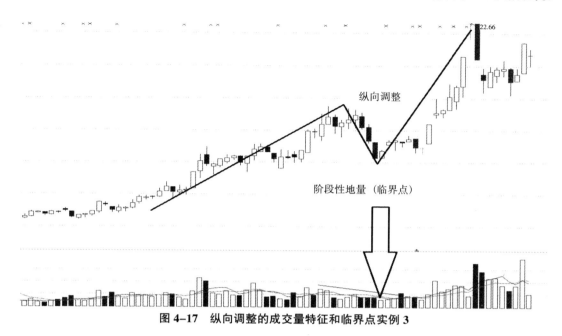

图4-17　纵向调整的成交量特征和临界点实例3

主力有没有真正地介入，有两种验证方法，第一种是查看主力介入的痕迹，如从成交量和盘口去找。第二种是让价格告诉你主力是不是已经介入并且开始拉升，这就可以通过观察价格是否收盘于第一上升波段高点之上来判断。第二种方法简单而言就是"突破而作"。

阶段性底部也存在于成交量变化中，而这可以用来识别游资等主力是否介入。股价的下跌往往先经过慢性下跌，在下跌停止之前会出现一次暴跌，暴跌之后成交量会出现一个特征，这个特征非常重要，大盘往往也带有这样的特征，这就是极度缩量，有时候也被称为"地量"。地量的出现往往意味着卖方力量减弱到了极致，当然地量必须伴随着价格的企稳，此后价格应该出现蠢蠢欲动的态势。地量的出现有三种情况：第一种情况是卖出股票的力量减弱，买入股票的力量不变，这时候地量伴随着股价的上涨（见图4-18和图4-19）。第二种情况是卖出股票的力量不变，买入股票的力量减弱，这时候地量伴随着股价的下跌（见图4-20和图4-21）。第三种情况是卖出股票的力量下降，

股市上什么都能骗人，唯有成交量很难骗人。

157

买入股票的力量也在下降，这时候股价基本不变，而成交量处于严重萎缩状态（见图 4-22 至图 4-24）。

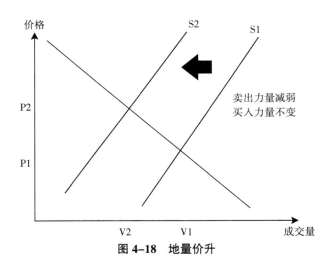

图 4-18　地量价升

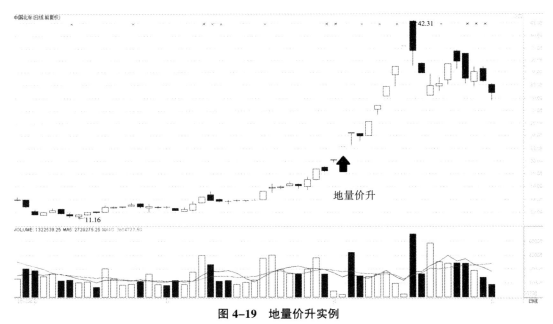

图 4-19　地量价升实例

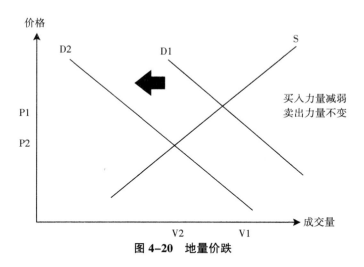

图 4-20 地量价跌

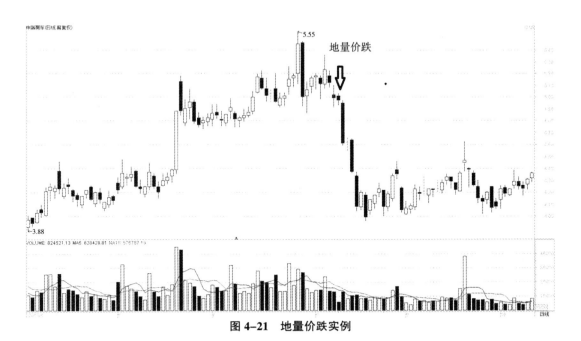

图 4-21 地量价跌实例

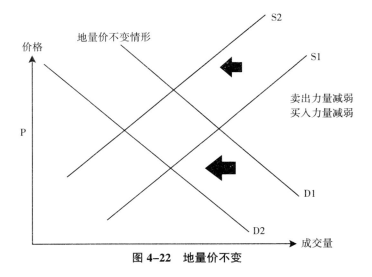

图 4-22　地量价不变

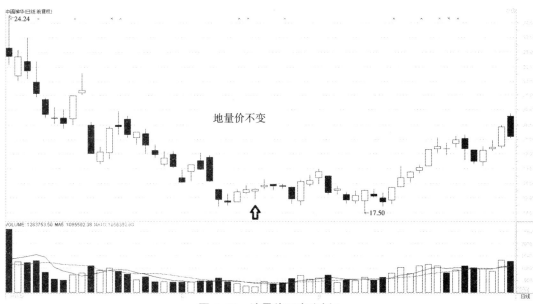

图 4-23　地量价不变实例 1

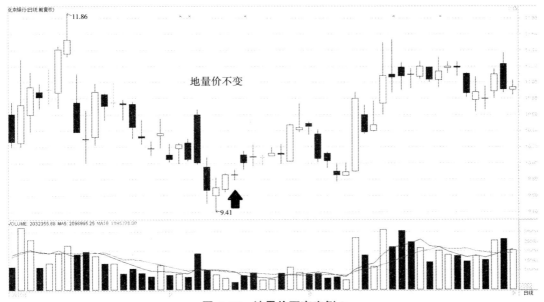

图 4-24　地量价不变实例 2

　　这是三种基本情况，当然还存在卖出股票力量减少幅度大于买入股票力量增加幅度的情况，以及卖出股票力量增加小于买入股票力量减小幅度的情况，不过都可以通过前三种基本情况推导出来。在股票市场上如果只有卖出，没有买入，那么就是无量跌停；如果只有买入，没有卖出，那么就是无量涨停，无量是地量的极端形式。

　　成交量小，表明市场不太认同目前的价位，成交量大则表明市场较为认同目前的价位。因此，筹码较为集中的价位区域往往是不均衡的区域，价位此后再度运行到这一区域也不容易稳定；而筹码较为分散的区域则是均衡区域，价位此后再度运行到这一区域也容易获得支持。成交量的地量出现之后，股价可能还会下跌，但是超过一半的时候会出现转折，这时候第一波上涨就形成了，这波上涨往往伴随着成交量的放大，也就是由地量开始的放大。然后，股价进入调整，成交量这时候要缩量，这才是成交量的阶段性底部。如果这时候成交量没有跟随股价调整而迅速地进入收缩状态，则很可能是主力没有介入，或者是一个短庄拉高一把后逢高卖出。如果没有游资介入其中，那么此前被套散户此时逢高卖出也很有可能，所以此时是否缩量十分关键。成交量的异常反映了市场的某些实情，成交量的极度萎缩表明散户情绪的低落，或者是游资控盘程度高。成交量的极度放大则表明散户情绪极度亢奋，此时主力筹码也派发得差不多了。

主力的介入，特别是游资的介入是建立在对散户群体心理充分理解的基础上的，公募资金更加在意的是"估值底部"和"政策底部"，而私募基金则更加注重"情绪底部"和"市场底部"，这点是我们进行题材投机需要注意的一个问题。像"汇金入市"这类新闻对于公募基金和私募基金的意义是不一样的，公募基金更多的是从"汇金入市"的动机入手去分析，到底是"捡廉价筹码"，还是"为增发营造良好环境"。私募基金则会观察散户的心理反应，往往散户会被股评引导进行思维，这时候私募往往会利用"汇金入市"作为题材来引导市场出现一波短暂的反弹行情。

价量关系的研究一直是少数技术派高手着眼的领域，因为大多数散户都更加关注指标，如 MACD 和移动平均线，或者是 KDJ 等震荡指标。不过，市场中盈利者占少数，所以要按照"少数派"的思维去行动才能真正在这个市场中获胜。这些"赢家"除了关注价量之外，还非常重视另外一个工具，这就是盘口。这个盘口不是绝大多数股票书籍所介绍的日线走势，而是分时盘口，包括买卖挂单、主动性买卖单成交明细、分时价量走势等。盘口直接显示了一段时间内市场各类参与者的行为，无论是散户还是游资，以及其他机构投资者基本上都可以从盘口的持续变化中发现。这里需要强调"持续变化"四个字，这是因为，如果单凭某一笔大单就能断定是游资在介入，这是非常可笑的。在学习盘口语言的时候，我们可以理想化市场，先分开来学习单个信号，但最终必须教会学习者综合各种信号来得出结论。

题材性投机中有两个核心对象，第一个是"题材"，第二个是"游资"。这就好比舞狮，题材是"狮子"，而下面的"舞狮者"才是幕后操纵者。因此，进行题材投机必须将游资的行踪纳入分析范围，盯着游资的一举一动是非常关键的工作。盘口则是游资和我们进行交流的直接窗口，游资可以控制价格，甚至也可以控制小盘股的成交量，但是游资无法抹去盘口上的踪迹。游资要操纵个股走势，必

当媒体的观点一边倒时，你应冷静地站到他们的对立面去。

特立独行的股票有特立独行的理由。没有强者恒强，也没有弱者恒弱。强到极处会转弱，弱到极处会转强。弱势股里容易出利空，强势股里容易出利好。

形态不自然的股票多是庄股。

人群中积聚的是愚蠢，不是天生的智慧。

须采取行动，而这些行动会在盘口上留下显而易见的痕迹。所以，盘口的某些变化特征也体现了游资在阶段性底部的介入。

盘口的信息分为几个部分，挂单变化、成交明细、分时价量走势，这三者是最为重要的部分，当然我们也需要随时查看热门板块排名的变化。阶段性底部出现的时候，成交量缩小，从盘口来看也有一些透露游资介入的特征，如"上下夹板式挂单"，也就是说大单子大多挂在远离成交价的位置，一方面避免股价被打压得太低，另一方面也不能让股价过早升上去，这是一种盘口特征。当然，游资的操盘手法存在差异，而个股的筹码分布也存在差异，因此阶段性底部的盘口特征也存在差异。

总而言之，主力要么倾向于利用阶段性底部洗盘，要么倾向于利用阶段性底部浮筹较少的既有现实拉升。阶段性底部为主力获利提供了潜在条件，这是主力选择阶段性底部介入的客观现实。另外，我们也粗略地告诉大家如何利用技术图表识别价量阶段性底部，以及如何识别游资介入了潜在的阶段性底部。最后，我们要强调的一点是阶段性底部与"次级底部"类似，我们之所以倾向于选择阶段性底部，而不是"绝对底部"，是出于安全的考虑，当然有时候也可以利用小资金介入预估中的"绝对底部"，这种情况则是针对暴跌性题材股进行操作时采用的策略。

第二节　道氏理论和投机之王的 N 字结构

本章提出的 N 字结构，与"阶段性底部"和"阶段性顶部"的关系非常密切，因为"N"字分为两波同向运动和一波中继调整。调整这波的末端就是"阶段性底部"或者是"阶段性顶部"。现在的游资大部分都偏好在这种位置开始运作主升浪，所以我们也倾向于在这些位置介入题材股。除了游资喜欢利用这类"生态环境"之外，许多大名鼎鼎的投机客也对 N 字结构提供的机会有所研究，如道氏理论的创始人查尔斯·道以及有着"投机之王"冠冕的杰西·利弗摩尔。这里提到这两位，并不是说本书介绍的 N 字是从他们这里来的，而是我们在实践中发现了这样的规律，回过头来再去读这些大师的经典，发现也间接提到过这样的形态，大致类似，所以得把两者联系起来。

我们所有的理论都是从实践中来的，然后再到实践中去。比起前人的理论，更为重要的是自己的总结，只有自己的复盘才能带来真正的提高。在阅读本书的过程

赢家都是复盘高手，为什么我们不复盘？

中也要注意这一点，因为最终不是本书让你直接挣钱，而是你自己的总结让你直接挣钱。印度哲学家沙吉难陀在讲解《瑜伽经》的时候曾经这样说过："读书是好的，但它的目的不只是为了逻辑、引证或者争辩，事实上，只有从自己的经验来引证，你说的话才有分量。"理论永远与实践存在一个鸿沟，而你的切身体会才能跨越这个鸿沟。

在《短线法宝》一书中，我们以 N 字结构为中心进行了演绎，但是在那本书中我们没有谈到道氏理论与此的关系。其实，N 字结构颇具实战意义，而且在大师级别的投机者手中一直不断地发挥着重要的作用，如杰西·利弗摩尔。在本节中，我们就有必要探讨一下 N 字结构与道氏理论，以及与杰西·利弗摩尔的关系。

道氏理论的发展基本上是因实践而触发的，首先是因为有了数据统计，然后自然而然地显现了某些规律。这里最为重要的规律是"主要运动、次级折返、日内杂波"的三级划分，而在具体的入场信号上，类似 N 字的结构被理论建构者标识了出来。道氏理论中的买入点是怎样的呢？一个道氏买入点需要两个条件都满足，第一个条件是股价指数长期下跌后回升，然后回调，之后再度上升，并且创出此类回升以来的新高，这就是一个 N 字；第二个条件是必须有另外一个股价指数也同步出现了类似的 N 字，这是一个确认信号。随着道氏理论的发展，目前有部分交易者声称应该加入第三个股价指数来验证。如果按照这种新的设想来规划买入信号，那么就应该是三个股价指数几乎同时出现 N 字。

道氏理论的顶部信号除了根据市场三阶段来确认之外，也非常重视 N 字结构，也就是股价长期上升之后出现了第一波下跌，然后反弹，接着再度下跌，并且创出新低，这是见顶信号。这种见顶信号，也就是向下的 N 字，是杰西·利弗摩尔非常擅长的一种做空信号。大家可以看看杰西·利弗摩尔写的那本小册子《如何进行股票交易》，在这本册子中，他只是用文字详细介绍了进场信号，但是没有画出图

涨势中调整的重要作用在于提供了大多数持股人的平均成本水平。

来，所以很多人没有注意这点。杰西·利弗摩尔描述的进场信号就是典型的价格N字结构，当然他也提到了成交量的相应配合。

在题材投机中，我们需要观察市场特别是游资对题材的反应，这时候技术分析手段就是必不可少的。技术分析手段中最为重要的因素是价量盘，具体而言就是价格、成交量和盘口。这三个因素能够提供给我们最为可靠的确认信号就是N字结构，一旦N字结构出现，或者说阶段性底部出现，游资很可能就在其中已经做好了借助题材拉升股票的准备。当然，N字结构与题材同时出现是一种极佳的买入机会，很多时候，股价是从一个较差的位置上直接被题材推动起来的，这种涨势基础较差，不容易把握，退出不及时的情况也经常发生。因此，作为一个题材投机客而言，我们应该学习查尔斯·道和杰西·利弗摩尔的操作策略，那就是善用N字结构提供的信号，用来为"题材投机"提供良好的进场机会，当然也是验证"题材"可靠性和持续性的基础。

价格上的N字分为向上N字和向下N字（见图4-25）。成交量上的N字其实是配合价格上的N字出现的，与价格的N字一起结合成完整的N字结构，反映出主力和其他参与者的某些行为特征和情绪特征（见图4-26）。

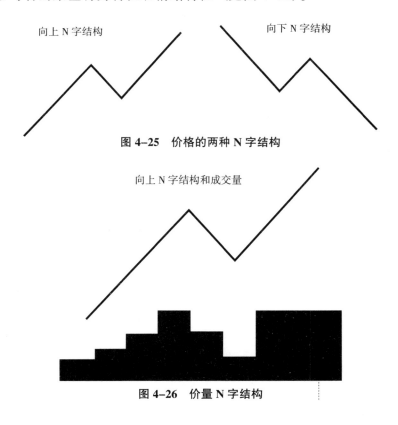

向上N字结构　　　　　向下N字结构

图4-25　价格的两种N字结构

向上N字结构和成交量

图4-26　价量N字结构

指标是价格的影子，价格是心理的影子，心理是题材的影子。

价格的 N 字结构衍生出了技术指标的 N 字结构，如震荡指标 N 字结构、趋势指标 N 字结构等。我们以 KD 指标、MACD 指标、均线指标为例进行说明，如图 4-27 至图 4-29 所示。

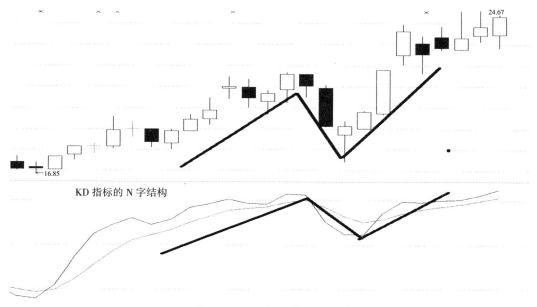

图 4-27　KD 指标的 N 字结构

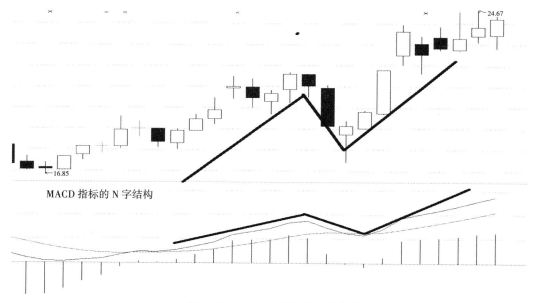

图 4-28　MACD 指标的 N 字结构

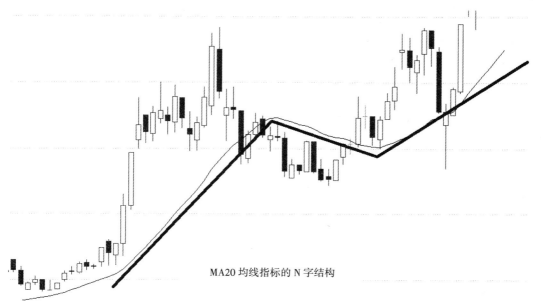

MA20 均线指标的 N 字结构

图 4-29　均线指标的 N 字结构

趋势的开始和结束（见图 4-30 和图 4-31）以及持续往往都会以 N 字的形式展开（见图 4-32 和图 4-33），而趋势要么由业绩推动，要么借题材而展开，所以如果我们能够将 N 字和题材结合起来，那么就能较为妥善地解决个股选择和买卖时机两个问题。

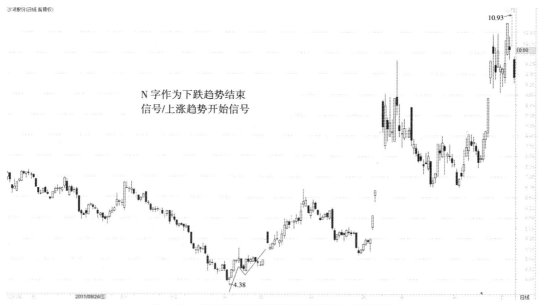

N 字作为下跌趋势结束
信号/上涨趋势开始信号

图 4-30　沙河股份上涨趋势开始时的 N 字结构

图 4-31 南玻 A 下跌趋势开始时的 N 字结构

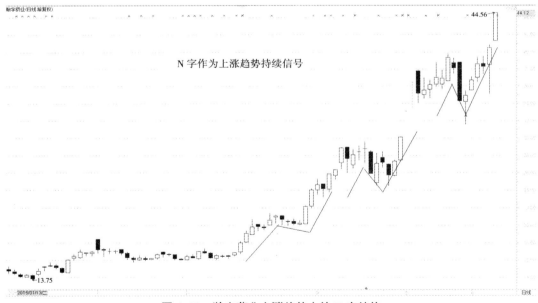

图 4-32 瀚宇药业上涨趋势中的 N 字结构

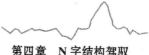

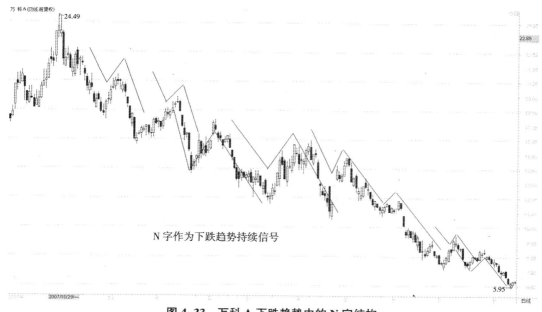

N字作为下跌趋势持续信号

图4-33　万科 A 下跌趋势中的 N 字结构

大家想一想，在题材投机中第一步要做什么？肯定是选择最有可能有最大涨幅的个股，这样的个股具有什么特征？某些技术特征其实只具有"马后炮"性质。上涨的技术特征就那么几种，个股上涨肯定会以其中某种形式展开，是上涨带来了这些技术特征，而不是这些技术特征导致了上涨，不能将结果和原因颠倒了。因此，我们先要找到潜力股，这一点只能通过基本面/驱动面分析来确定，技术面/行为面是不能预知的，只能作为提醒信号和确认信号，技术面只能告诉你发生了什么，不能告诉你将要发生什么。所以很多根据价格来推断未来走势的工具也只是在研究或然性，想要通过过去的现象来推断未来的现象是不靠谱的。现象背后的本质和原因才是决定事物是否真正出现和运动的根本。股票过去的涨跌不能决定未来的涨跌，涨跌背后的原因才是主导因素。选股就是要搞清楚"为什么"。

还有一些人会走极端，声称我们不要对市场有任何主观判断，不要有预先的方向判断，只是跟随市场。这种做法很容易"死"在持续长时间震荡和假突破的市场中，海

N字为用，题材为体。

龟交易法奠基人理查德·丹尼斯两次清盘都是因为这种纯粹的跟随策略。其实，我们周围真正持续赚大钱的高手没有哪一个不是预先判断了市场走势的。如果不需要任何主观判断，那么这跟扔硬币有何区别，只需要一个电脑随意下单做好资金管理就行了。对个股的走势要有一个高效率的预判，这个预判不能像某些"市场几何学"那样复杂、死板，但是至少对行情的方向和幅度要有一个大概的判断，然后在这个基础上进行操作并设定修正机制，防止因为判断失误带来重大损失。例如，我们基于上涨 N 字结构，在向上突破的时候买入，然后在最近低点下方设定止损点，这就是一个修正机制（见图 4-34）。

没有证伪，就没有科学；
没有修正，就没有前进。

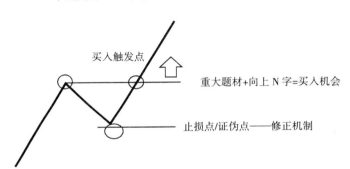

图 4-34　N 字结构买入后的修正机制

驱动分析帮我们通过题材/业绩寻找到那些期望值最高的个股，这就是真正高手的第一步。数浪可以作为辅助，可以锦上添花，完美的螺旋历法和波浪形态事后看来确实存在，但是预判中却很容易误导人，要么就是模棱两可，只有加入基本面/驱动面分析才能有效地解决这一点。基本面分析将技术分析从纷繁复杂中解脱出来，而技术分析则将基本面分析的结论落实于具体的操作上。单凭技术分析就想选出未来的飙升个股，就我们自己和认识的高手而言都是不可持续的做法。那么是不是技术分析就毫无用处呢？当然有用，对于题材投机客而言，技术分析也是不可或缺的，只是比起基本面选股，技术分析工具所需的时间不需要那么多，因为技术分析是上手最快的工具，但是后期学

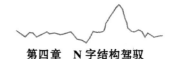

习的边际收益快速递减，这样基本面恰好相反。通过琢磨题材选出适合操作的潜力股，然后通过技术走势来把握买卖点，而最常见的买卖点就是N字结构（见图4-35）。我们来看一些具体的实例，如图4-36至图4-43所示，这些例子表明了题材和N字结合产生的介入机会。

当然，买卖信号并不只是N字结构，后面还会介绍到其他的信号，不过大家主要需要掌握的就是N字结构。杰西·利弗摩尔毕生的技术精华之一就是所谓的"枢纽点"，而这个枢纽点其实就存在于N字结构（见图4-44）。

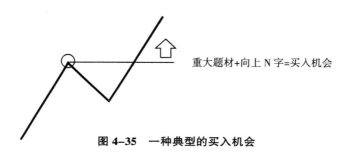

图4-35　一种典型的买入机会

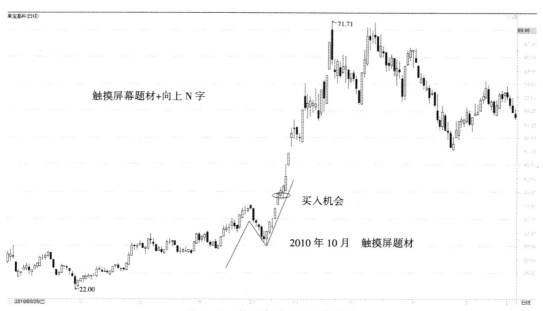

图4-36　莱宝高科买入机会实例

石墨烯题材+向上 N 字

买入点

2011 年 2 月　石墨烯题材

图 4-37　维科精华买入机会实例

石墨烯题材+向上 N 字

买入点

2011 年 1 月底　石墨烯题材

图 4-38　中国宝安买入机会实例

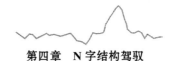

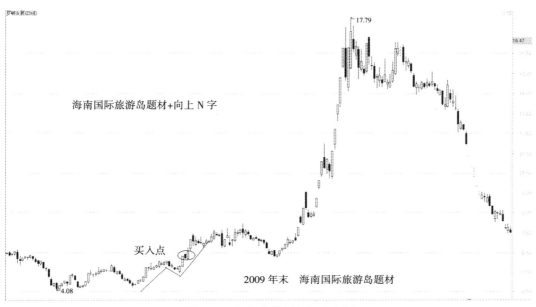

海南国际旅游岛题材+向上 N 字

买入点

2009 年末　海南国际旅游岛题材

图 4-39　罗顿发展买入机会实例

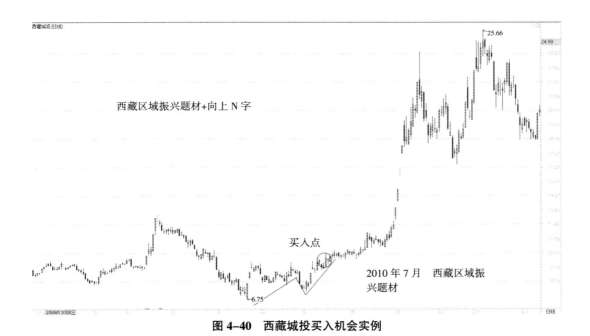

西藏区域振兴题材+向上 N 字

买入点

2010 年 7 月　西藏区域振兴题材

图 4-40　西藏城投买入机会实例

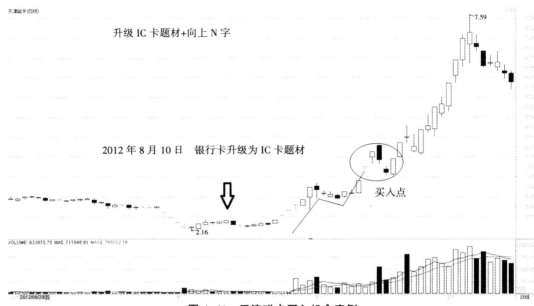

升级 IC 卡题材+向上 N 字

2012 年 8 月 10 日　银行卡升级为 IC 卡题材

买入点

2.16

图 4-41　天津磁卡买入机会实例

甲流题材+向上 N 字

买入点

2009 年 10 月　甲流题材

-6.99

图 4-42　白云山买入机会实例

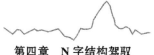
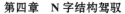
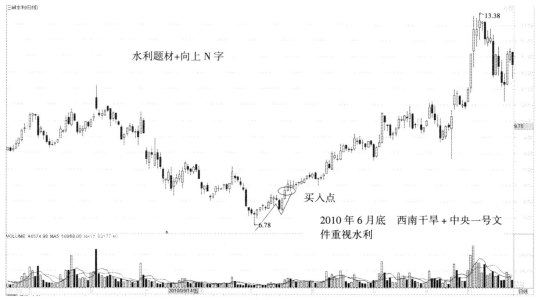

图 4-43　三峡水利买入机会实例

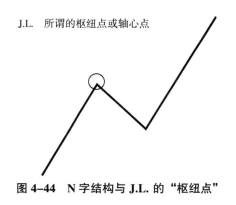

图 4-44　N 字结构与 J.L. 的"枢纽点"

第三节　题材股的日内技术分析：小时图 N 字买点信号

前面两节主要是从原理和理念的角度介绍 N 字结构，以及 N 字结构与题材投机的关系，在本节我们着重介绍一种容纳了"题材投机"和"N 字结构"的买卖技术。前面我们其实介绍了日线上基于 N 字结构买入的信号，这种操作在止损幅度上可能要求较大，本节我们介绍一种基于小时图 N 字的买点。由于本书在写作和出版

时，A 股仍旧是 T+1 规则，所以虽然基于小时图进场，但是也只能在第二天卖出。不过由于买点更加精确，这样就可以在整体上减小止损幅度，如果今天跌破止损点，那么第二天开盘必须卖出，如果今天未跌破止损点，那么此后跌破止损点则立即出场。除了当日跌破第二天开盘卖出的止损幅度可能稍大之外，其他情况下的止损幅度基本都远小于基于日线 N 字进场的情况。即使是第二天开盘卖出，往往也小于基于日线 N 字止损幅度。不过由于是在小时图上买入，而且止损幅度更小，因此也更容易被洗出来，这里面有个取舍问题。而且随着资金的增加，操作上也会越来越忽略日内波动带来的价差，而以更大的时间框架作为分析和操作的基准。不过，本节之所以要介绍一种日内的方法是想开拓大家的思路，让大家明白题材投机的入场信号是可以"私人定制"的，入场信号并不是唯一的，入场信号并不能决定最终成败，行情的灵魂还是在于题材本身。技术是表象，即使有某种规律，也是表象规律，N 字结构可能就是这种表象规律，只能算统计意义上的规律。驱动价格运动的原因才是本质规律，说得直白一点就是"所谓的买入信号和卖出信号主要是为了管理仓位，从而达到截短亏损，让利润奔跑的目标"，而真正决定你能不能持续赚钱、赚多少钱的因素并不是这些信号，而是题材本身。

传统技术分析是从表象上去寻找规律，你觉得能找到永远可靠的规律吗？

　　现在开始介绍小时图 N 字买入信号，这套技术是在"小时图"上进行操作的，目标是 A 股市场，目标个股以中小盘股为主，而且最好是"公募基金少"甚至没有"公募基金"的个股。这是基本面的一个要求，盘子小往往才有游资介入，像中石油和中石化这类个股，即使有题材，游资估计也不太会碰，行情相对小盘股而言也不会大，往往是公募基金、社保基金等大资金去碰这类周期性大盘股。盘子小，这个类似于威廉·欧奈尔 CANSLIM 投资法中的 S（股票供给）少，而题材则类似于 N，当然这种比喻还是不太准确，因此威廉·欧奈尔还是以每股收益趋势性上涨作为

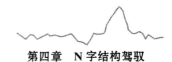

选股前提的。A 股市场的题材股往往没有什么"风光的历史业绩"，即使有所谓的业绩，也是"画饼"或者是"化妆"出来的。当然，有业绩作为基础的白马股往往也会走出"大牛"来，这里面机构投资者的身影出现频繁。如果一个个股既有题材又有业绩支撑，那么做题材投机的游资和做业绩投资的机构往往会同时出现，这种个股对于投资者而言可以中期持有，而对于题材投机者而言则可以波动进出。

盘子小，这是第一个条件；最好没有基金介入是第二个条件。因为如果有其他基金已经介入其中，特别是公募基金，游资是不可能来做这只股票的，这相当于给别人抬轿，即使是业绩股游资也会在确认公募不会出场或者已经出场的情况下进行拉升。除非是这些资金之间私下达成了协议，相互之间配合，但这种情况很难去求证，因此最好找那些没有公募资金进驻其中的小盘股。

想象若你是游资会怎么做，设身处地地想想。

有了上述两个条件，我们就开始寻找可以炒作的题材股了。如何发掘题材，本书前面已经介绍了一部分策略，主要是要对新闻，特别是产业政策保持敏锐度，认真学习各种重要的会议（如中央经济工作会议）、各种规划（如五年规划）；在媒体中要特别注意收看央视一套和二套节目，其中的新闻部分和深度观察系列特别需要关注。找到了潜在题材和新兴题材之后，要反过来查看个股走势，个股的主升浪已经上涨了很高，那么可能意味着题材已经被价格吸收得差不多了，这时候的题材其实已经成熟了。相反，如果目前价格还处于主升浪发动之前，则可以考虑介入。这个过程涉及本节要介绍的"小时图 N 字买点信号"分析，这个过程就是具体利用 N 字结构来寻找题材股的介入点。

在展开技术面部分之前，我们需要理顺实际操作的顺序：第一步，通过重点媒体获得一到两个潜在题材；第二步，翻看涉及题材的板块个股，排除那些盘子很大，或者是公募基金大量介入的个股；第三步，对剩下的个股按照

N 字结构标准进行筛选；第四步，动用 1/3 仓位滚动操作题材个股。

如何利用技术分析手段筛选涉及题材的个股进行操作呢？具体而言就是打开涉及题材板块下个股的小时走势图。小时成交量图也应该打开放在副图位置，在个股 K 线小时走势图上叠加 60 日均线（见图 4-45）。

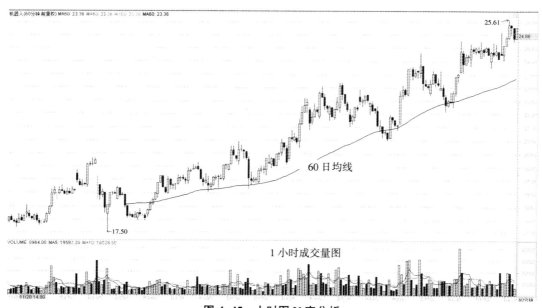

图 4-45　小时图 N 字分析

如果这时候题材个股的小时图走势出现了 N 字结构，也就是价量都出现了 N 字，那么也可以介入，介入时机根据小时收盘来定，而不是根据日线收盘来定。另外，N 字结构最好已经向上突破了 60 日均线，或者处于 60 日均线之上（见图 4-46 和图 4-48）。如果股价在 60 日均线之下很远出现了 N 字结构，要么不参与，要么轻仓参与（见图 4-47）。这是一个优选过程。

进场之后的出场如何解决呢？如果当日跌破了初始止损点，那么次日开盘如果还在此点之下，则要立刻卖出。如果当日并没触发相应的止损，那么则可以选择 60 日均线作为异动止损点，当然这仅是一种较为机械和简单的盈利

跟进止损是题材投机策略的重要构件，它保证了"截断亏损，让利润奔腾"。

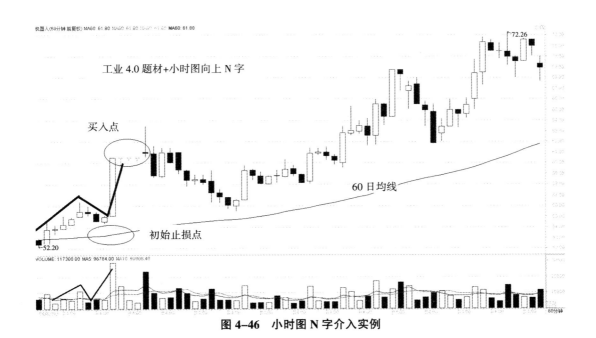

图 4-46　小时图 N 字介入实例

图 4-47　低于且远离均线的 N 字

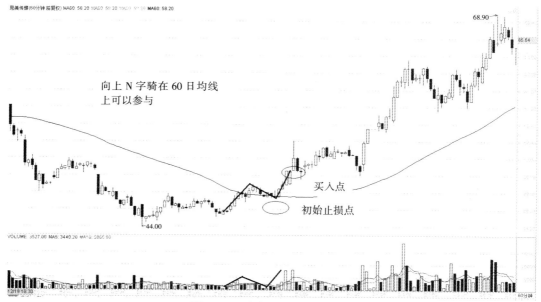

向上 N 字骑在 60 日均线
上可以参与

买入点

初始止损点

图 4-48 骑在均线上 N 字实例

出场法。在本章的第五节会介绍一些判断出场点的模块，大家可以根据这些模块决定在什么情况下出场。分析的框架可以是一致的，可以拷贝别人的思路，但是交易的手段却要从自己的内心和实践出发，你要扪心自问过往的实践中究竟什么对自己和市场是有效的。曾经我们有一位作者跟随永飞先生学习了多年，有一年时间还得到了直接带盘的机会，即使这样手把手的教学也没能保证获得一样的收益，为什么会这样呢？因为永飞先生是以短线为主。即使高手进场后立刻告诉你，你也往往会比他买得更高一点，假设为 0.05%，当高手告诉你出场后，你往往会卖得比他低一点，假设也是 0.05%。一笔交易，你的收益要低 1%，如果对方是今天买明天卖，那么一个月差不多 20 笔交易，算下来你的收益要低 20%。如果对方月收益是 20%，那么你的收益就基本上等于零，如果再算上手续费，那就是亏损的。一年下来，对方的资金增长了数倍，而你的资金却显著缩水。而且，很多时候人性会干扰你的复制操作。例如，高手亏损也是经常的事情，有时候你连跟几次都是亏，这时候你就开始怀疑了，然后就不跟了，或者跟得少，接着对方又开始接连盈利，等你觉着心里有底了，再跟时，对方又开始亏了。这样的结果就是对方赚的时候，你要么没做，要么做得少；对方亏的时候，你不仅做了，而且可能还是重仓。这样你的胜率就非常低，远低于你跟着做的高手的胜率。心态除了影响胜率，还影响盈亏比。高手如果发现做错了，会果断止损，然后去做下一只股票，而跟的人往往不愿意止

损，结果高手都做了好几只个股，把此前的亏损都捞回来了，你还是套在此前的个股上，最终很不情愿地割肉了。所以，进出场的时差和价差，以及心态的干扰都会影响你的跟单和复制操作。绝大多数新手都认为高手基本上是不亏的，笔笔交易都在赚钱，殊不知高手亏钱的时候只是跑得更快而已。

上面讲这么多，其实就是告诉大家一条，题材投机的要点在于明辨什么样的题材可能带来大行情，然后根据本书的启发和自己的实践寻找到适合自己和具体市场的进出场策略。一个广为采用的进出场策略是低效的，这就好比格斗场上的撒手锏和柔道场上的得意技。没有任何一个格斗高手是靠复制别人的撒手锏成为高手的，只有出其不意的个人优势才能帮助自己成为高手。

> 别人不具有的优势才是你的竞争优势。

第四节　题材股见底信号扩展：从"N"到"2B"和"V"字结构

前面我们主要介绍了以向上 N 字结构为主的买入信号，向上 N 字结构可以作为上涨趋势开始的信号，也可以作为上涨趋势持续的信号。行情的发展是多样化的，除了 N 字结构之外还存在着许多其他的上涨趋势开始信号，如 2B 和 V 字结构。

2B 结构其实就是空头陷阱（见图 4-49），什么时候最容易让散户割肉？持续下跌之后，每次反弹的失败都让散户的心死一次，久了之后就麻木了。麻木之后，很多套牢盘还不会割肉，他们心里还有最后一丝希望。那么，怎样才能让他们彻底放弃呢？这就需要最后的"跌破"，也就是所谓的"空头陷阱"。此前散户已经在持续下跌中养成了一个思维习惯，那就是跌破前低后股价就会持续下跌。不过，

> 陷阱成功的前提是欺骗成功。技术上欺骗你，题材上欺骗你，最终落实到心理上欺骗你。

光有价格的运动还不够，往往还需要题材上的配合。如果这一跌再配合一则利空消息，那么效果就会更好。这就相当于是主力借用了题材的外力完成低位的筹码吸纳。2B 其实是 2 Bottoms 的意思，原意是双底，其实是较为特殊的双底，也就是说第二底应该更低，价格创出新低。之所以说是"空头陷阱"，意味着有"诱空"的嫌疑。在图 4-49 中，C 点要低于 A 点，这意味着不一定非要是收盘价，盘中创新低的情况更多一些。不过，要真正形成 2B 底，则要求创新低后不久价格就要向上突破 B 点，否则就不能算完整的 2B 底。如果价格此后波动了很长一段时间才向上突破 B 点，则也不能算作 2B 点。为什么这里向下跌破 A 点和向上突破 B 点的时间间隔要短？这是从市场运动节奏和主力运作的角度来思考的。你想一想，如果你是主力，你会不会给其他人充分机会与你拿到相同价格的筹码。如果停留时间过长则给了别人机会，这样主力的成本就不占优势了。另外，如果价格没有迅速反转，则说明卖压相对买压较重，那么你买入之后面临的机会成本和风险也会较高。

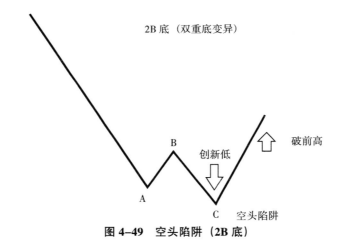

图 4-49　空头陷阱（2B 底）

　　上面是一个概括性的模型，我们来看一些实例，如图 4-50 至图 4-52 所示。大家从这些实例中感受到 2B 底后快速回升那种干净利落的动力了吗？对，2B 底要么与长长的下影线相关，要么与大阳线相关，这表明了市场力量和情绪急速反转，由极端悲观转为极端乐观。影响力心理学有一个技巧叫"天堂地狱对比法"，通过快速的转换让持币者的心态由"地狱"突然上升到"天堂"，从而便于吸引跟风盘。

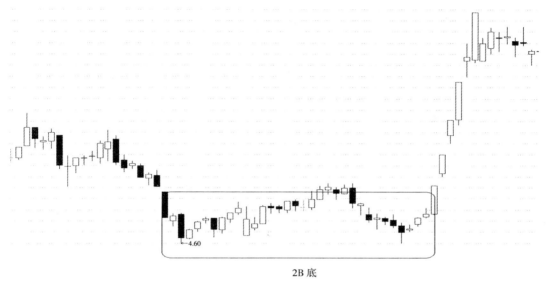

2B 底

图 4–50　2B 底实例 1

2B 底

图 4–51　2B 底实例 2

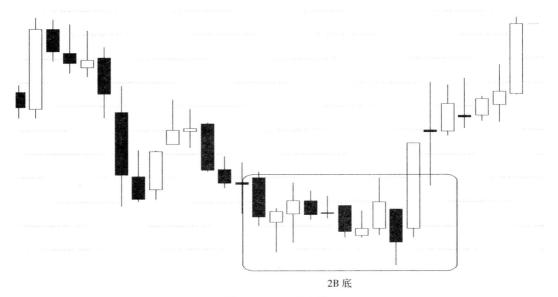

图 4-52 2B 底实例 3

上面讲了 2B 底的整体形态和背后的大众心理过程，下面我们介绍 2B 底相应的成交量特征（见图 4-53）。2B 底的第二底在创新低的时候，成交量有两种情况：第一种情况是地量，这表明杀跌无力，往下走的动量不足了，有些主力看到这点就知道机会来了，他会顺着阻力最小的方向前行。第二种情况是极大量，而且如果有长下影线配合，则表明多空力量对比出现了反转迹象，有实力的买家出现了，在市场

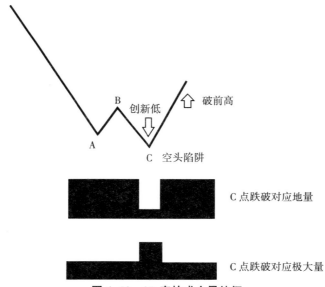

图 4-53 2B 底的成交量特征

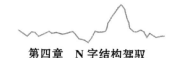

恐慌创新低的情况下谁敢大量买入，并且能够改变力量对比？那肯定是有实力的主力。那么，这个主力究竟是"一日游"还是波段运作呢？这就要结合该股具有的题材来琢磨了。如果该股只有一次性利好题材甚至没有题材，或者只是简单地利空出尽，那么后续行情是"一日游"的可能性较大。如果可以预见到该股后续具有一系列潜在利好，那么这个地方是大底的可能性就较大。

　　我们来看一些 2B 底对应成交量的实例，如图 4-54 和图 4-55 所示，这是 2B 底对应地量的例子，这表明下跌的动量不足，如果此后股价能够回升超过此前一个高点，则见底的可能性就较大。图 4-56 则对应着另外一种情况：2B 底对应着极大量。如果股价能够回升超过此前一个高点，则上涨趋势形成的可能性较大。不过，还是那句话，要综合判断，要将技术走势与基本面结合起来分析，至少要对该股涉及的题材，特别是潜在题材有深入的了解。

谁在卖，谁在买？为什么？提问是构筑竞争优势的重要手段。

要多了解市场中发生了什么，什么能影响股价。很多股票有很多利好刺激，有涨的，有不涨的，要多从资金的角度寻找个股。资金有绝对的话语权。

很多时候去掉预测，多观察一下盘面。

大势无忧，再选热门板块，之后根据个股的量能介入。

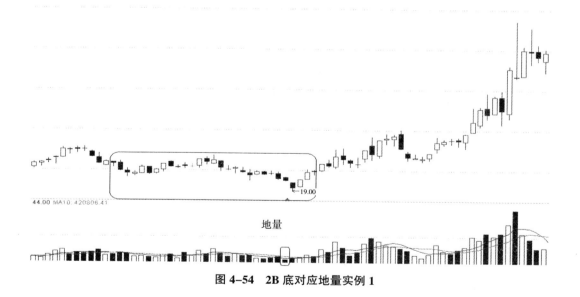

图 4-54　2B 底对应地量实例 1

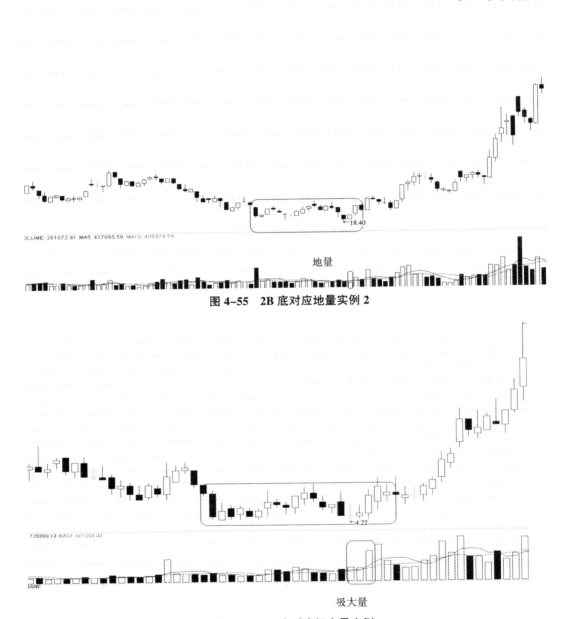

图 4-55　2B 底对应地量实例 2

图 4-56　2B 底对应极大量实例

很多人炒股很多年，根本不知道市场"聪明资金"在想什么。你要知道主力在想什么、在做什么，你要知道散户是羊群。

2B 底除了从成交量的角度来把握，还可以从 K 线形态的角度来把握。成交量反映了资金的动向和情绪，K 线形态也有相同的作用，两者可以相互参照，结合题材和大盘的背景则可以做得更好。2B 底往往由某些看涨反转的 K 线形

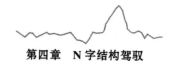

态构成（见图4-57），如黎明之星、蜻蜓十字星、看涨孕线、看涨吞没线等。图4-58至图4-60展示了一些2B底的K线形态实例，从中可以直观地感受到多空力量的转变过程，如果你能够结合大盘和题材，以及成交量来看这些K线，则所谓的"了如指掌"何尝不可及！

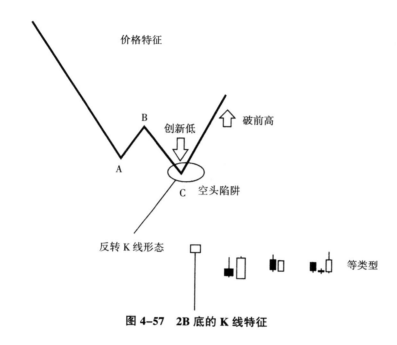

图4-57　2B底的K线特征

图4-58　2B底为看涨孕线

187

图 4-59　2B 底对应黎明之星

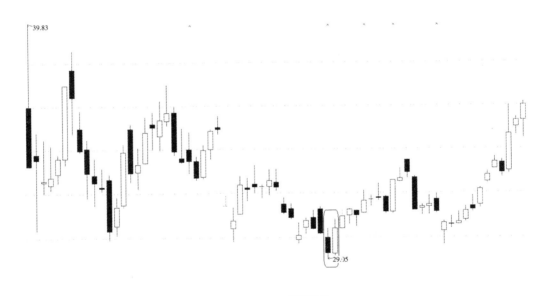

图 4-60　2B 底对应看涨吞没

2B 底往往还存在特定的动量特征，这就是底背离。我们一般通过 MACD 和股价两者的形态来判断背离情况（见图 4-61），当股价在持续下跌之后稍微反弹，然后创下新低，接着又反弹，这样就形成了两个渐次走低的底部，这就是 2B 底。底背离则要求对应的 MACD 指标线走势形成两个渐次走高的底部，这样就表明下跌的

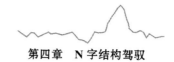

动量在衰减。底背离仍旧属于技术分析的范畴，因此底背离之后价格稍微反弹就继续下跌或者继续震荡的情况不少。底背离之后继续底背离，形成多重底背离的情况也存在，这就意味着底背离之后股价又创新低，然后回升，MACD形成第三个更高的底部。正如我们在本书中反复强调的一个原则，技术分析永远是关于发生了什么的信号，真正要预示未来的走势还是要靠基本面分析。一个2B底有了底背离的佐证，表明下跌动量衰减了，那是不是就能够开启上涨趋势呢？这还要看有没有想象空间，有没有业绩增长空间。如果机械地找几个形态和技术指标就能锁定上涨的个股，那么电脑算法比人脑更强大，但是长期的结果表明，算法和程序在交易中的绩效未必比人脑强大，这就表明单纯价格走势的量化特征很难长期可靠、有效。落实到我们的方法上，才需要在"投机"两字之前冠上"题材"两字。没有题材，行情上涨就缺乏底气，主力也缺乏底气，那么作为分一杯羹的投机客也就缺乏相应的底气了。反过来说，技术分析是不是就毫无用处了呢？如果这样认为，那么也就走极端了。技术分析帮我们确认基本分析的结论是否有效，提醒我们可能存在的基本面因素，如果2B底对应着底背离，那么我们就要仔细审视该股的基本面了，是不是利空出尽了，是不是后续开始有利好题材上演了，所以这是一个综合判断的思维。我们来看一些2B底和底背离叠加的实例，如图4-62至图4-64所示，大家可以再去找找图中K线的特点。另外，动量指标并不仅是一个MACD，还包括很多其他指标，这些都可以作为观察底背离是否出现的依据，不过由于动量指标之间走势差不多，所以观察一个MACD也就够了。技术分析指标越少越好，基本分析指标越多越好，这是一个经验法则。如果技术分析采用的指标太多，反而让你无法下手，同时胜算率不会提高。例如，你用一个趋势分析指标与用十个趋势分析指标其实差不多，而且采纳过多技术指标之后，有时候交易者根本无法得到

形态加题材，再加一点运气。

所有异动的股票都有故事。所有上涨都是有原因的，技术本身并不能告诉你这一点。

买入建立在充分的分析基础上，这个分析主要还是指围绕心理分析的驱动分析。

进场信号。但是，基本分析却相反，由于基本分析的指标之间可以起到很好的互补和验证作用，所以多看一项数据对于提高准确度是有作用的。

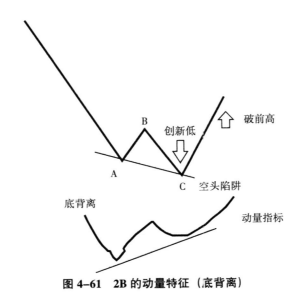

图 4-61　2B 的动量特征（底背离）

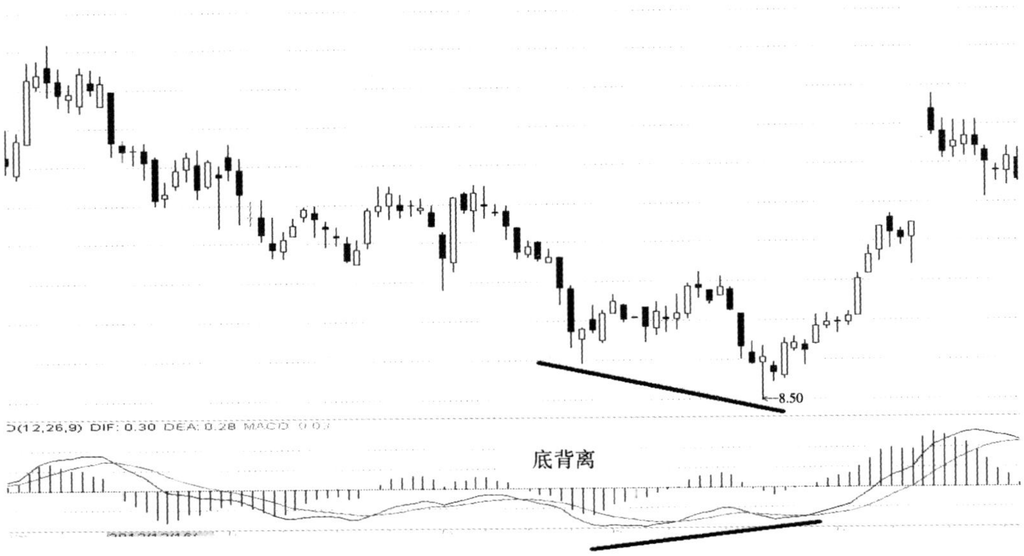

图 4-62　2B 底背离叠加实例 1

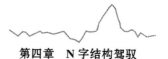

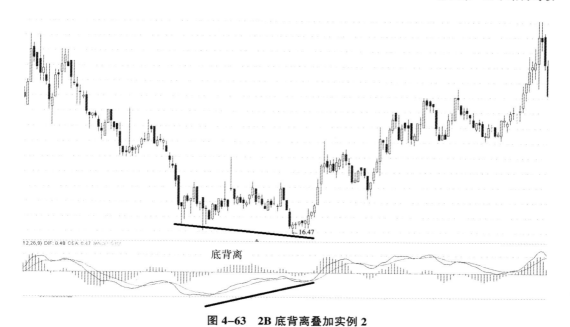

图 4-63　2B 底背离叠加实例 2

图 4-64　2B 底背离叠加实例 3

　　上面已经提到 2B 底分析的重点在于结合基本面，那么到底如何结合基本面呢？如图 4-65 所示，2B 底的第二个底是创新低的。在什么样的情况下股价会创新低？这往往是因为新的利空出现，或者此前的利空完全落地。但是，为什么股价在这个利空出现之后，又回升并且向上突破 B 点了呢？要么这个新的利空是最后一次利

空，要么是此前利空兑现，这两种情形下基本面中短期内都不可能更坏了，既然如此股价再创新低的可能性就很小了。既然跌不下去，那么就会回升，至于回升的幅度则取决于此后出现利多的程度。

知道一些热点之后，再看资金认同度。用心研究，你才有买入的勇气。

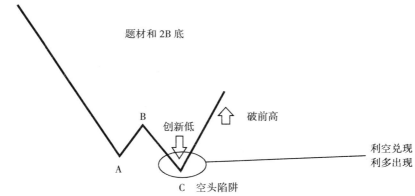

图 4-65　2B 底/空头陷阱与题材的关系

除去 N 字底和 2B 底，另外还有一类反转底部，这就是 V 字结构。V 字结构往往也与利空出尽或者利多出现有关，低开长阳和探底针经常出现在 V 字结构中。V 字结构的成功与失败往往与题材和成交量密切相关，如果没有题材上的转折，没有增量看多资金的介入，V 字结构的成功率是很低的。因此，如果你只是单纯根据价格走势主观地认定 V 字底出现，则很可能经常被套住。V 字结构的一般模型是至少两波显著下跌，然后利空兑现或者利多出现导致股价反转，这个反转点对应的成交量要么很低，要么很高。回升后股价快速拉升，然后进行调整，接着继续上涨（见图 4-66）。V 字最低点形成后会快速上涨，调整位置离最低点较远，这点是与 N 字底的区别。V 字底能不能形成的关键还是看题材、看资金、看预期，而不是看 KD 指标、看 K 线等。本书不厌其烦地反复强调一个观点是"综合判断"，从层次来讲不光要看个股，还要看板块和大盘；从范畴来讲不光要看价格，还要看资金、看预期；从流程上来讲不光要预判，还要重进场点、重出场点、重仓位。

放量买进的资金是短线还是中线？进去的人在想什么？在里面的人在想什么？外面的人在想什么？

一只股票一天的几个波段你能找出关联性你就成功了，那个时段为什么涨？那个时候为什么跌？

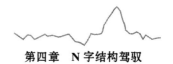

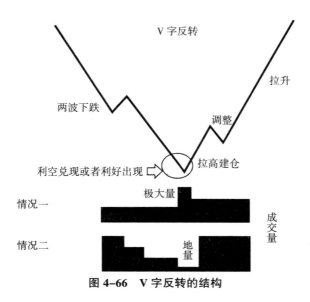

图 4-66　V字反转的结构

前面几节围绕进场点展开，但是没有出场点对于题材投机客而言是不行的。很多追涨停的高手或许今日追进，明天封不住板就卖了，这类出场方式相对而言简单一些，但是背后也有很多依据在支撑这样的做法。所以，对于题材投机客而言，什么时候出场也很关键，题材是驱动力，进场点可以帮助你限定最大风险（高效的进场可以减少初始止损的设定空间），同时提高胜算率，而出场点则决定你到底能不能最大化你的利润。题材行情往往由主力主导，主力没有出场之前我们应该以持仓为主，所以主力出场模式和信号是我们决定是否出场或减仓的重要依据。

第五节　主力出场模式和信号

N字结构本身是趋势形成和反转的信号，而 2B 结构和 V 字结构也可能成为趋势反转的信号。但是，主力出货的信号很多，而且这些信号是否真实有效，还要结合具体的情况来分析，也就是说从来没有机械的技术信号告诉你主力出场了，你必须将本节介绍的信号与其他信息结合起来进行综合判断。

介绍主力出场信号必须要与出场模式结合起来才能分析透彻，我们下面的内容就会按照这个思路展开。主力出货其实涉及三个方面的因素：第一个方面的因素是外在的时机和背景，这主要涉及大盘 M 和题材 S 的利用问题，当然也牵涉到板块 I

紧跟热点，紧跟龙头，看似当天没赚多少，但后劲足。

和龙头股的问题，但最为主要的还是对于大盘和题材（包括各类消息和公告等）的借助；第二个方面的因素是操盘手法问题，具体而言就是主力如何具体出货的手法，如果说第一个方面的因素涉及出货背景，那么本因素则涉及出货手法问题；第三个方面的因素是价量信号，无论背景如何、操盘手法如何，这些都是不能直接观察到的，只能通过推断得出，而价量信号则是相对而言最为直观和简单的东西。主力出货的手法很多，出货借助的背景也很多，但留在盘面的线索还是有一些共性的。虽然价量信号是死板的，难免会为主力所利用，但是却提供了新的思维和分析维度，结合到前面两个因素中去，我们对主力出货的把握能力就会大幅提高了。

下面我们就对这三个因素进行较为详细的展开，首先是外在时机和背景的问题。外在时机具体涉及大盘走势、板块走势、消息和公告。

大盘这个背景是主力出货的时候必须要考虑的，在什么样的大盘走势下主力会出货呢？主力会借助什么样的大盘背景出货呢？主力也并不是铁板一块，所谓的阴谋论在指数上不必全信，单一市场主体甚至监管者都不能操纵趋势，趋势必然是多方参与者合力的结果。所谓的"5·19"行情是政府制造的牛市，这种观点其实只看到了问题的一个方面，即只看到政府这一个力，光靠这一个力是不能决定市场趋势的，大家没有看到当时券商的情况，没有看到个人投资者的情况，更没有看到外围股市的情况，所以就很容易简单地认定为政府制造了这次牛市。真正看到这次牛市本质的人会用"合力"二字，凡是用"庄家"或者"阴谋论"来解释大趋势的人其实都忽略了系统性和复杂性，这只不过是为自己的失败找借口而已。庄家如果不注重"合力"也不会有好下场。如果单一主体违背基本面大趋势，那么必然给另外的市场参与者创造巨大的盈利机会。"天下大势，浩浩汤汤，顺之者昌，逆之者亡"，主力只能

天下大势，浩浩汤汤，顺之者昌，逆之者亡

顺势而为，借力而行，如果一意孤行，妄图靠纯粹的价格走势来控制市场人气，必然会自掘坟墓。最早的一批操盘手习惯于坐庄，一两次成功就会飘飘然，从最初注重"合力"转变到依靠"蛮力"，从"留一截甘蔗给别人"到"通杀"，一旦到了依靠"蛮力"和"通杀"的程度，基本没有好下场。大盘如果出现趋势转而向下的征兆，真正会玩的主力和个人投资者必然会减仓或者平仓。下面来看大盘转为跌势的几种情况，也就是主力可能减仓或者平仓的几种大背景。

（1）经济周期决定大盘走势。当经济周期步入繁荣后期、滞涨前期的时候，除了资源等行业之外的大多数上市公司的业绩增长会减缓甚至下降，这时候股市大盘进入顶部附近（见图4-67），如果你是主力就会考虑减轻或者退出市场。除了高成长公司之外，主力的退出会比较明显，主力之间也能够意识到同行的退出意向和动向。这种情况下为了避免"踩踏"，必然先于散户而动，这就需要借助该阶段市场的狂热情绪了。所以，主力出货必然会看经济周期，繁荣后期和滞涨前期是重要窗口，如果PMI趋势性减缓了，主力大规模退出就是大概率事件，当然最好结合流动性因素。经济周期主要决定了上市公司的整体业绩水平，最牛的主力也不可能在中长期水平上跟业绩走向进行对抗。业绩持续走好且未来也大概率向好的公司，主力如果一直砸盘、压盘或者洗盘，那么只能将廉价筹码拱手让给其他主力或者大户。对于业绩持续走差且未来也大概率走差的公司，主力如果一直护盘、拉高，那么其他参与者就相当于找到了充足的对手盘在高位出货，而且也就为其他主力提供了融券做空的机会。

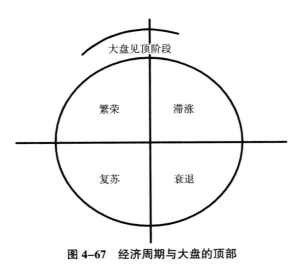

图4-67　经济周期与大盘的顶部

（2）决定大盘走势的除了经济周期（业绩）之外，还有流动性（无风险利率）。在某些特定情况下，如果实业缺乏投资机会，那么宽松的流动性就会涌入资产市场（特别是短期供给偏向刚性的商品）。那么，流动性宽松如何判断呢？流动性宽松涉及货币供给和货币需求两个方面的问题，在资产泡沫还不大的时候，流动性是否宽松主要看央行的货币政策和实业的利润率，如果实业利润率较低，而央行的货币政策比较宽松，那么整个社会的流动性就比较宽松，因为实业的货币需求较低，而央行提供的货币量充裕。一旦社会流动性全面宽松，则股市大势向上的特征就比较明显。但是，能够吸纳社会流动性的资产肯定不止股市，还有房地产市场、收藏品市场，特别是房地产市场往往存在与股市竞争资金的倾向。所以，仅分析整个社会的流动性是否宽裕还不够，如果你想具体判断股票大盘走强的幅度和程度，还必须看房地产等其他资产的吸引力。房地产信贷政策和人口结构，以及城镇化进程三个因素对房地产影响最大，这三个因素决定了地产的趋势，进而决定了地产的吸引力，投机资金只是追随上述三个因素放大波动，并不能决定地产的趋势。居民对资产的分配动向是决定流动性直接流向的关键因素，所以平时关注身边人的动向是比较重要的，当大家都踊跃参与股市，而且市场一片乐观情绪的时候就需要警惕大盘调整或者反转了，因为这时候居民往往在股市上进行了最大努力的配置，股市进一步上涨需要的流动性就较为缺乏了。流动性与无风险利率也存在较为显著的关系，但是我们可以从另外的角度来看无风险利率。无风险利率与被认定为无风险的固定收益产品有关，如银行存款或者某些固定收益理财产品。如果这个收益率高于市盈率的倒数，那么百姓对股市的热情不会太高，如果市盈率倒数显著低于这一无风险利率，行情继续发展的空间就较小了，要么公司业绩上涨，要么股价下跌。如果银行普遍提高存款利率，那么也会改变这个无风险利率水

海通证券的宏观分析师和策略分析师，以及安信的宏观分析师对资产负债表动向有独到的见解，可以重点关注他们的研报。

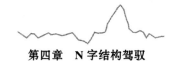

平。所以，我们要看央行的政策动向、看银行理财产品的收益率情况、看存款收益率情况、研究商业银行的行为、研究房地产的动向，这样才能真正搞懂流动性，也才能搞清大盘格局，在这一背景下才能搞清主力可能的想法。

（3）股票的新增供给量也会影响大盘的大势。不过股票新增供给量必须与流动性和经济周期结合起来考虑，而且后两者的影响权重远远大于股票新增供给量。随着市场化发行的逐步展开，股票供给量对整个大盘的影响将减小，反而是大盘对股票新增量的影响加大。在市场化发行的背景下，大盘好则新股发行和增发较为容易，股票新增供给量较大；大盘差则新股发行和增发较为困难，股票新增供给量反而较小，因为市场差了之后股票就更不好发了。所以，随着市场化发行程度的提高，我们看大盘的趋势要从经济周期和流动性的角度入手。

大盘趋势转跌基本上都是由经济周期阶段性和流动性决定的。为了预防基本面判断失误及控制好风险，我们还要注重大盘指数的技术信号。主力在判断是不是应该出货时，绝不是一味地抱着某个基本面判断不放，他还要预防自己出现失误，所以肯定要建立最后防线。人的认知能力天生存在不完备性，人的理性是相对的，不理性是绝对的，所以安全网的建立就显得特别重要。这张安全网往往是基于技术走势，也就是说当大盘出现某些技术走势的时候，我们必须彻底检查当下的判断，大势反转的可能性较高，即使坚持原有的判断也必须大幅降低仓位。那么，哪些技术形态出现，大盘具有较高的反转可能性呢？第一种情况是N字顶（见图4-68至图4-70）。第二种情况是天量后出现下跌（见图4-71）。除了这两种情况，还有一些其他技术形态也具有某些指数顶部指示意义，如2B顶部（见图4-72至图4-74）、双顶、头肩顶（见图4-75）、多头陷阱、黄昏之星（见图4-76）、流星和乌云盖顶等。特别是这些技术形态出现在价格关口附近（如5000点附近、6000点附

> 最重要的安全网是分仓和止损。

近）就具有比较明显的反转意义。不过，技术指标永远都是告诉你发生了什么，当下处于什么状态，绝不可能直接告诉你未来一定会怎么样。为了避免自己的基本面误判，在出现这类信号时至少要减仓，如果基本面也意味着中期顶部出现则应该平

图 4-68　上证指数 N 字顶实例

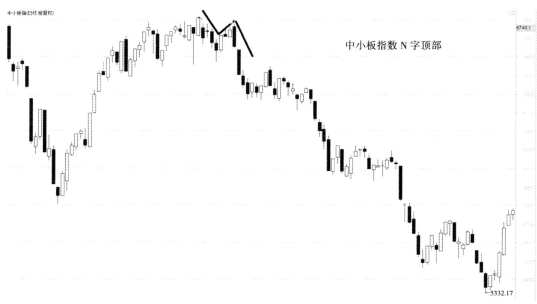

图 4-69　中小板指数 N 字顶实例

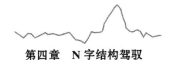

仓。减仓的幅度可以从基本面和心理面角度来综合衡量，这样就可以有机地将基本面分析和技术面分析结合起来使用了。例如，如果市场情绪非常乐观，这时候出现顶部 N 字或天量流星线，则应该大幅度减仓。

图 4-70　中证 500 指数 N 字顶实例

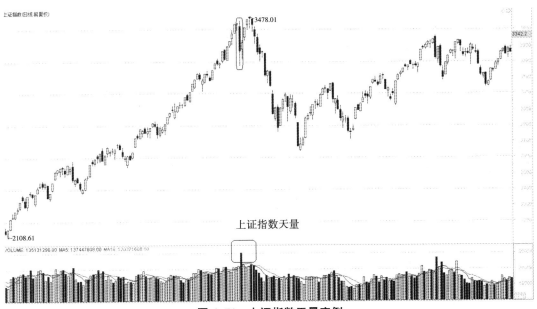

图 4-71　上证指数天量实例

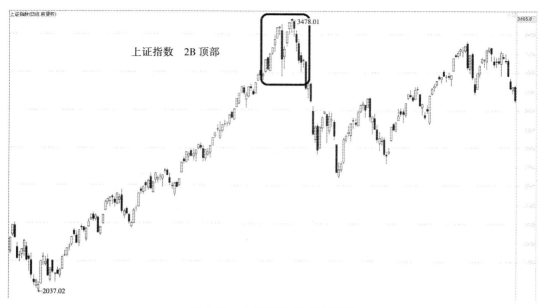

图 4-72 上证指数 2B 顶部实例

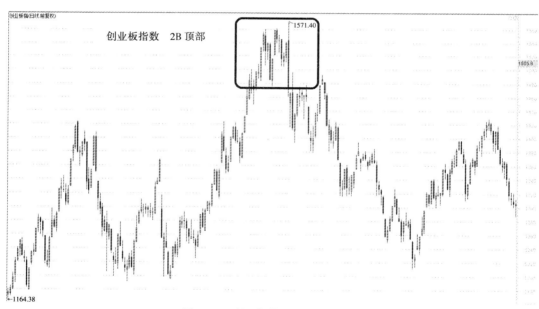

图 4-73 创业板指数 2B 顶部实例

图4-74 上证50指数2B顶部实例

图4-75 深成指头肩顶实例

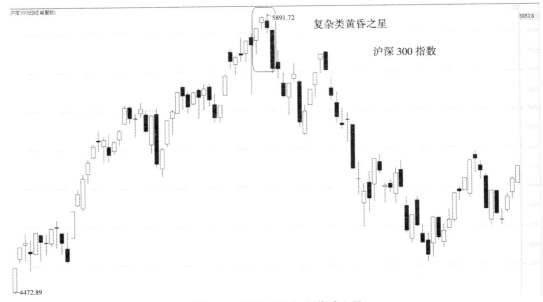

图 4-76　沪深 300 指数黄昏之星

　　再来举个例子，假如股市和经济都处于上升阶段，此前出现了首次加息，这种情况的基本面意味着股市涨势肯定还要继续，但是市场有可能是低开高走、高开高走、平开高走三种情况，这取决于市场短期情绪对加息的看法，但是中期由于经济继续向好，初次加息验证了这一判断，所以股市应该还有很大一波涨势。在这种基本面背景下，技术面却出现了黄昏之星走势，那么你应该减仓而不是平仓，减仓幅度也不应该太大，否则会踏空而被逼追涨回补多头仓位。上面说的这种情况是基本面看多，大盘技术面出现见顶信号的例子，这种情况下减仓可以考虑，但是绝不能平仓。还有一种情况是基本面看空，技术面也出现见顶信号。例如，股市持续上涨了很长一段时间，经济也持续繁荣了很长一段时间，物价水平持续上升，经济增长有减弱的势头，并且加息多次，这种情况下大盘如果出现技术见顶信号，那么就应该平仓，至少应该大幅减仓。上面两个例子，我们介绍了如何结合基本面和技术面来处理指数见顶信号的思路，这其实也是部分主力的思路，特别是游资的思路。对于超大型资金来讲，几乎不看技术面来决定出场，而根据基本面的重大变化和估值来决定出场，但是其动向必然导致技术面出现相应的见顶形态，而游资和大户则会结合这种技术迹象和基本面变化来决定出场。简而言之，主力会在大盘基本面和技术面见顶前后减仓或者出逃。因此，作为这个市场的参与者我们要学会通过基本面、技术面以及心理面来综合判断大势。

外部时机还涉及板块的问题，龙头股的走向往往起到风向标的作用，使一个板块能够持续上涨，成为众多主力和各路资金介入的重点对象，如存在题材和业绩上的驱动因素，同时龙头股的走向也反映了市场人气和主力态度的变化。

我们先来谈题材和业绩的问题，板块的整体基本面驱动力的走向也是主力出货时必须考虑到的一个重要因素。如果主力预计到后续题材乏力，或者说"连续剧差不多要完了"，那么主力就不得不出货了，如果等到"戏都演完了"那么就很难找到对手盘在高位接货了。所以，板块相关的题材到了"好得不能再好"的时候，往往就是主力出货的最好时机。

除了狭义的题材之外，业绩也是主力经常借用的外力。业绩拐点到来时，往往也是主力出货时，有些高水平的研究机构会通过某些市场重大变化和局部销售情况预测到这种业绩拐点。但是，对于绝大多数机构而言，会在业绩公告出来前后调仓换股。对于整个板块而言，可以通过代表性公司来了解整个行业的趋势，如房地产行业的业绩拐点其实与政策有密切关系，特别是房贷政策，通过推演政策效应其实可以提前知道整个板块的业绩，自然也就能先于业绩公告出来之前采取行动。板块题材不再好戏不断，板块业绩不再亮丽，一旦这种预期出现，那么相应的个股就应该大幅减仓或平仓。板块指数的技术走势也会出现相应的见顶信号，如之前提到的N字结构、天量不涨、黄昏之星等，可以作为参考。技术信号出现要减仓，减仓幅度取决于基本面配合情况，基本面也显示板块见顶的情况时就应该平仓，至少要大幅度减仓。

各种正式或非正式的消息是主力在运作中最看重的外力，这些外力有些是主力与上市公司共同创造的，有些则是上市公司本身基本面发展能够大概率确定的。上面讲大盘和板块的时候提到了题材和业绩，这里主要讲个股的题

龙头股不光是板块的风向标，还是大盘指数的风向标，连续涨停后的龙头股开板往往是短线卖点。

材和业绩。对于板块和大盘的题材，主力要控制较难，但是对于个股题材而言，主力能很好地驾驭，但是主力不可能驾驭所有个股消息。明智的主力以借用题材为主，不太可能一味蛮力地制造题材，制造题材只能有节制地进行，否则会吞下恶果。下面讲几种主力借用甚至制造题材出货的情况。

第一种是主力利用上市公司公告出货。主力的"神通"程度是存在差别的，他们与上市公司关系的紧密程度不一，有些可以提前安排好"市值管理"幌子下的公告来配合主力操作，这是关系紧密程度最高的一种。还有一些主力虽然不能安排上市公司的公告发布，但是却可以提前知道公告的发布，这种情况下主力就可以拿捏出货的时机，如果这次公告发布是较长一段时间内的唯一利好或者说最后一次利好，那么主力肯定要抓紧时机出货。还有一些情况是，主力与上市公司并无什么实质联系，上市公司突然利空，那么主力就会被迫斩仓，特别是多个基金介入的个股更是如此，这是后面提到的一种出货类别，属于被迫型的。我们这里要介绍的是利用公告主动出货的类型，基本上以利多公告主动出货为主，因为只有利好公告才能吸引散户的跟风和高位接盘。如果利空公告主力同时反向操作保持个股强势，制造一种利空不跌的假象，吸引散户杀入，这种情况较少，需要相当好的谋划和策略。

那么上市公司有哪些公告形式呢？上市公司的公告主要分为定期公告和临时公告。定期公告包括季报、中报和年报。临时公告则包括重大会议公告、资产并购重组公告、关联交易公告、重大合同或担保公告、股票异动公告、停牌和复牌公告等。公告与出货是有密切联系的，但是公告不光与出货有密切联系，进货、拉升、洗盘也与公告有密切联系。那么如何区分这些联系呢？首先，相对位置比较关键，如果个股是在长期下跌后的企稳阶段，那么这个时候出利好作为出货的掩护可能性就相对小一些。相反，如

多想想对手盘的动机，特别是主力的动机，你就不会迷惑，不会被欺骗。

204

果股价已经至少有两个阶段性大涨，而此时出利好则掩护出货的可能性就大一些。其次是量的问题，如果出了利好是缩量上涨，那么就说明惜售的人多，至少说明主力没有借利好做掩护大举出货。相反，如果现在放出很大的量，而且是冲高回落，甚至开盘就走低，次日也是低走，跌破今日的低点，那么能够被当前利好吸引的恐怕更有可能是散户而不是主力。我们设想四种情况：①这次利好确实对以后的业绩有长期、正面影响，那么主力看好，散户也看好，散户浮动盈利太大，这时候主力如果不洗一下盘，那么散户的平均持仓成本就很低，这样主力就很被动。所以主力肯定会利用"利好不涨股价看空"这点常识来误导"有点小聪明的散户"，通过利好下跌来洗盘，这种情况下股价也会进行较为猛烈的调整，调整的幅度取决于是否能够将浮动盈利的散户基本洗出去，换新散户进来接盘，提高持仓成本。这种情况发生的前提就是利好是中长期利好，或者后续还有一系列利好，但是散户持仓成本太低，主力需要提高对手盘的持仓平均成本，所以要"假摔"。②公告利好是"最后一次利好"或者是"一次性短期利好"，这个时候主力肯定是要以卖出为主，那么买入的基本上就是散户了，这就是"真摔"了。③公募基金群主导的行情，如果公告确实涉及业绩的可持续增长，那么公募基金群会加仓或者进场，这类白马股的走势一般较为稳健，慢慢上涨，所以不太可能专门为了洗出散户而有大的动作，因为哪家公募基金洗盘，那无疑就是为其他公募创造了"折扣价"买入的机会。凡是公募基金群持仓的白马股，在公告表明业绩持续向好的时候，不用太考虑对手盘，反而应该以业绩是不是真的能够持续向好作为关键问题来分析。④公告利好创造了后续现象空间，或者是至少没有封杀后续想象空间，但是现在已经有一家机构介入，如果这家机构不出，那么其他非关联的游资是不会进去的，所以公告发布前后的换庄行为也会导致股价出现波动。这四种情况中只有第②种情况是真正的主力出货，而散户在买入，这就是我们强调的主力利用公告利好出货的类型，这与其他三种情况的最关键区别在哪里呢？在于这个利好是不是一次性利好，是不是近期或者中期最后一次利好，如果是，那么主力借利好出货的可能性很大，这时候做题材投机的肯定要跑才安全。第①种情况是主力怕为散户抬轿而洗盘，第③种情况是公募基金群骑着白马股，第④种情况是换庄，这三种情况下主力不抛弃个股的底气来自哪里？来自后面还有"看多连续剧"，无论这个连续剧是讲题材，还是讲业绩。

　　第二种是主力利用卖方研究报告出货。卖方研究员很难不遵从基金经理的需要，分析师的排名不是由散户决定的，而是由基金经理决定的。这样就造成了什么后果呢？卖方分析师不敢在基金经理还没卖出某股之前给出看空的建议，特别是如

利益分析法不光在政治领域重要，在投机领域也很重要。

果这些基金在某些公司或者行业上仓位很重的时候。这还是一般的情况，比较恶劣的情况是卖方分析师为了便于基金高位出货而炮制大量看多的研报，这种情况有没有？大家可以凭自己的经验给出答案。广为传播的研报很容易成为主力借机出货的工具，特别是在两种情况下：①散户持仓平均成本较低或者是散户近期买入较多，这种情况下主力要洗盘；②该股短期内恐难有利好接力，这种情况下主力要趁机出货，至少大幅减仓。研报在散户中传播得越广，市场大众的共识预期越强，而价量表现得越亢奋，那么主力出货的可能性就越大。这时候你就要从题材可持续性、分时走势、价量和席位几个角度去分析主力的动向了。

第三种是主力利用股评和媒体出货。这种情况大家都耳闻过，但是如何去分析还是需要功力的。很多散户做题材个股，一进去后基本上就蒙了，去媒体上找支持自己看多的理由，这是为仓位找理由，而不是因理由建仓位。市场上有两种基本面分析：①真基本面分析，通过权衡多空理由及系统分析，剖析市场中各类参与者的心态和动向得出操作结论，行情追随这类分析前进。②假基本面分析，往往是从身边大众和媒体上找多空理由，其实是找安慰居多，市场上绝大多数消息其实是在追述价格的走势，是一种马后炮式的评析，这类基本面分析是主力借助来出货的工具。真基本面分析是主力进货的依据，假基本面分析是主力出货的工具。

独立的分析是真基本面分析的基础。

第四种是主力利用小道消息和自媒体出货。现在随着微信和其他自媒体的发展，很多游资开始利用低成本制造假消息来影响对手盘，如为了自己出货而炮制一些公司利好消息。判断小道消息散布者的背景和动机比消息本身更为重要，小道消息往往需要结合盘面来判断，如分时成交、席位等因素。

上述四种情况是主力主动制造有利背景来出货，除此之外还存在着被动出货的情况，这就是上市公司出现意料

之外的重大利空。例如，食品类上市公司因为销售产品存在严重的质量安全问题，这种情况下主力会被迫出货。当然，重大利空被股价下跌充分消化之后又会提供博反弹的机会，这又为主力提供了再次进场的机会。

接下来要详细展开的因素则是出货的操盘手法。借利多掩护出货，这是借外力，与借力大盘类似，借力不够还要自己发力才能达成目标，不可能全靠外力。这就好比柔道投技的运用，虽然借助了杠杆原理，但是不可能自己一点力量都不运用。当题材和大盘给出一个很好的出货背景时，主力就要决定具体的出货操盘手法了。那么，常见的出货手法有哪些呢？其实所有的出货手法都是利用散户的某种心理取向，要想钓鱼就要问鱼儿想吃什么。主力要让散户在高位接盘，那么，就要让散户愿意在高位接盘，散户为什么愿意在高位接盘呢？那是因为散户认为后面还会涨。为什么认为后面还会涨呢？这就靠主力的功力了，不过也是套路，基本的东西还是那些。下面我们就介绍一些常见的出货手法，这些出货手法必然会体现出某些价量信号，这是后面会展开的内容。

第一种较为常见的出货手法是"养套杀"，三十六计中有一计叫作"瞒天过海"，所谓"常见则不疑"。这个"养套杀"就类似于此计的运用，就是通过培养散户的习惯思维，让散户建立某种"舒适感"，等到散户形成某种稳定的预期之后，主力就突然让价格运动打破预期下跌，"出其不意"地套住散户，让散户处于亏损但是又心存希望的状态，这个时候散户往往会采取加仓行动。"出其不意"就是突然改变运动的节奏，让散户措手不及，这时候散户在缺乏准备的情况下仍旧对价格运动恢复到既有轨道抱有希望，但是这个时候散户基本已经处于亏损状态了，这就是"套"。

"套住"散户的目的是减少散户的出货量，因为散户基本上都具有"倾向思维"，简而言之就是亏损初期是不愿意止损的，往往会在价格经历长期下跌、市场极度绝望的情

培养固定节奏和预期，这是养；突然改变节奏，这是套；利用倾向效应出货，这是杀。

况下才会"割肉"。散户一方面认为价格会回到此前的运动轨迹，另一方面又不愿意在浮亏的状态下止损，这样就使他们的持仓意愿比较坚定，在某些利多的误导下部分散户还会通过加仓来摊低成本，这就更加有利于主力出货。"套住"散户之后，主力就会加大出货力度，在散户清醒过来之前，利用部分散户的摊平买单坚决出货。"养套杀"这个策略其实就是通过某个固定的运动节奏让对手盘形成固定的预期和思维习惯，然后突然改变节奏，让对手盘措手不及，从而成功出货。在拳击比赛和柔道比赛中，先让对手习惯自己的某种节奏，然后突然改变节奏，这样就起到了"出其不意，攻其不备"的效果。

"养套杀"的一个经典模式就是通过震荡走势来"养"。刚开始下跌会让散户感到恐惧，而上涨会让散户感到乐观，因此他们就会在刚开始下跌时卖出，在刚开始上涨时追入。若干次后，他们意识到应该在下跌时逢低买入，这样"养"的目的就达到了。这就好比"狼来了"的故事，等到散户不觉得下跌危险的时候，真正的下跌就开始了，下跌套住了那些认为"下跌就是买入机会"的散户，然后主力就大肆出货。有时候为了制造出更多的买盘，主力或许会在绞杀的过程中制造反弹。高位滞涨构筑平台后放量跌破平台下限就是这种出货手法的典型信号（见图4-77）。

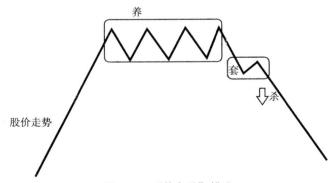

图4-77 "养套杀"模式

"勾套杀"要发挥效应，重在乐观的市场情绪。

第二种较为常见的出货手法是"勾套杀"，这种方法适合

主力持有筹码不太多的中小盘股，而且适合那些"击鼓传花"的火爆题材个股。这类个股由于前期让部分场外资金持续踏空，而追涨的人基本上都获利丰厚，所以一旦价格再次出现高开或者创新高的情形时，就会"勾住很多人的魂魄"，这时候一旦跟风盘足够，主力就会反手出货。"勾"的关键在于利用利多的题材或者大盘，通过高开或者创新高等方式吸引市场的跟风盘。主力一般会通过多次尝试来"勾"到足够的跟风盘，一旦跟风盘充足，主力就会大举出货。这类出货方式往往是早盘冲高，然后就放量下跌。冲高就是"勾"，回落就是"套"，进一步下跌就是"杀"。高开大阴线、流星线、多头陷阱加上天量等形态就是这种出货方式的价量信号（见图 4-78 和图 4-79）。

第三种较为常见的出货手法是"出多进少"，这种方法就是主力通过高抛和低吸，同时维持一个上涨态势来逐步减仓出货。在股价的上涨过程中，主力会通过逢高卖出和逢低买入来不断降低自己的持仓成本和提高散户的持仓成本，这样主力和散户的持仓成本差值越来越大，等到主力开始以出货为主的阶段时，主力仍会利用利多题材和大盘看涨氛围采取多卖少买的方式出货。这种出货方式对应的价量信号就是下跌放量、上涨缩量。

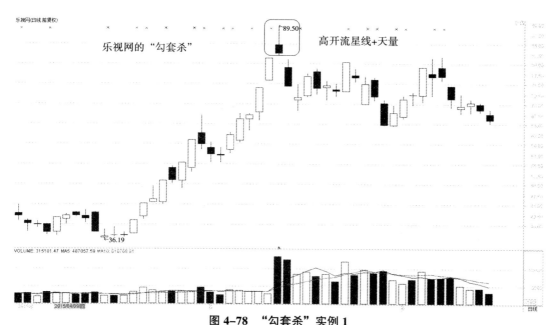

图 4-78　"勾套杀"实例 1

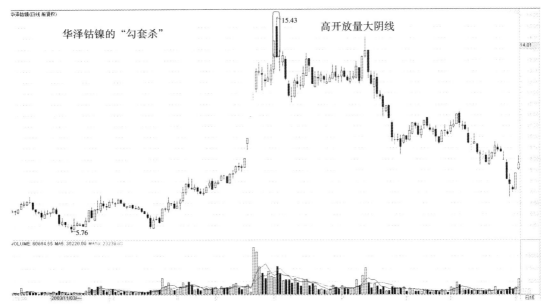

图 4-79 "勾套杀"实例 2

对于题材投机的主力而言，只有兑现筹码才能获得利润。不管其如何兑现筹码，总之离不开一个"卖"字。不管如何卖，成交量上都会留下相应的痕迹。真正的题材高手必然是顺着这条逻辑去理解和洞悉市场脉络的。

最后一个展开的因素是出货的价量信号。第一种较为常见的出货价量信号是天量滞涨（见图 4-80 至图 4-82）。天量是本书非常注重的一个信号，在第七章的时候我们还会结合九宫格剖析这个信号。在这里我们只是从主力出货的角度来介绍，作为一种主力出货的痕迹和信号来理解。为什么天量与主力出货关系密切？主力是大资金，大资金出场肯定会引发大量，如果单日出货很多则容易引发天量。天量不光是主力出货，还存在对手盘蜂拥买入，所以天量是一个问题的两个方面。量这么大，肯定至少有一方是主力，这样就存在三种情况：第一种情况是主力买入，散户卖出；第二种情况是主力卖出，散户买入；第三种情况是换主力。第一种情况多出现在大牛股或者大题材股中途洗盘过程中，目的是提高散户持仓的平均成本。第二种情况则是我们这里讲的主力出货的信号，这个时候散户往往都是因为利好和上涨而情绪高涨。所以，第一种情况的背景往往是利空，主力借利空洗盘。第二种情况的背景往往是利多，主力借利多出货。第三种情况则相对较为复杂，可

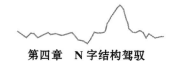

以看龙虎榜来印证，但是大量换手的地方应该是新主力的成本价，这个位置是不能有效跌破的。单纯天量可能是上述三种情况，但是如果能够结合题材和价格来分析就可以很好地做出区分。

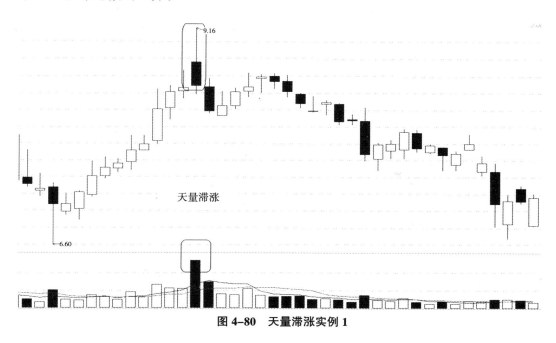

图 4-80　天量滞涨实例 1

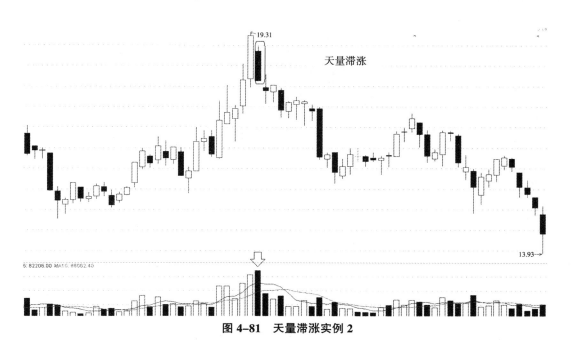

图 4-81　天量滞涨实例 2

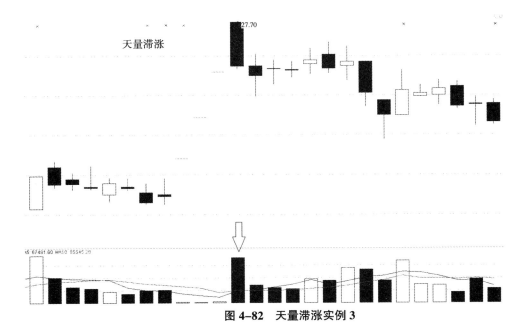

图 4-82　天量滞涨实例 3

　　第二种较为常见的出货价量信号是流星线（见图 4-83 至图 4-85）。流星线表明市场有上冲的意图，但是缺乏站稳的能力。流星线并非都是看跌的，如果流星线出现之后股价上涨，技术分析派就会告诉你这是"仙人指路"，这就是不可证伪的技术分析。当然，随着统计学和量化技术的引入，以及心理学的辅助研究，技术分

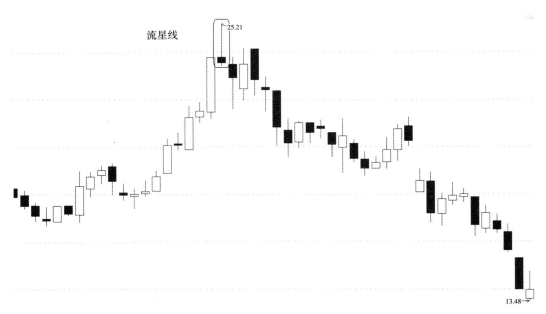

图 4-83　流星线实例 1

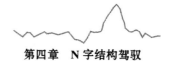

图 4-84　流星线实例 2

图 4-85　流星线实例 3

析开始想要脱离"金融巫术"的蒙昧阶段。利多不涨，这个"不涨"可能就体现为流星线。怎样运用流星线才是有效的呢？通过结合大盘和题材这些背景来看待流星线。如果大盘今天大涨了，但是个股却出现流星线，那就说明这只个股很弱；如果成交量很大，那就说明主力可能参与其中。在大盘上涨的时候，散户肯定是比较乐观的，如果这只股票此刻没有利空消息，那么肯定是散户以买为主。既然巨大成交量的一方是散户为主，那么卖出的一方肯定就是主力为主了。这就是结合题材、大盘来看个股的K线形态，我们这种方法与技术分析存在天壤之别。

K线形态和组合的内在本质比外在形式更为重要，什么是内在本质，就是参与双方的动机和能力。

第三种较为常见的出货价量信号是黄昏之星（见图4-86至图4-88）。黄昏之星其实是将流星的价格冲高回落过程拉长了，流星线是一日完成冲高回落，而黄昏之星至少需要三日。多空力量发生了转换，本来多头占优的，现在空头占优了。是不是有利多兑现的情况，又或者是大盘走势不佳呢？做股票的人没有几个不懂K线和指标，同样人人都能从字面上理解消息的利多和利空，如果单凭对K线、指标和消息多空属性的表面理解就能够从别人口袋里把钱挣过来，那就把别人都当傻瓜了。一个把对手当成傻瓜的人首先自己一定是傻瓜，基于对手都是傻瓜这个假设来展开分析和交易是绝大多数人失败的根本原因。回到黄昏之

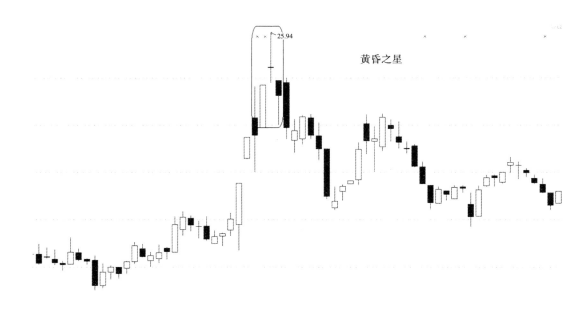

图4-86　黄昏之星实例1

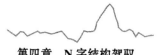

图 4-87　黄昏之星实例 2

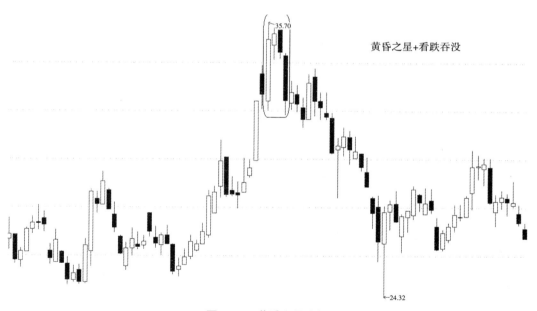

图 4-88　黄昏之星实例 3

星上来，这个形态的特点在于中间有个转折日，这一点发生了什么，会导致价格出现反转？是利多兑现还是利空兑现？无论是利多兑现还是利空兑现，接下来这只股票有些什么题材？这些题材将导致个股进入下跌趋势还是上涨趋势？遵循这样的思

路去寻找证据才是真正明白了黄昏之星的实质意义。主力出货的信号里面一定存在黄昏之星的情况，但并非所有的黄昏之星都一定是主力在出货。

第四种较为常见的出货价量信号是看跌吞没（见图4-89至图4-91）。流星是当日反转，而黄昏之星则是三日到四日反转，而看跌吞没其实是两日反转。看跌吞

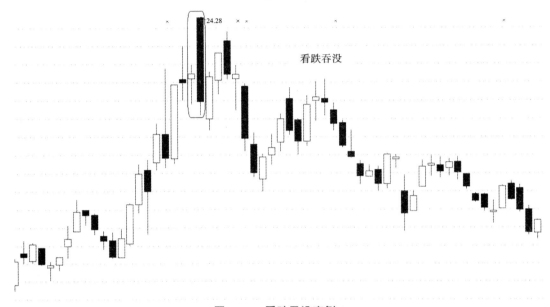

图4-89　看跌吞没实例1

图4-90　看跌吞没实例2

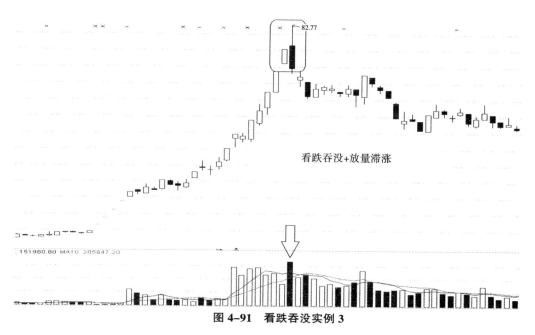

图4-91　看跌吞没实例3

没的第二日如果是高开低走，那么与我们前面说的"勾套杀"有很密切的关系。主力借利多出货往往就会出现看跌吞没这类信号，这是主力留下的痕迹。但是，如果此后个股的业绩或者题材的想象空间还很大，则看跌吞没就有可能是主力借技术形态洗盘。

第五种较为常见的出货价量信号是向下N字（见图4-92至图4-94）。在股价

图4-92　向下N字结构实例1

图 4-93　向下 N 字结构实例 2

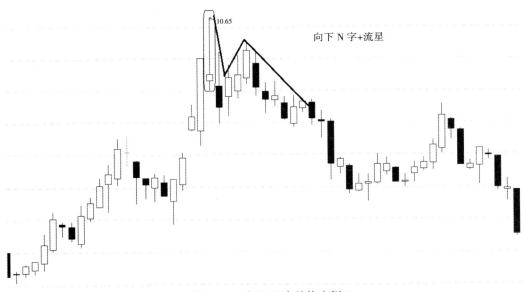

图 4-94　向下 N 字结构实例 3

上涨趋势中，每次下跌都是买入机会，这就让持续关注某只个股的散户形成了"惯性思维"，这就是一种"养"。然后，当股价真的从高位下跌时，股价会有一次反弹，而这很容易被散户误认为"再一次的假摔"，这样就为主力进一步出货提供了充足的对手盘。第一次下跌的时候，大多数散户不会卖，这是主力在卖，主力一停

手价格就又反弹了，很多散户一看跌不下去就认为又是回调而已，就会冲进去买，这样主力就趁买盘多而继续大举出货，这样一来，个股的N字顶就形成了。

价格只能作为验证信号，主力是否出货了，还要结合题材的阶段性来理解，要琢磨各种成交背后体现的主力动机，多问几个为什么，这方面的能力就提高了。与价量信号结合起来判断的信息其实在本书其他章节已经提到过了，如题材的生命力、龙虎榜（席位）、盘口异常值、媒体大肆鼓吹等。单一的价量信号可能会让你将上升途中的调整和洗盘当成出货，但是一旦你能够结合上述这些信息进行分析基本上就可以区别出货和洗盘了。这里存在一个概率，通过不同信息的交互验证和澄清，你就可以极大地提高判断的准确性。

例如，今日在高位放出巨量大阴线，然后上了龙虎榜，龙虎榜上今日卖出席位基本上都是机构，而买入席位则比较散乱，而且该股出现了长期的利空公告，那么就可以推断该股中期上升趋势结束了，这是出货不是洗盘。出货的背景、手法和信号，三者是一体的，主力不可能摆脱背景出货，也不可能在不行动的情况下出货，同时主力也不可能在出货的时候不留下任何信号。记住一句话：凡有动作，必然要有假动作。只有通过假动作才能达到欺骗对手的效果，进而才能真正获胜。假动作可以通过背景误导（如借助利空诱导散户割肉卖出，利用利多诱导散户高位接盘等），还可以通过价量走势来误导（如多头陷阱、对倒放量上涨等）。反过来，还要记住一句话：只要主力动作，必然留下痕迹。一个人可以对所有人说谎，也可以在所有时刻说谎，但是不能在所有时刻对所有人说谎。主力在市场上要获利，必然要有进出场的动作，如果没有进场，手中就不会有筹码参与行情，那么怎样获利呢？不进场就没有获利的前提。对于以投机为主的游资而言，题材下的获利必然是通过筹码兑现完成的。题材股的爆发力强，但是可持

永远不要忘记，投机是赚的对手盘的钱。

续性差，这与成长股的持续性不可同日而语。对于题材投机的主力而言，只有兑现筹码才能获得利润。不管其如何兑现筹码，总之离不开一个"卖"字。不管你如何卖，成交量上都会留下相应的痕迹。真正的题材高手必然是顺着这条逻辑去理解和洞悉市场脉络的。

本章介绍了阶段性底部与主力的介入，以及 N 字结构在市场运动中的意义和实践方向，同时对于题材股的介入点和卖出点给出了明确的介绍。题材的可持续性和影响力是是否操作某一题材的前提条件，而本章介绍的内容只是主要针对如何操作的问题。一只个股是不是有值得操作的题材这是首先需要搞清楚的，如果有操作意义，那么再寻找进场点，并且根据大盘、板块等因素分配仓位，最后在恰当的时机出场，这就是题材投机的整个流程。

第五章

识格局者得投机天下：题材生命力

不谋万世者，不足谋一时；不谋全局者，不足谋一域。

——陈澹然

狂热者无法被说服，只能被煽动。

——埃里克·霍福

识别出题材并判断出其所处的生命阶段是一种能力，根据这些分析采取明智行动就是投机者的优势所在。

——卡尔·福地亚

我们把这种不仅由自己的行动，同时也由其他人的种种行动及想法来决定相互之间利害关系的环境，称为策略性环境。也就是说，在这个环境中，自己的利害关系不仅取决于自己怎么做，同时也取决于他人怎么做……在预测对手的策略时，要站在对手的角度去评价和思考若干策略能为他带来多少利益。

——梶井厚志

热点板块绝大多数都是由题材引发的，"知道目前的热点是什么"只是我们日常看盘和复盘工作的第一步，关键是要能够判断题材的生命力，主力要做盘更是要注重这个问题，否则不要说盈利，如果看错全身而退都难。什么是题材的生命力，简而言之就是题材的可持续性。

> 题材生命力是投机客最为关注的一个问题。

题材投机要提高风险报酬率就必须找生命力强的题材，因为行情单边走势的强度决定了风险报酬率，而题材生命力越强，则可持续性越强，单边走势的强度越大。我们知道净值增长率取决于风险报酬率、胜算率和资金利用周转率，而风险报酬率和胜算率决定了期望值。大名鼎鼎的凯利公式就是通过风险报酬率和胜算率来决定仓位的工具，由此可见风险报酬率的重要性有多高。最强生命力的题材我们称为主题，主题是能够将个股驱动为大单边走势的能量，因此最高的风险报酬率必然是由主题驱动的。这几年公募基金界开始流行"主题投资"，其实他们的思路还是"投机"，而且由于大多数这类基金都是打着"主题"这个噱头，所以往往做得四不像。真正主题投机做得比较好的是展博投资这家私募，他们的理念就是"选美理论"。大家有空可以到网上搜一下相关的访谈，从成功者身上学到的东西比书本上学到的要更加有效。

题材投机要提高胜算率就必须找生命力强的题材。通过降低风险报酬率可以将胜算率提到很高的水平，这就是绝大多数人的做法。人的天性是有盈利就想跑，有亏损就等解套，长期下来就是"截断利润，让亏损奔腾"，诺贝尔经济学奖得主卡尼曼将其定义为"倾向效应"。

有点盈利就跑，所以你的胜算率会很高，但同时因为亏损就等解套（大多数都会解套，但是少部分可能就会割肉），这就会导致亏损次数很少，但一亏就是大亏。所以，如果不是率先固定一个较合理的风险报酬率，而是一来就追求胜算率，则会导致赚小亏大，一亏就伤及元气，一亏就爆仓等恶果。那么，如何改变这种"恶习"呢？还是要回到理想的风险报酬率上来，而这就要求寻找良好的格局，也就是生命力强的题材。题材好，则风险报酬率就高，同时设定合理的止损后也不容易被洗出，往上波动的幅度大且概率高，这样你的胜算率就高了。记住，先固定一个理性合理的风险报酬率（平均盈利：平均亏损），股票的这一比例应该大于 3：1，这是我们的经验，按照业界的最低要求是不能低于 1：1 的，在这个"底线"的基础上去提高胜算率。如果是纯技术交易，你会发现风险报酬率和胜算率

投机客重在关注预期的变化，而预期的变化是由题材主导的。投资者重在关注价值的变化，而价值的变化是由业绩主导的。再深究下去，题材在于想象空间、业绩在于竞争优势。

凡事都有底线，如果你连底线都不坚守，那么有苦果等着你。

存在反比关系。纯技术分析下的交易就是在某一条"胜算率—报酬率"反比曲线上进行边际改善，边际改善方向一是用更高的胜算率替代更高的报酬率，二是用更高的报酬率替代更高的胜算率。由于对格局没有选择性，因此只能进行边际决策（见图 5-1）。

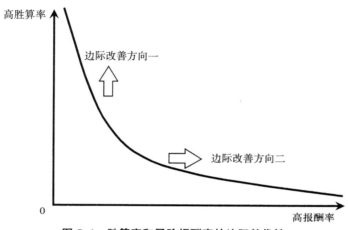

图 5-1　胜算率和风险报酬率的边际替代性

如果我们纳入驱动分析，具体讲就是题材生命力的选择，那么就可以从低层次的反比曲线跃升到更优层次的反比曲线上，这就是超边际决策了。虽然高层次的反比曲线上胜算率和报酬率也会相互替代，但是它们的组合会体现出更高的参数（见图 5-2）。通过选择更好的题材/格局，我们可以在同样的胜算率下取得更高的报酬率，或者是在同样的报酬率下取得更高的胜算率。在《外汇短线交易的 24 堂精品课》一书中我们曾经粗浅地提到了"反比曲线"的问题，但是并没有这里讲得这么

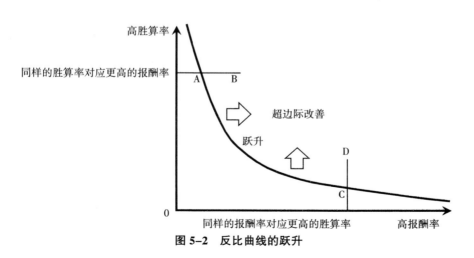

图 5-2　反比曲线的跃升

清楚。什么是交易的秘诀？秘诀并不是技术分析或者跟庄，虽然对手盘分析要远胜"刻舟求剑的技术分析"，但这些都不是"投机大成就者"的法宝，真正的法宝是明白"跃升的途径"。通达投机"光明顶"的路径就是"超边际分析"，就是"格局抉择"，就是"题材发现和剖析"。

技术分析书籍将人引入了一个"死循环"，让很多人耗费多年的光阴而无法得到实质性的提高，让很多人越做交易越没有信心。因为纯技术分析如果不加上仓位管理是不可能持续获利的，而纯技术分析加上仓位管理后就面临一个"反比曲线"，这个反比曲线制约了你的高度。沿着边际改善方向一前进一段时间后会觉得报酬率太低，以至于期望值可能为负，然后你又会沿着改善方向二去努力，一段时间后会发现胜算率实在是太低了……在一条既定的反比曲线上你就这样反反复复地努力，但是都被困在原地，这就是"轮回"。要跳出"轮回"就要"觉悟轮回"，而"跃升图"给了我们工具。其实，这些概念和哲学工具何尝又不是人生成败和幸福的写照，我们往往勤于"既定格局下"的努力，但却疏于"格局本身"的选择。什么是赢家？那就是有意或无意选对了格局的参赛者。什么是输家？那就是有意或无意选错了格局的参赛者。什么是蠢材？那就是选了必输格局还在坚持不懈的人。

题材投机要提高资金利用率就必须在生命力强的题材间滚动操作，毕竟题材有生命力意味着不可能永远持续下去。美国股市流行"事件驱动"，如特斯拉汽车对相关个股的事件驱动（见图 5-3）。其实仔细来看这跟"题材投机"毫无二致，只是国外比较忌讳"投机"两个字。自从价值投资一派成为正统之后，"投机"基本上成了"loser"的代名词，所以很多采纳题材投机策略的基金都自称"事件驱动策略"。

边际分析带入轮回，超边际分析带入跃升。

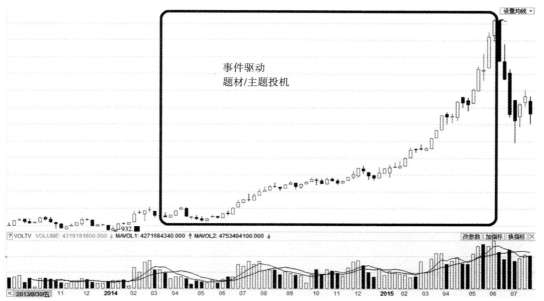

图5-3 特斯拉股价走势

　　国外的"事件驱动策略"要求在各种题材/主题之间轮动操作，而不是一味持仓某一题材/主题个股，因为题材有生命力，对于某些持续时间较长的题材中间也存在阶段性减弱的特点。要获得最高的收益率，就必须尽量换更强的"题材马"，这就涉及分仓、滚动操作及换股操作。大家要明白：不是你的技术决定赛马的成败，而是你所驾驭的马匹决定成败。我们在题材投机中要游刃有余，需要做的是换上"最强的题材马"，而不是在"平淡无奇甚至糟糕的题材马"上想要创造奇迹。田忌赛马与炒股其实关系很大，不仅讲了"对手盘"，更重要的是讲了格局的选择。什么是格局？简而言之，股票投机中题材就是格局。

　　题材生命力对于增加交易绩效非常重要，归根结底是因为它其实构建了我们整个投机的格局。所谓"善战者，无智名，无勇功，胜于易胜者尔"，关键在于找到容易取得胜利的格局。某些残局即使对手再厉害，也无法扭转败局，这是因为无论对手如何下结果都是失败，在投机中我们要寻找的正是这样一种格局。如果不能把握这种格局，那么

格局重于对手，先选择格局，让自己稳操胜券。

我们就更无法把握住其他格局，因为在其他格局中我们处于劣势。格局的权重是 100 分，主力的权重是 10 分，而假如你是散户权重则是低于 1 分。想想看，单凭你 1 分不到的力量如何能够战胜主力 10 分的权重呢？但是，如果你让格局站到你这边，那么你的分数就是 100+，而主力只有 10 分是无法胜过你的。所以，题材比主力更加重要，它是整个题材投机的核心，它决定了整个胜败的格局。

> 有题材的未必有主力，有主力的必然有题材，否则主力自己也不会有好下场。

绝大多数人都把注意力放在了个股技术面/行为面上，另外一部分人只注重跟庄，其实这些都是在进行"边际分析"，只不过是在一个既定的格局下寻找制胜之道而已。这种只重视对手（甚至对手都不重视）的做法肯定会让你选择的格局大部分都是让自己处于不利位置的。既然你都选择的是"困难模式"，那么想必赚钱会变得异常艰难。如何改变这种情况呢？必须先从格局入手，选择那些你容易取得胜利的格局，然后再考虑在这种格局下具体如何战胜对手。"胜兵先胜而后求战"，"善战者，得算多也"，"先立于不败之地，而后求胜"，这些兵法中的箴言其实都暗含或者明示了"先建立易胜格局"的重要性。在投机中的格局基本上是由题材/主题决定的，所以投机客无论是散户、大户还是主力，都必须从格局出发，这就是"超边际分析"。现代经济学在杨小凯之前都以"边际分析"为核心，力图在既定条件下通过调整边际量来寻找最优解，而杨小凯先生发现约束条件本身其实也是可选择量，而这需要"超边际分析"来解决。"题材—格局—超边际分析"是第一步，"筹码—对手—边际分析"是第二步，如果你把第一步省略了，那么你的交易做起来将相当吃力。当然，第一步和第二步都是分析，最终还要落实到仓位上，关于仓位将在最后一章提及。仓位是"分析落地"的关键，它的作用很大，甚至被很多纯技术交易者追捧为"终极圣杯"。但在我们的交易中它只是一个必要而重要的步骤，并非决定性的步骤，它其实是上层建筑，分析才是基础，没有持续良好的分析作为基础，

再好的仓位管理也不过是慢性自杀而已。

　　本章的第一节我们将简要介绍题材类型对应的格局类型，后面的几节则会具体介绍各种格局类型的相关特征和操作策略。无论如何看待题材，你需要明白的一点是：格局决定成败，题材主导格局。

第一节　题材投机的核心：格局看题材，主力看量能

　　伟大的投资家赛思·卡拉曼讲了一段非常精彩的话，这段话虽然是对价值投资者讲的，其实对于投机客而言也是非常精辟的："在设计一个长期成功的投资策略时，有两个因素是至关重要的，首先……你的优势是什么……第二个元素是你必须考虑竞争格局以及其他市场参与者的行为……正如在足球场上教练给你的建议是利用你的对手……你的注意力和技能在哪里最适用，这取决于其他人的关注点在哪里。"国内的宏观分析名家高善文也曾指出："股票同时具有两种性质：股票既是企业内在价值的一部分，同时又是筹码……也许相对来讲，理解筹码价值的变化还更重要一些……如果从筹码博弈的角度看问题，讲不讲故事非常重要的区别是什么？区别在于，讲故事的股票，它给你提供了更大的不确定性。"这一章我们讲格局，但是又离不开主力，什么是格局，从股票投机的角度来讲格局就是题材，那么如何看主力呢？要从量能角度琢磨主力（见图5-4）。

任何筹码都涉及格局和对手两方面的问题。

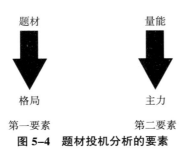

图5-4　题材投机分析的要素

我们简要介绍一下格局和题材的框架，然后再提纲挈领地介绍主力与量能的框架。完成这些总结的工作之后，我们就会在接下来的几节中详细地介绍各种格局（题材）与主力（量能）的组合关系。

题材分为两大类，第一大类是利多题材。下面分为三个子类：第一子类是一次性利多题材，这类题材驱动行情脉冲回落居多（见图5-5）；第二子类是连续性利多题材，这类题材驱动行情持续上涨居多（见图5-6）；第三子类是最后一次利多题材，这类题材就往往导致利好出尽冲高回落（见图5-7）。

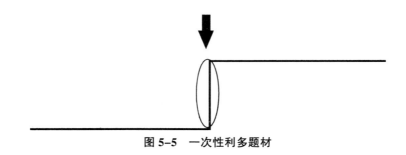

图5-5　一次性利多题材

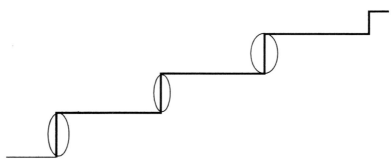

图5-6　连续性利多题材

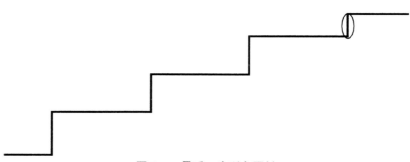

图5-7　最后一次利多题材

　　第二大类是利空题材。下面同样也分为三个子类：第一子类是一次性利空题材，这类题材导致行情下杀后回升居多（见图5-8）；第二子类是连续性利空题材，这类题材驱动行情持续下跌居多（见图5-9）；第三子类是最后一次利空题材，这类题材就往往导致利空出尽探底回升（见图5-10）。

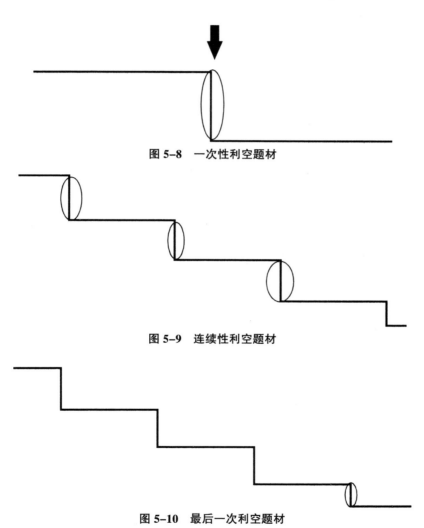

图5-8　一次性利空题材

图5-9　连续性利空题材

图5-10　最后一次利空题材

　　对于六种格局/题材，上面已经让大家心中有数了，但光是明白格局还不够，还必须看大资金是怎么想的。如果你是大资金，那么主要是把握格局，而对于大户和散户而

格局是个基础，光有基础还不能有效地利用筹码。

言还必须看主力脸色行事。"资金往哪里流"这个问题的解答第一靠题材来预估，第二靠资金来确认。通过格局/题材，我们会对哪些板块和个股"有戏"做出预判，将这些股票放进观察单元，最终是否操作这些个股一要看资金流，二要选择恰当的进出场位置。如何看资金流呢？前面第三章讲得比较全面，核心是什么？有些什么较为高效的信号？怎样与格局判断结合起来使用？要看大资金往哪里走，最为高效的工具是成交量，较高效的信号是三种异常量：天量、地量、倍量。如何与格局判断结合起来使用会在接下来几节进行详细剖析，下面我们先从量能解读的两个角度出发。

主力的行动主要从量能观察，这是最为及时和准确的方式，量能从两大角度来理解，第一个角度是较为普遍的量能比较形式，这就是缩量和放量。先来说缩量，缩量对应的价格运动有三种情况：缩量上涨、缩量下跌、缩量震荡。缩量上涨说明卖出意愿下降、持股意愿上升，上涨相对容易，这类上涨较为极端的形式是一字涨停板。我们用微观经济学的供给需求模型来揭示缩量上涨的本质（见图5-11和图5-12）。供给线通俗来讲就是在每一价格水平愿意卖出的数量，现在的供给比此前的供给有所缩小，供给线向左移动，现在的均衡价格水平（新供给线和需求线交叉点）比此前均衡价格水平更高，但是对应的成交量却更少了。缩量上涨就是价格更高，而成交量更低，这表明上涨的直接原因是卖出意愿下降（要求更高的成交价格）。

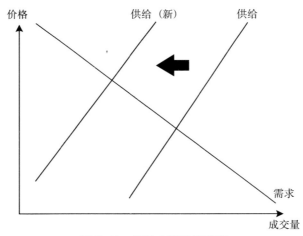

图 5-11　缩量上涨价量模型

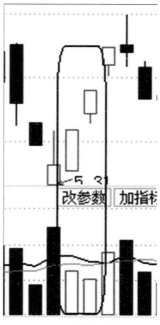

图5-12 缩量上涨实例

什么情况下卖出意愿会下降？什么情况下持有筹码的人会要求更高的成交价？那肯定是持股人看好的时候。在什么情况下持股人会看好？这个往往要从题材和业绩的角度去分析，无论是题材还是业绩其实都是格局。持股人看好不是无缘无故的，任何股票上涨都是有原因的，这个原因大多数情况下都跟题材生命力有关。缩量上涨与上述六种格局中的哪些关系最大呢？无疑是连续利多题材格局。在连续利多题材格局中，大多数筹码持有者，特别是主力预期到一连串潜在利好会在未来出现，所以会持有筹码，这样供给线相对向左移动。在卖出筹码有限的情况下，即使需求不变，价格也会上涨。很多跟庄的投机客对于缩量上涨非常敏感，特别是缩量突破前期高点的走势。在前期高点附近由于解套盘和短线客的抛售往往会出现放量的情况（见图5-13和图5-14），但是如果出现缩量突破，则表明筹码持有者比较坚定，很多跟庄投机客认为这是主力高度控盘的迹象（见图5-15至图5-17）。

这本书最大的特点在于教会你思考，系统地进行思考，而不是让你机械地对号入座。对号入座这种做法很能够迎合大众的需求，但却是最有害的做法。

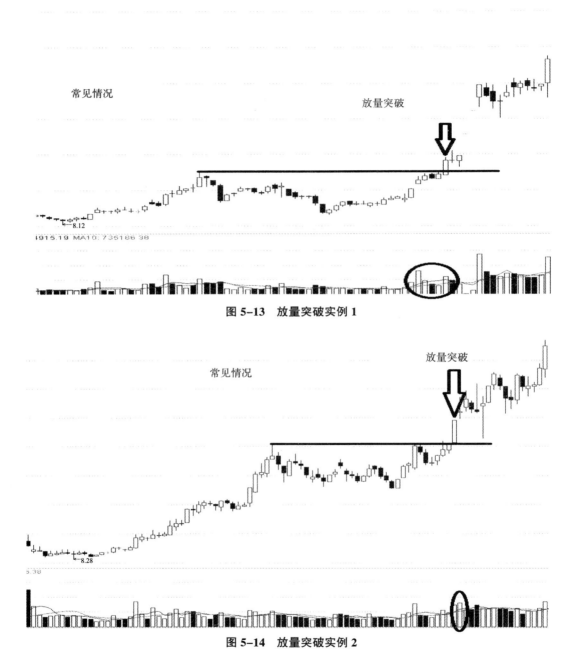

图 5-13　放量突破实例 1

图 5-14　放量突破实例 2

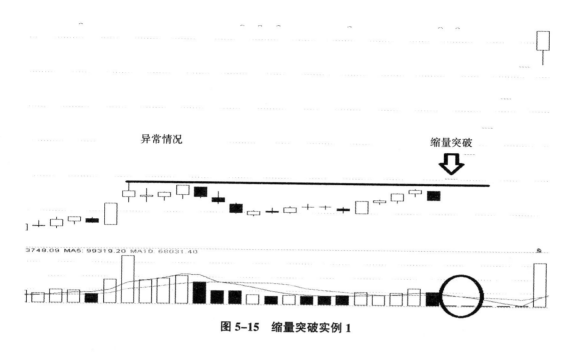

图 5-15 缩量突破实例 1

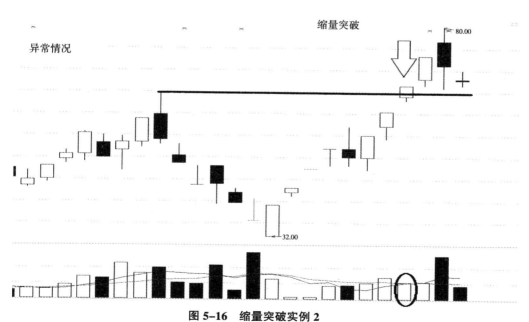

图 5-16 缩量突破实例 2

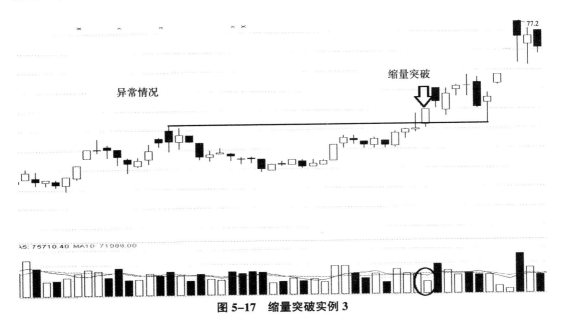

图 5-17　缩量突破实例 3

缩量突破和放量突破都只是一个现象，很多原因都能导致这种现象，关键要找出是哪一个原因。

缩量突破属于缩量上涨中的特例，对于指数而言，缩量上涨往往不是好事，说明上涨乏力；对于个股而言，缩量上涨是好事。不过如果缺乏题材和业绩的支持，只是主力靠蛮力控盘快拉的行情则存在解决高位换手的问题。

如果说缩量上涨是持有筹码的人待价而沽，那么缩量下跌则是持有货币的人在观望，而卖出的力量并未下降。需求下降了，需求线向左移动，在新的均衡点，价格下降了，成交量也下降了（见图 5-18 和图 5-19）。

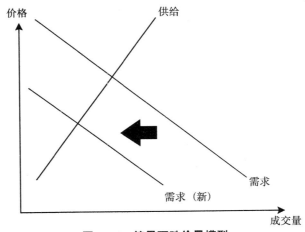

图 5-18　缩量下跌价量模型

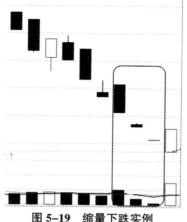

图 5-19　缩量下跌实例

　　缩量下跌在什么情况下会看到？第一种情况是，想卖的人很多，但是进场扫货的资金很少，所以价格下跌幅度很大，但是成交量很小，这种情况下继续下跌的可能性很大，因为很多抛盘可能还没有出来（见图 5-20 和图 5-21）。这种情况的极端情况是缩量跌停，这种情况下如果量很小，那么连续跌停也有可能（见图 5-22）。

缩量跌停说明市场对于继续下跌分歧很少。

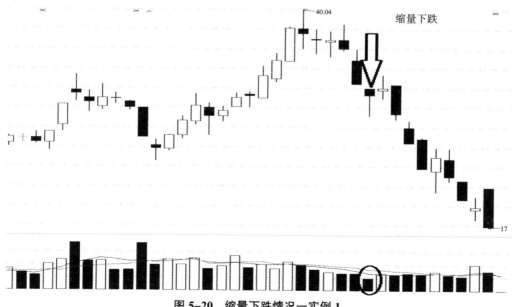

图 5-20　缩量下跌情况—实例 1

235

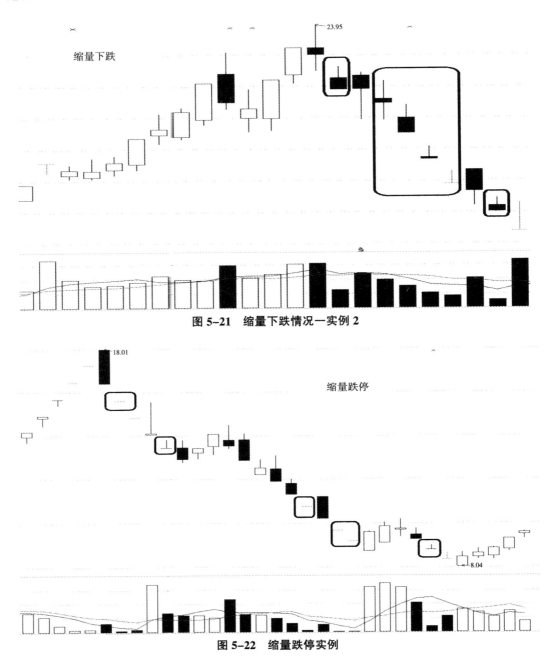

图 5-21　缩量下跌情况一实例 2

图 5-22　缩量跌停实例

第二种情况是个股仍旧处于上升趋势，出现了调整，这个时候的缩量下跌对应的阴线实体不太大，当然也有主力洗盘非常狠的缩量大阴线（见图 5-23 和图 5-24）。第一种情况与第二种情况区分的关键在于有没有跌破前低，或者说是不是已经形成了向下 N 字结构。如果形成了向下突破，那么缩量下跌是第一种情况的可能性较大；如果没有形成向下突破，则缩量下跌时第二种情况的可能性较大。趋势怎么断定呢？可以通过 N 字断定、通过跌破前期低点或者前期高点断定、通过题材生命力断定、通过主力进出信号断定。

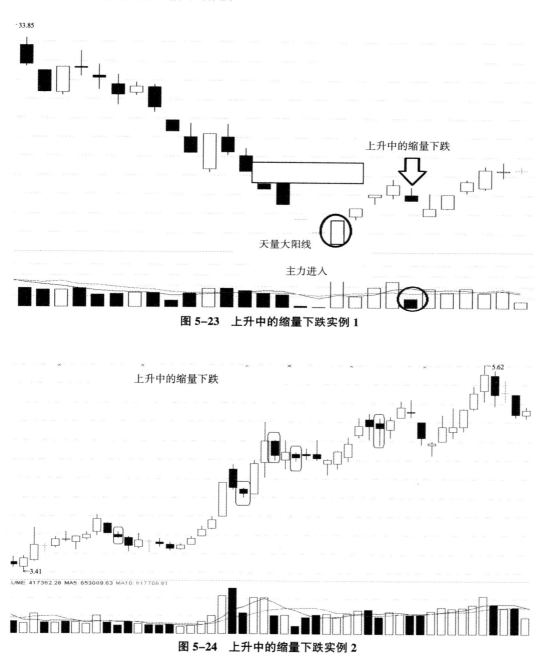

图 5-23　上升中的缩量下跌实例 1

图 5-24　上升中的缩量下跌实例 2

那么，在什么类型的题材格局下容易见到缩量下跌？连续利空题材格局容易见到缩量下跌，连续利多题材格局中嵌套一次性利空题材容易见到缩量下跌。

除了缩量上涨和缩量下跌之外，还存在缩量震荡的情形。当价格几乎保持不变（理想状态是完全不变，现实情况是波动很小，基本上是横向震荡运动），而成交量缩小时，供给和需求其实都出现了幅度一致的向左移动（见图 5-25 和图 5-26）。持有筹码的人在现价下不太愿意卖出，

如果看完本书，你追问最关键的是什么。我们的回答是：格局、对手、筹码。

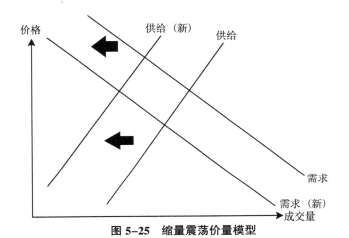

图 5-25　缩量震荡价量模型

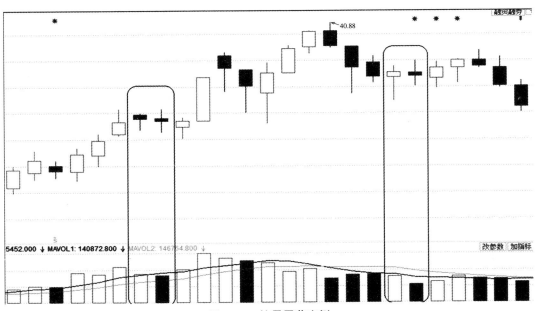

图 5-26　缩量震荡实例

238

持有货币的人在现价下不愿意买入。持股的人认为这个价位上股价继续下跌的可能性小，持币的人认为这个价位上股价上涨的可能性小，所以成交量也非常小。

缩量震荡可能出现在上涨途中的调整，这个时候其实属于技术性调整，在大格局不变的情况下，股价将恢复涨势。下跌走势中也可能出现缩量震荡，下跌中继的可能性较大，除非缩量震荡之后紧接着就是放量上涨，最好是天量或者倍量上涨。缩量震荡表明市场暂时处于平衡状态，这种平衡并非是由于多空激烈对抗不相上下的缘故，而是由于双方都没有意愿来推动股价单向运动。

缩量震荡的极致形态是地量小星体/十字星，这个时候往往是市场节奏变化的点，如整理结束，拉升开始。缩量震荡与什么样的题材格局相关呢？一次性利空或者利多题材带来脉冲行情之后，股价可能因为没有新的驱动力而处于缩量震荡的状态。连续性利空或者利多题材的间隙可能因为市场能量消耗过大，形成中继震荡，这个时候可能出现缩量震荡。最后一次利空或者利多被消化吸收后，市场可能反弹或者回落，然后进入缩量震荡状态。总体而言，缩量震荡说明市场双方都缺乏交易意愿，这种情况一般发生在后续缺乏题材的情况下或者是单边强劲运动后需要调整的状态。长期且显著下跌之后，如果股价在低位出现连续的缩量震荡，表明该股参与者意愿不高，属于换手率低，缺乏大资金关注的个股。但是，这样股票的格局如果发生改变，则需要密切关注，一旦有放量迹象，则要果断杀入。什么样的格局算是有利的改变呢？例如，大盘熊转牛或者是潜在连续利好题材出现。

放量对应的价格运动也有三种情况：放量上涨、放量下跌、放量震荡。放量上涨表明持币者追高意愿强烈，需求线向右移动，持股者卖出意愿基本维持不变（见图 5-27 和图 5-28）。放量上涨对于指数来讲往往是好的，但是对于个股而言就未

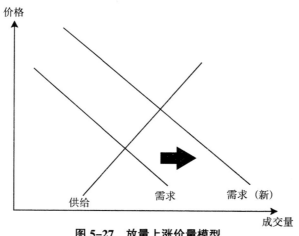

图 5-27 放量上涨价量模型

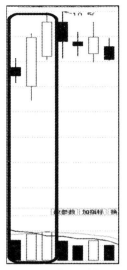

图 5-28　放量上涨实例

必了。主力运作股价也是要基于格局、受制于格局的，不是任意妄为的。

　　放量上涨的突破表明主力愿意解套此前高点的对手盘，这肯定是因为此后上涨空间较大。什么样的情况下上涨空间较大？要么是题材大，要么是业绩持续好。

　　放量上涨与什么样的题材/格局关系密切呢？一次性利多引发的脉冲上涨肯定是放量的，而且量很可能是天量或者倍量。但是，这样的放量上涨往往是短命的，次日就会回落。连续性利多题材格局下，股价会放量上涨，也会缩量上涨，因为持有筹码的人这个时候都看得很清楚，都不愿意卖出。最后一次利空的兑现也容易引发低开高走的放量上涨，这个时候的量往往是天量，这是主力进来抄底了。

　　放量下跌其实比放量上涨出现的频率更低，为什么会这样呢？本书反复提到"倾向效应"，上涨盈利过程中大众倾向于将筹码兑现为货币，下跌亏损过程中大众倾向于继续持有筹码（见图 5-29）。

　　因此，上涨的时候换手率反而比下跌的时候换手率整体更高，放量上涨比放量下跌更容易出现。那么，放量下跌是什么样的供求特征呢？放量下跌出现在什么样的情况下呢？放量下跌是由供给增加导致的，也就是说新供给显著多于此前的供给（见图 5-30 和图 5-31）。

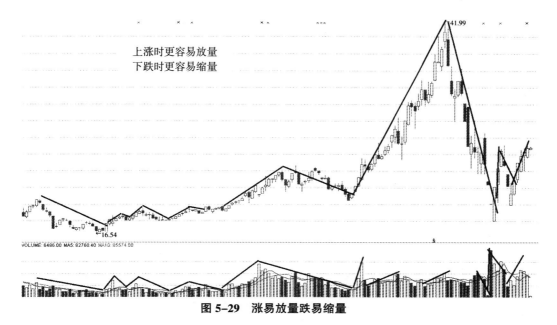

上涨时更容易放量
下跌时更容易缩量

图 5-29 涨易放量跌易缩量

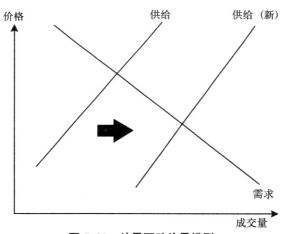

图 5-30 放量下跌价量模型

什么原因导致了供给增加？第一种情况是高位主力将筹码与散户交换，这就是高位高换手率的原因之一，这种情况下主力大肆出货，而且成交量并未缩小，说明需求一方还未来得及转换思路，还沉浸在此前的乐观情绪中。高开低走的大阴线就是其中较为典型的代表，高开吸引人气，等今日进来的资金因为 T+1 被锁定后，主力大举出货（见图 5-32 至图 5-34）。这种情况下的放量下跌往往与最后一次利多题材格局有关，也就是"利好完全兑现"。

图 5-31 放量下跌实例

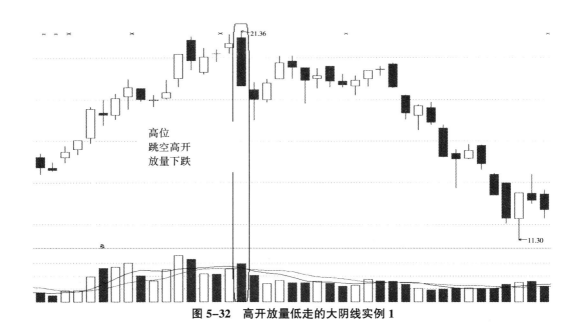

图 5-32 高开放量低走的大阴线实例 1

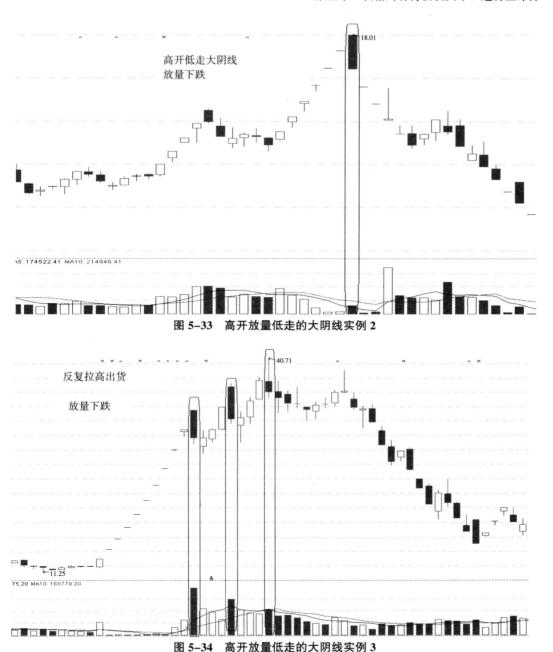

图 5-33　高开放量低走的大阴线实例 2

图 5-34　高开放量低走的大阴线实例 3

　　第二种情况是低位大众极度恐慌的时候，主力经常扫货，这是低位高换手率的原因。由于下跌迅猛，大家极度恐慌，而主力并不急于追高，随意以逢低吸纳为主，所以今日收盘可能会低于前一日，这就形成了放量大跌（见图 5-35 和图 5-

"兑现"是一个比较模糊的词，如果只停留在字面意思上，那么就会误入歧途。

36）。这种情况下的放量下跌往往与最后一次利空题材格局有关，也就是所谓的"利空兑现"。

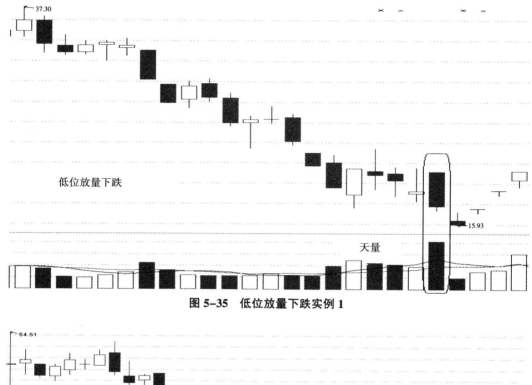

图 5-35 低位放量下跌实例 1

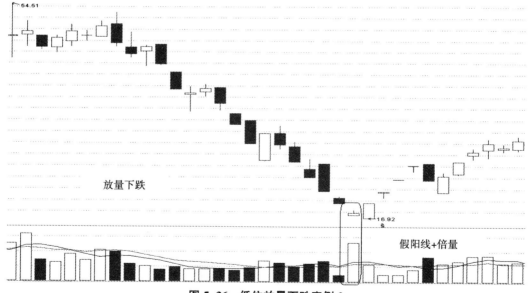

图 5-36 低位放量下跌实例 2

技术位真正能够成为转折点要靠题材。

第三种情况则是在下跌趋势中，某些关键技术位附近会出现分歧较大的买卖盘，这样就会出现放量下跌的情况。

这个时候的放量下跌是向下格局未变并且分歧加大导致的（见图 5-37 和图 5-38）。这种情况下的放量下跌往往与连续利空题材格局有关，下跌会持续到最后一次利空题材兑现。

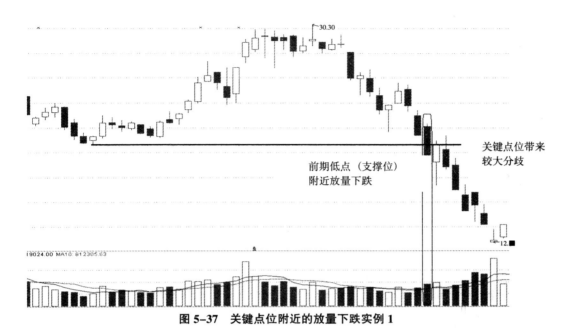

图 5-37　关键点位附近的放量下跌实例 1

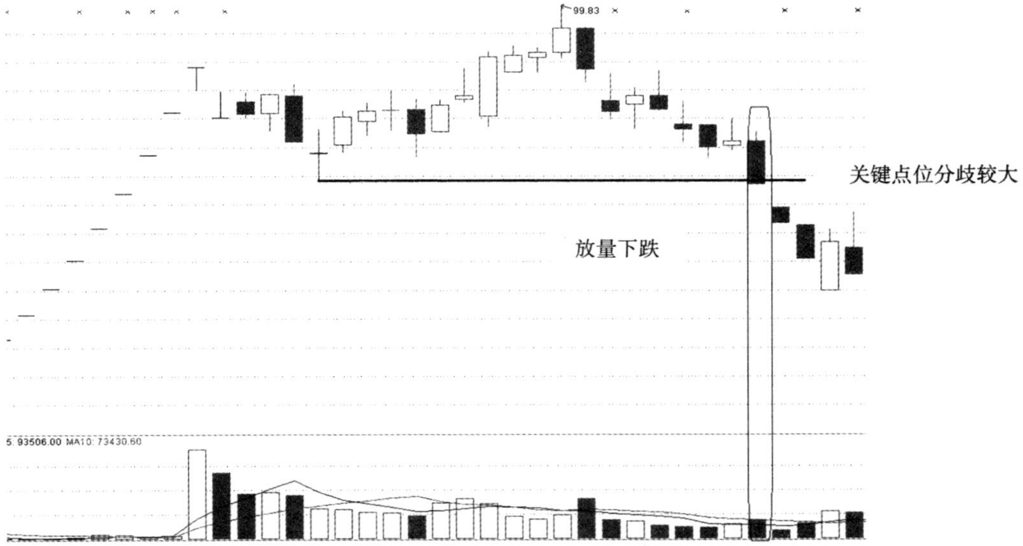

图 5-38　关键点位附近的放量下跌实例 2

第四种情况是股价持续上涨趋势或者是水平整理状态，由于一次性利空引发了部分抛盘，也会导致放量下跌的情形。简而言之，这种情形与一次性利空题材格局关系较为密切（见图 5-39）。

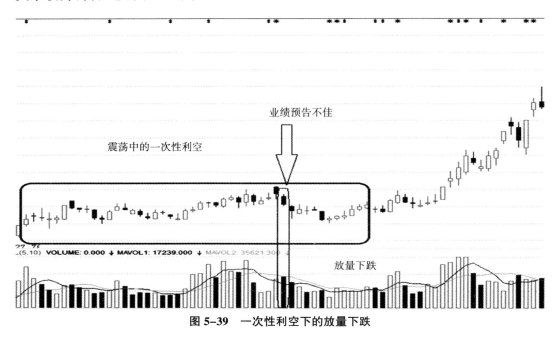

图 5-39　一次性利空下的放量下跌

放量震荡是一种较为均衡的走势，这种均衡并非由于双方交投意愿较低导致，这点与缩量震荡存在区别。放量但是却震荡，说明双方分歧巨大，但是却未能推动价格单方向运动，这是因为势均力敌。放量震荡往往是由于供给和需求都以相同幅度扩张的缘故，所以只见放量，而价位移动较少（见图 5-40 和图 5-41）。

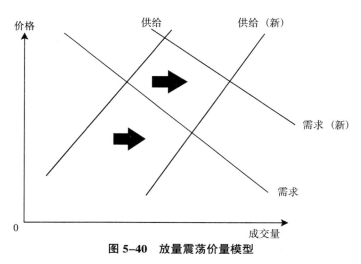

图 5-40　放量震荡价量模型

图 5-41　放量震荡实例

放量震荡可能出现在高位也可能出现在低位，在某些关键价位也可能出现这种情形。高位的放量震荡与所谓的高位滞涨关系密切，这意味着买卖双方分歧严重，但并不一定下跌，因为存在换主力的可能性，也存在主力为了更大幅度地拉升而深度洗牌的可能性。那么，如何预判这个位置不是顶部？第一，要从题材生命力入手，如果后市题材生命力很强，那么主力不太可能就此"下车"，换主力或者洗牌的可能性较大；第二，从放量震荡后的走势判断。

低位出现放量震荡则可能是主力在区间吸筹，这类吸筹耗费时间更长，所以除非后市空间特别大，否则主力是不可能这样做的，因为要考虑资金的机会成本问题。

关键的支撑和阻力附近可能出现放量震荡的情况，这表明市场分歧很大，而且力量对比接近，后市的方向要从大盘和题材生命力的角度去思考。可以这样说：第一等高手看驱动因素、看大盘、看题材生命力和看格局；第二等高手看市场情绪、看量能、看资金流向和看对手盘；第三等高手看技术趋势和看支撑阻力。市场中赚钱的人占少数，第一等高手的人最少，第二等高手的人要多些，第三等高手的人最多，我们应该成为哪一类高手呢？

量能理解的另一个角度是较为特殊的量能比较形式，这就是倍量、天量、地量。倍量和天量都属于放量的特殊形式，而地量则属于缩量的特殊形式，放量还是缩量这是较为一般的分析方法，也是很多高手非常重视的方法，除了在 K 线图上运用之外，往往还会在分时图上运用。倍量、天量和地量则主要用在 K 线图上，具体

而言是日 K 线图和一分钟 K 线图。在本书的第七章我们会对成交量的这三种特别形式进行专门的介绍，在这里主要是结合题材生命力做一些关联简介。

倍量是"主力动向标"（"主力出没标"），是相对于前一量柱而言的，本量柱的高度至少是两倍（见图 5-42 和图 5-43）。在缺乏市场广泛了解的突发利好前提下，

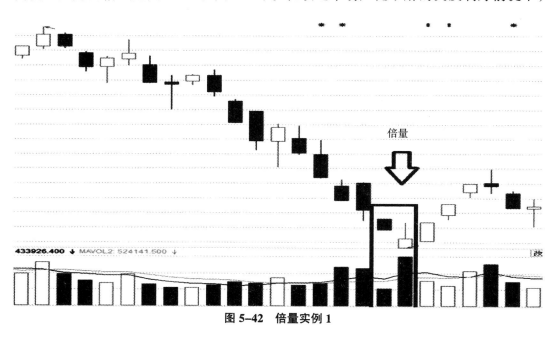

图 5-42　倍量实例 1

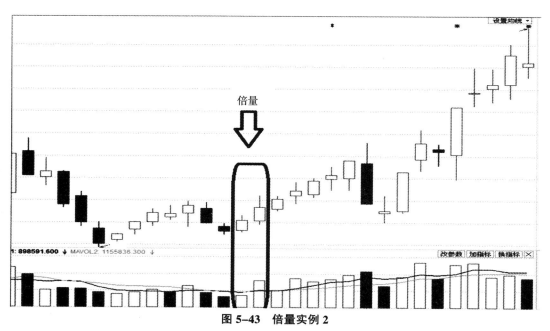

图 5-43　倍量实例 2

如果个股日 K 线走势出现倍量，则表明主力可能在行动，也就是说倍量阳线意味着其中有主力。

倍量与题材生命力有什么关系呢？一次性利多如果被广泛报道和传播，则次日可能形成倍量阳线，但是其中买家以散户为主、卖家以主力为首，"一日游"倍量阳线是一次性利多格局容易出现的情形。

一次性利空题材不太可能出现主力的身影，除非是最后一次利空题材，则有可能出现主力底部扫货的情况，低开高走的倍量线很可能出现，最终不一定能够收成阳线。

在连续性利多题材格局下，倍量阳线可能在突破时或者调整结束时出现，这个时候的倍量阳线是主力坚决拉升的标志。这种倍量阳线往往容易成为某种意义上的支撑力量，也就是说此后的价格不容易跌破这一阳线的最低点，因为主力是不会让大多数参与者拿到更低价格的筹码的。

在连续利空题材格局下，可能出现不计成本的抛盘，这个时候价格暂时企稳后又放量大跌可能出现倍量阴线，这种情形从放量下跌角度去研究即可，没有必要当作倍量来另外研究。

在最后一次利空题材格局下，较可能出现倍量，但是天量的可能性更大，只要倍量对应 K 线的最低点被有效跌破，则说明这根量柱是主力出逃而散户买入的可能性较大。

天量（见图 5-44 和图 5-45）是"主力进出标"（"群众极端情绪"）。因为主力进出讲求效率和隐蔽性（欺骗性）的平衡，如果过于强调隐蔽性，则主力进出场将非常慢，特别是进场将非常慢，从资金的机会成本角度来讲就非常不划算。所以，利用市场极端情绪来提升隐蔽性是非常好的，在市场极端恐慌的时候买入比较隐蔽，在市场极端乐观的时候卖出比较隐蔽。不过，无论主力如何隐蔽，他们要低买然后高卖才能真正获利，而一进一出必然因为他们资金体量大而留下显著痕迹，这就往往体现为天量。一次性利多和一次性利空题材可能会出现天量，这个时候主力可能借机出货或者买货，但是"一日游"的可能性极大。最后一次性利多格局下股价在高位出现天量，这是主力借机出货的迹象。最后一次利空格局下股价在低位出现天量，这是主力借机吸筹的迹象。连续利多格局下出现天量，则主力可能是高位换新主力，也可能是高位洗盘，提高其他参与者的持仓平均成本。连续利空格局下出现天量，则主力可能是加大出货量，这种情况相对较少，往往是最后一次利空题材兑现后容易出现天量。

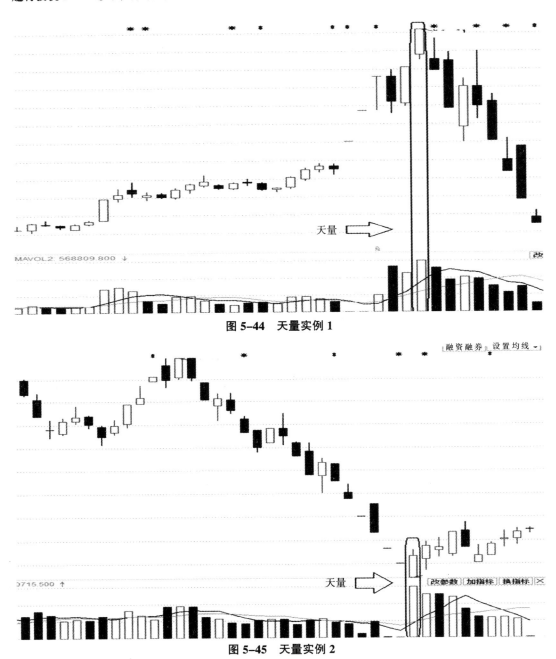

图 5-44　天量实例 1

图 5-45　天量实例 2

　　这里专门提一下天量阴线和天量十字星（或者流星线），具体而言是高位的天量阴线和天量十字星。高位的天量阴线和天量十字星要么是主力进入，要么是主力退出，一看位置，二看能不能立即被覆盖，也就是立即被后面一根 K 线升破最高价（见图 5-46）。低位的天量阴线和天量十字星可能是利空出尽，这个时候主力进入

的可能性较大；而高位的天量阴线和天量十字星则需要看是不是很快被阳线覆盖，最后是紧接着的一根阳线就将它覆盖，这样主力洗牌或者是新主力介入的可能性较大。过了一段时间之后，天量 K 线最高点被收盘突破往往也预示着主力看好后市格局，愿意解套高位天量被套盘（见图 5-47）。

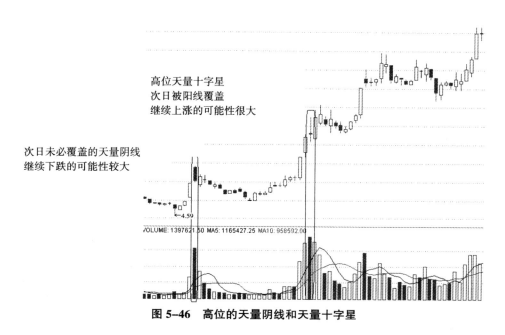

高位天量十字星
次日被阳线覆盖
继续上涨的可能性很大

次日未必覆盖的天量阴线
继续下跌的可能性较大

图 5-46　高位的天量阴线和天量十字星

天量阴流星

收盘突破

图 5-47　被收盘突破的天量阴流星

天量往往是主力进出的标志，或许是主力进、散户出，也可能是主力出、散户进，还可能是新旧主力交替，而地量则是"节奏转化标"。地量（见图 5-48 和图 5-49）的定义是 N 日内最低量，一般不低于 20 个交易日、不超过 250 个交易日，

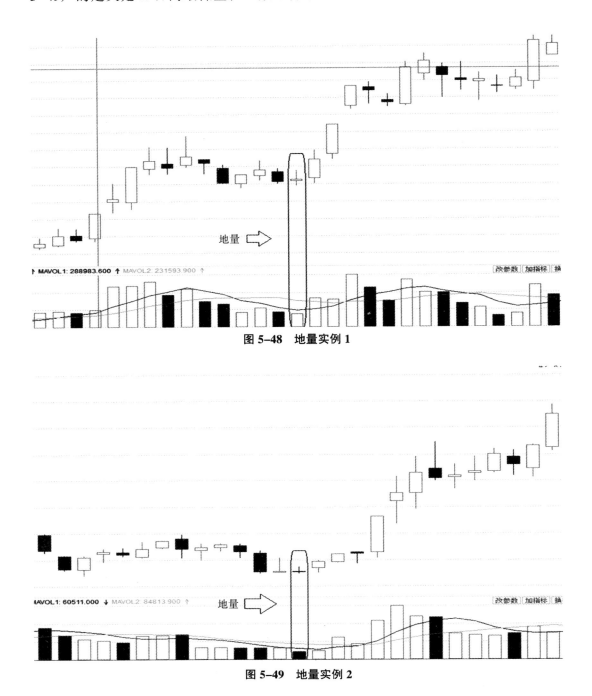

图 5-48　地量实例 1

图 5-49　地量实例 2

具体的可以根据自己的偏好和市场特征。地量为什么是节
奏转变的标志呢？因为地量是市场能量最低点，也是最脆
弱的平衡点，回调走势出现地量时表明回落已经到了某种
能量衰竭点，这个时候变盘向上的可能性很大。上升趋势
中出现一次性利空，股价往往会调整，而调整的末期往往
会出现地量。

　　在本节中，我们概括性地介绍了六种格局以及五种量
能。格局就是题材生命力，具体的六种格局是一次性利多、
连续性利多、最后一次利多、一次性利空、连续性利空、
最后一次利空。量能是主力运动最好的观察窗口，五种量
能是放量、缩量、天量、地量、倍量。下面几节我们将详
细介绍题材和量能的组合，以格局为中心，立足于九宫盘，
系统地介绍每种格局的特征和判断方法，以及相应的操作
方法。下面几节会涉及的五种格局是：追涨格局（第二
节）、抄底格局（第三节）、杀跌格局（第四节）、逃顶格局
（第五节）、震荡格局（第六节）。

> 天量、地量和倍量是最有
> 意义的量能形态，对我们琢磨
> 对手盘非常有帮助。

第二节　追涨格局：中短期还能更好

　　"连续利多题材"构建了"追涨格局"。个股的题材建构
了中长期的格局，所以我们先从个股的几个角度出发解读
"连续利多题材"构建的"追涨格局"，然后我们会将这一格
局放到大盘和板块的层次去分析和预判。九宫盘是我们进行
任何题材投机都会用到的系统分析工具（见图5-50），其中
包括三个层次和三个角度。三个层次是大盘（M）、板块
（I）和个股（A），三个角度是驱动面（S）、心理面（O）和
行为面（P）。三个层次和三个角度组合起来就是3×3矩阵，
相当于我们的分析分为九个方面。本节和接下来几节都会用
到这一工具，可以说贯穿整本书的核心就是这一工具。

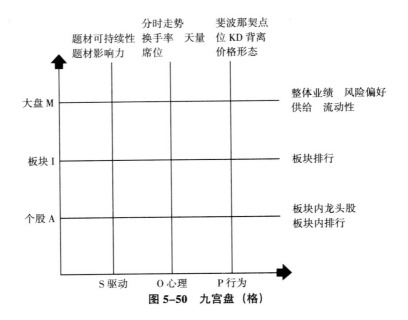

图 5-50　九宫盘（格）

　　"连续利多题材"属于个股层次（A）中的驱动层面（S），这类题材的生命力和可持续性是非常强的（见图 5-51），如上市公司开展一系列产业并购活动，股价被持续推动上涨；又如一些公司进入业绩持续增长期时，股价也相当于受到了"连续利多题材"的推动而不断上涨。我们来看一些例子（见图 5-52 至图 5-55）。

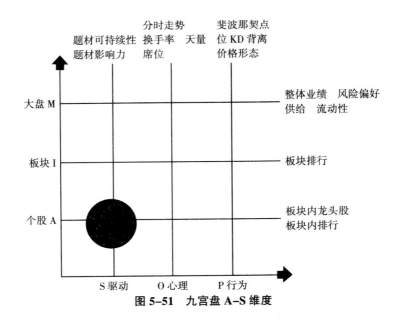

图 5-51　九宫盘 A-S 维度

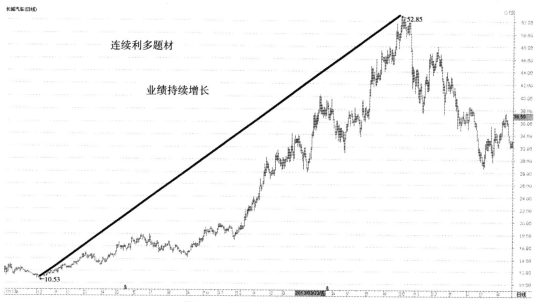

图 5-52　长城汽车连续利多题材

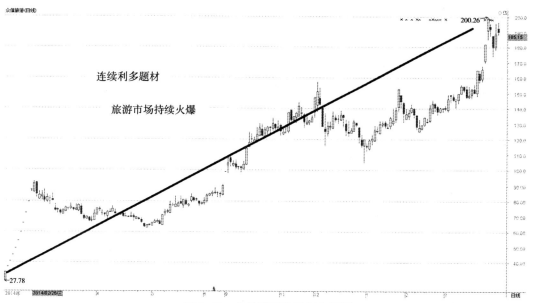

图 5-53　众信旅游连续利多题材

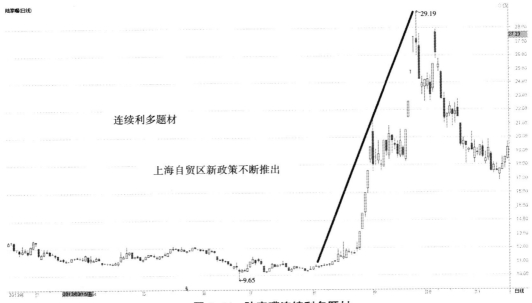

图 5-54　陆家嘴连续利多题材

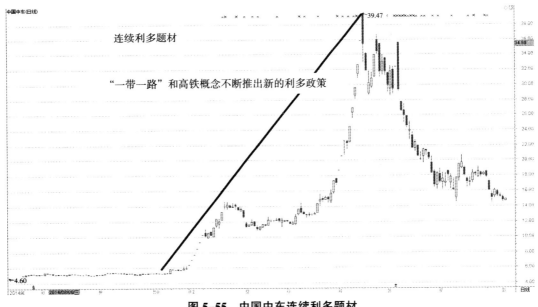

图 5-55　中国中车连续利多题材

公募连续加码的股票一般是白马股，这个要结合席位和季报来看。

　　我们有必要归纳些连续利多题材的类型。第一种类型是业绩持续增长的，这种类型一般被称为白马股，公募介入较多。第二种类型是大政策利多的，如上海自贸区、京津冀规划、"一带一路"等。第三种类型是产品显著持续涨

256

价，如 PTA 大幅涨价、猪肉大幅涨价等，这对相关产品生产销售企业是有持续利好的。第四种类型是高送转、重组并购、分红等资本运作题材。第五种类型是一些新概念，如次新股、新兴技术股、新产业等，因此是前所未有的概念，所以可以让想象空间放得很大。

连续利多题材其实相当于主题，主题就是持续时间很长、影响很大的题材，这种格局下的资金怎么运动是我们要考虑的第二个角度，这就是心理（O）维度（见图 5-56）。心理维度包括分时走势、盘口挂单成交、地量、天量、倍量、放量、缩量、换手率、席位等。在连续利多题材这种格局下，各种量能数据会有什么样的特征，会给我们提供什么样的信号，我们只能简要地介绍，也只能结合我们有限的经验去启发大家，关键还是在自己看盘的过程中不断复盘，通过复盘最终形成自己的解码能力。

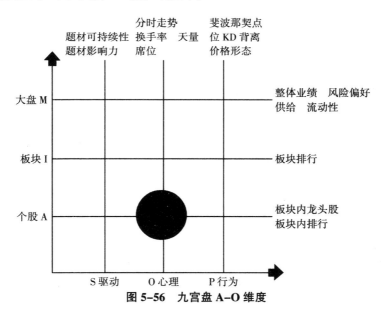

图 5-56 九宫盘 A-O 维度

在连续利多题材的格局下，市场有阶段性调整进而提高持仓平均成本的需要，而当调整出现地量的时候，表明新的阶段性上涨即将形成，这是一个很好的介入时机（见图 5-57）。比较强劲的连续利多题材格局下，盘中洗盘较

追涨停板的人的必做工作就是分析席位，热点与龙虎榜关系密切。

多，这个时候要去琢磨分时走势的价量配合，要注意在什么位置出现了大额成交，其意图是什么。

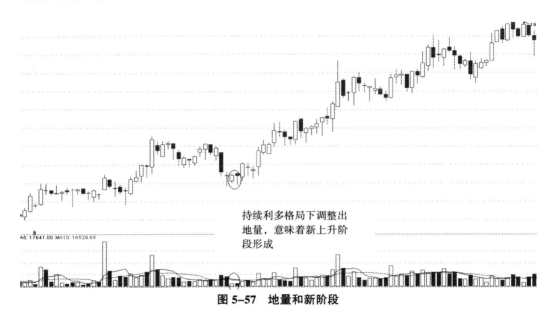

持续利多格局下调整出
地量，意味着新上升阶
段形成

图 5-57 地量和新阶段

席位也是心理分析要关注的一个方面，看看是什么席位在买入，是游资还是机构，如果是机构，该股业绩是不是有持续上涨的极大可能性。业绩持续上涨为连续利多题材提供了基础，这种情况下机构持续买入的可能性很大，股价不断上涨的可能性较大。

主力的持续加仓和买入会形成倍量阳线走势，这就是主力出没的特征，只要此后收盘价不跌破倍量最低价就可以认为主力还在继续持仓。倍量阳线频繁出现是连续利多题材的一个普遍特征（见图 5-58），这点大家需要注意，在 1 分钟走势上也可以看到大买单坚决吃货导致的倍量阳线（见图 5-59）。

第三个角度是从行为维度（P），这个维度是大家最为熟悉的，也是散户最为着力的地方，市面上绝大部分书籍都是围绕这个维度展开的（见图 5-60）。

我们不能对各种波浪理论、各种历法、各种比率和数列、震荡指标和趋势指标、各种画线法等抱有太大希望。即使市场最初规则地按照这些线和节点在走，但当有不少人开始使用这些东西之后，其效果必然会失效，但是，这些东西又不是完全没用，关键是你不要高估它们的作用。它们的最大作用是帮助你进行仓位管理，同时确认驱动面和心理面的分析。

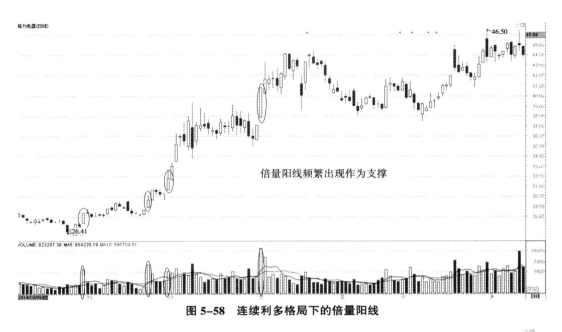

图 5-58　连续利多格局下的倍量阳线

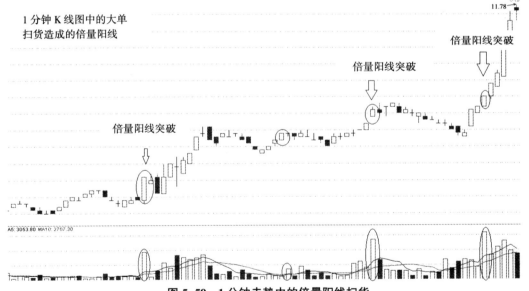

图 5-59　1 分钟走势中的倍量阳线扫货

那么，在"连续利多题材"的格局下，行为面会有一些什么特征及信号呢？下面我们就来详细展开。

向上 N 字突破，也就是作为斐波那契回撤参照基准的前一上升波段的最高点被突破，这是利多题材格局最为重

市场运行是需要成本的，这个成本往往由占比最大的人群来分担。

259

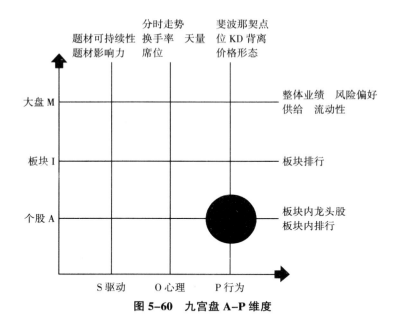

图 5-60　九宫盘 A-P 维度

要的价格特征（见图 5-61）。J.L. 非常推崇这一方法，但是到了后期，这类方法如果只从技术面入手，而忽略格局，胜算率就会非常低，如果还有加仓或者重仓行为则非常容易爆仓。

图 5-61　利多格局中的向上 N 字突破

除了 J.L. 之外，海龟交易法的创始人理查德·丹尼斯也倾向于突破而作，随着信息快速传播和市场的进化，丹尼斯也不得不两度清盘认输。从 J.L. 和理查德·丹尼斯的经历我们可以得出一个结论，单纯突破而作在这个高度进化的市场上已经不

那么有效了，必须结合格局来选择操作方法。需要补充的一点是，在本节这种格局下，阻力被不断突破是常态，支撑往往有效也是常态，最终肯定会有一个阻力是有效的，但是在这之前会有很多阻力被突破。持续上涨格局中，跟进止损是非常好的出场方式，也就是我们在《外汇短线交易的 24 堂精品课》中提到的"后位出场法"。我们尽量不采用"前位出场法"，如根据斐波那契投射点位出场，这样很容易在追涨格局中被洗出来，然后干巴巴地看着行情继续大幅上涨。连续利多题材格局下的个股往往会突破 250 日高点，并且在此之后往往还会有一半个股会继续大幅上涨，以至于事后回过头来看 250 日高点那个位置更像是一个起涨点。

　　在追涨格局中，连续利多题材会导致 KD 等震荡指标持续处于高位钝化状态，通俗地讲就是持续超买，这种情况下散户很容易踏空（见图 5-62）。连续利多题材下，超买是强势的表现，并非卖出的信号，而超卖却是极好的买入机会。所以，趋势并不是由价格本身决定的，而是由格局决定的，在把握格局的前提下来解读单个技术指标的含义才能做到中肯而理性，否则就会掉入形而上学的陷阱，只知道机械地使用技术指标，看见超买就不敢买了，看到超卖就认定要涨了，这些都是片面的、机械的做法。任何技术指标只有放到格局中才能看到本质，其他一切做法都造就了被人利用的非理性对手盘。

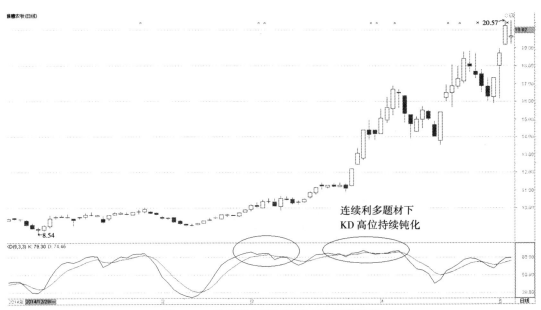

图 5-62　连续利多格局下的 KD 高位钝化

连续利多题材格局下，K 线中阳线多阴线少是一种常态，不过这往往是事后才能看到的特征，只能作为一种效率极低的确认，不过对于复盘还是有用处的。在此种格局下，持续形态和持续 K 线组合出现的频率最高，而反转 K 线主要出现于回调开始和结束时。

上述三个维度其实是从个股层面展开的，要搞清楚"连续利多题材"格局下的大盘不同情形会有什么样的影响（见图 5-63），板块有什么样的联动（见图 5-64）。

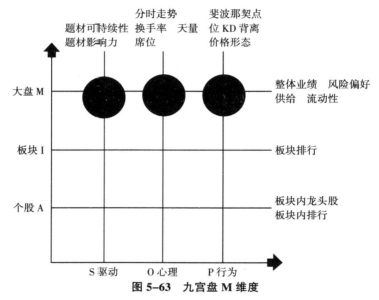

图 5-63 九宫盘 M 维度

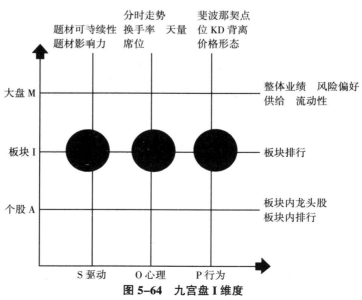

图 5-64 九宫盘 I 维度

题材生命力极强格局下的个股对大盘有一定的免疫力，但是如果大盘处于企稳或者上涨趋势则对于把握追涨格局有更高的胜算。

至于板块，尽量做"龙一"（龙头股一），做不了"龙一"，"龙二"和"龙三"也可以。板块层面的题材引发的整个板块的运动尤其要求我们关注龙头股的动向，关注整个板块的联动和人气。如果龙一的涨停板打开，整个板块的人气下降，那么我们就要检讨是不是题材生命力快要耗尽了。

所有这些都是一个启发式的教育，重在理解，而不是死记硬背各种情形。看完本书后，你只需要做到对九宫盘彻底理解和善于运用就是最大的收获了。追涨格局在九宫盘中怎么分析我们已经做了较为全面而细致的介绍，那么究竟该怎样去操作追涨格局呢？

一句话，通过后位出场法达到"截短亏损，让利润奔腾"的目标。所以，什么是连续利多题材格局下的进出场方法，那就是可以突破而作，也可以回调介入，但是止损和止盈一定是统一的，统一为后位出场法。后位在哪里，可以是被突破的阻力位，但是最好是被证明有效的支撑位，而且随着利润的不断发展，跟进止损位也应该恰当地跟进，这样暴露在风险中的利润就会减少，这就相当于在动态地缩小风险，进而改变风险报酬比（见图 5-65）。假如行情的利润空间是一定的，那么随着行情不断上涨，则利润空间就会越来越小，如果你想维持一个理想的风险报酬率是

某位故弄玄虚的高手对我说：我的止盈位和止损位是同一个位置。

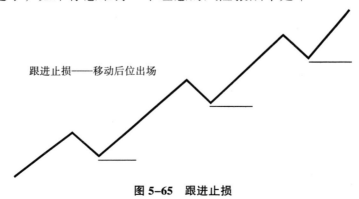

跟进止损——移动后位出场

图 5-65　跟进止损

不是就应该相应地减少风险暴露？这样相当于是随着潜在报酬空间减少而相应地减少风险空间以维持一个合理的风险报酬率。

第三节　抄底格局：中短期不能更坏

整体而言，"最后一次利空题材"构建了"抄底格局"。一般而言，持续下跌时不能抄底，但是在另外一些情况下，持续下跌时又是抄底的上佳机会。从技术派的角度来看，似乎只要碰上一些反转信号就能够抄底，但是实际上这样操作往往一次又一次地被套，抄底的要点是什么呢？这就涉及抄底格局。什么情况下可以抄底？什么情况下不能抄底？简而言之就是抄底格局出现时能够抄底，而杀跌格局出现时不能抄底。

"最后一次利空题材兑现"意味着"中短期个股的驱动面不能更坏了"，这个时候抄底格局就出现了，此时抄底的胜算率也就很高了，来看几个例子（见图 5-66 至图 5-70）。"最后一次利空题材兑现"涉及驱动面（S），这是最为重要的一个考虑因素，也是首要考虑因素，不过需要结合九宫盘上所有其他要素来预判才是最有效率的选择。

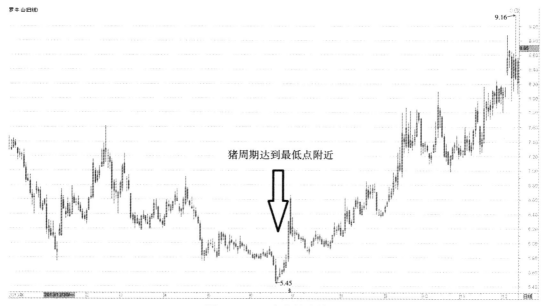

图 5-66　罗牛山抄底格局

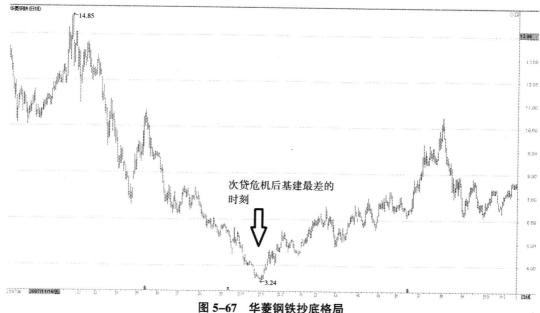

图 5-67　华菱钢铁抄底格局

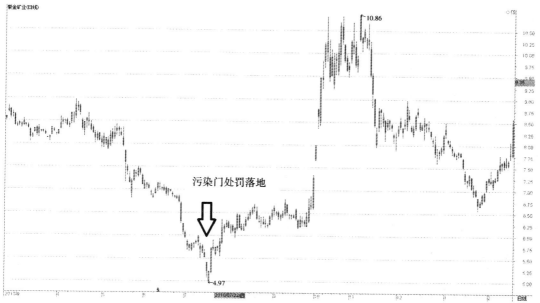

图 5-68　紫金矿业抄底格局

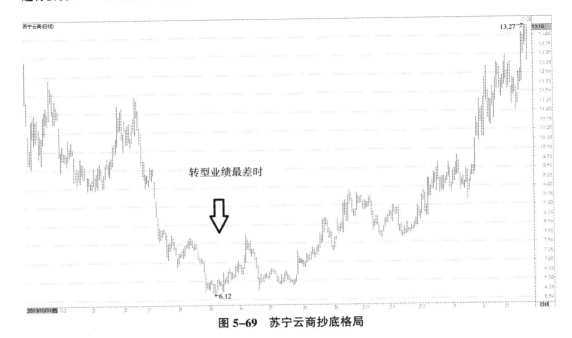

图 5-69　苏宁云商抄底格局

图 5-70　比亚迪抄底格局

　　第一个要结合起来研判的要素是心理面（O）的量能，最后一次性利空题材兑现时，如果主力觉得有机会，肯定会利用散户的恐慌心理吸筹，这个时候主力进入和散户退出的巨大交投就会导致低位"天量"出现。在"天量"出现之前，"地量"往往也会出现，这意味着单单从市场自身下跌的动能而言已经出现衰竭。有时候这两种特殊量能出现的时间非常紧密就容易形成"地量 + 天量"组合（见图 5-71 和图 5-72），这时候的"天量"其实也是"倍量"。不过，"地量"在"抄底格局"中并非是必要条件，而"天量"却是必要条件，除非你就是主力。

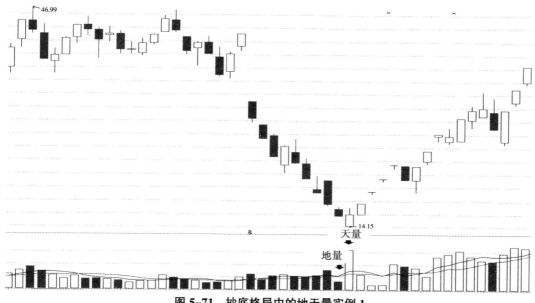

图 5-71　抄底格局中的地天量实例 1

图 5-72　抄底格局中的地天量实例 2

换手率与成交量看起来差不多，不过换手率可以帮助我们计算筹码交换的绝对水平。

换手率是心理面（O）要考虑的另外一个因素，这个因素考虑到了成交量的相对性，足够高的换手率表明主力极其可能控制了非常高的筹码，这个时候我们更有把握后面会有较大幅度的涨幅。

席位是我们在第三章详细介绍的一个心理面（O）因素，当某只个股上了龙虎榜的时候，我们可以查看其买卖席位，这样我们可以看到底是什么资金在买入，什么资金在卖出，买入资金此前的操作风格是什么，胜算率如何，进入后平均升幅如何。如果买入的资金往往是擅长抄底、擅长做反转的，那么我们跟随抄底的胜算率就要高不少。席位是一个窗口，可以让我们更加细微和准确地琢磨介入资金的脾气和风格，进而洞悉它们在本次操作中的意图和能力。

回顾当日以及邻近交易的分时成交和挂单情况也是分析心理面（O）的一个关键指标。从分时大额成交量的位置可以推断出大资金的意图，那些快速下杀后因大额成交企稳的分时走势是非常有意义的，如果加上大单坚决买进，甚至有追高的大单表现（见图 5-73 和图 5-74），那么这样的分时走势就更能证明日 K 线作为底部的价值了。

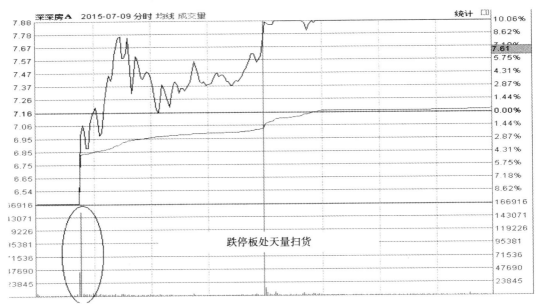

图 5-73 抄底格局的分时走势实例 1

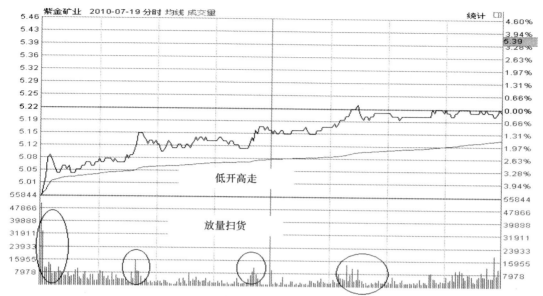

图 5-74 抄底格局的分时走势实例 2

　　除了从心理层面来解读抄底格局，还应该结合行为面（P）或者 "技术面"来进一步提高研判的准确性。驱动面是 "因"，行为面是表象，我们可以通过表象来确认原因和本质。抄底格局出现时会有一些用于确认的行为面（P）特征，如价格在斐波那契点位获得支撑，或者是 KD 出现超卖金叉，或者是底背离出现（见图 5-75），或者是 K 线反转组合出现，或者是空头陷阱出现等。

　　上述驱动面、心理面、行为面中哪个是矛盾的主要方面？当然是驱动面，"最后一次利空题材兑现"构成了抄底格局，其他方面只是矛盾的次要方面，但是却可以帮助我们提高对矛盾主要方面的理解和把握。

　　除了个股层面，还需要结合大盘层面和板块层面来预判抄底格局。在什么样的大盘背景下，抄底格局可靠性更高？个股的强势要足以对抗大盘的弱势，这个需要个股本身的格局足够强、题材生命力足够强，完全将希望寄托在个股身上，操作起来安全系数必然下降不少。个股出现绝佳的抄底格局必然要求大盘是企稳或者上涨的，所以大盘

底背离其实只是一个 "相"，记住 "凡有所相，皆是虚妄"。底背离之后继续大跌并非小概率事件。

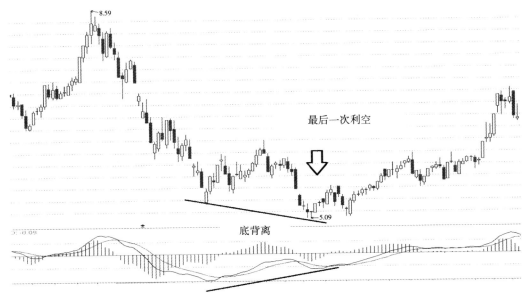

图 5–75　抄底格局和底背离

分析对于个股题材投机是非常重要的。有时候大盘与个股同时处于熊转牛的拐点处，这个时候能否正确认识到大盘的转势对于能否正确把握个股的抄底格局极其重要。否则，就会因为大盘判断失误进而延误介入个股抄底格局的行动。

　　大盘关系到个股抄底格局的可靠性，板块也是如此，虽然板块不及大盘重要，但是板块内的联动效应不可忽视。你所操作的个股是不是龙头股，对于抵抗大盘波动风险的意义非凡。如果不是龙头股，那么龙头股本身走势也会影响你所操作个股的波动，所以龙头股也是风向标。板块没有联动效应或者龙头股较弱，都会制约你抄底的成功率。题材投机的高手一上来就看格局，同时也会关注大盘和板块，能不能抄底并不是一个简单的技术指标和 K 线形态判断过程，也不是简单地根据分析师的评论来操作，如果你能够按照九宫盘的指导去判断什么时候可以抄底，什么时候不能抄底，那么逢低买入的成功率和报酬率就会不断地提高。当然，九宫盘是一个基础，是一个路标，要前进还需要靠不断地复盘反思，日记就是非常好的复盘工具。

　　基于九宫盘展开分析和复盘，你的水平将提高得非常快。

基于九宫盘的抄底格局预判方法，我们已经基本交代清楚了，接下来就要讲一下抄底格局下的操作手法了。抄底其实是抓底部反转点，单从纯技术趋势派的角度出发，这是很难做到的，而且也是危险的，因为下跌过程中的反转点只有一个，但是虚假信号却有很多个，甚至可以说有无数个技术反转信号。如果单靠技术去抄底，肯定是"高危做法"，要站在格局的角度去看待技术信号才能做到不为一叶障眼，靠技术指标去验证技术指标效果其实是有限的，如用斐波那契点位去验证 K 线反转组合等。抄底格局讲求的也是"截短亏损，让利润奔腾"，这与追涨格局类似，也就是说将初始止损放在恰当的支撑位下方，然后等待行情发展，如果跌破你设定的止损，那么说明你此前的分析被否定了（见图 5–76）。

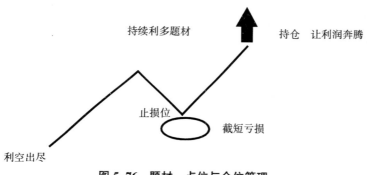

图 5–76　题材、点位与仓位管理

这里多说两句止损的问题，大家可能听说过乔治·索罗斯，他的交易哲学与卡尔·波普和哈耶克有密切关系。他认为人的认知永远是不完备的，因此结论的可证伪性就非常重要。我们对行情的认识也是绝对不完备的，那么行情分析的结论当然也要有可证伪性，这就是止损的设置。一个交易如果不设定止损，那就意味着这个交易的假设是不可证伪的，当然也就是一个不科学的假设，推而广之就是不科学的交易。

前面提到的追涨格局和本节的抄底格局都遵循一样的仓位管理原则——"截短亏损，让利润奔腾"，具体方法就是跟进止损。

第四节　杀跌格局：中短期还能更坏

"连续利空题材"构建了"杀跌格局"，在什么情况下连主力也要不计成本地杀跌出货？肯定不是一次性利空或者最后一次性利空。主力最怕的是中短期找不到对手盘接货，而"连续利空题材"的存在就使得主力找到足够多的高位对手盘的希望破灭。无论是过去还是将来，单靠技术走势的漂亮就想聚集足够的人气是几乎不可能实现的任务，任何人气的持续聚集都必须靠题材或者业绩。

筹码和对手盘是一枚硬币的两面，你理解了吗？

无论任何格局之后出现杀跌格局，都是我们最需要严阵以待的时刻，所以你可以错过追涨格局，可以错过抄底格局，可以错过震荡格局，也可以错过最佳的盈利兑现时机，即逃顶格局，但是绝不能忽略杀跌格局，因为这类格局一旦被套，本金和心态会遭受最大的双重损失。

杀跌格局的核心构成是"连续利空题材"的潜在链条，其外围组成和线索则涉及行为面（P）特征和心理面（O）特征。我们接下来就具体讲讲这些次要特征和外围线索，如行为面（P）特征。连续利空题材出现过程中各种支撑位会被不断跌破（见图 5-77 和图 5-78），包括所谓的前期低点和斐波那契点位，这个时候支撑位附近的成交量会出现放量下跌的特征，这是因为技术派在抢反弹或者抄底。杀跌格局中会出现技术性反弹，反弹的高点往往在 0.382~0.618（见图 5-79 和图 5-80）。连续利空题材如果比较大，那么可能在此期间出现跌停甚至连续跌停的情况（见图 5-81），这个时候就是缩量下跌了，因为接盘太少，所谓的地量下跌也可能出现，往往对应着一字跌停板。

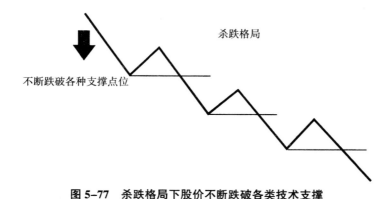

图 5-77　杀跌格局下股价不断跌破各类技术支撑

图 5-78　杀跌格局下股价不断跌破前期低点

在 K 线组合方面，空方炮（见图 5-82 和图 5-83）、连续阴线、下降三法等持续下跌 K 线较多。事后会发现阴线往往多于阳线，这就是格局在走势上的微观体现。由于不断下跌，以 KD 等震荡指标的超卖信号往往很难作为抢反弹的信号，就是偶尔有反弹，其高度也会极其有限。多重底背离经常出现在股价连续下跌的过程中（见图 5-84），所以很多纯技术分析方法，如"缠中说禅"对底背离的强调其实是忽视了格局的，真正用起来就会知道是怎么回事

单纯根据 K 线来琢磨趋势，只会南辕北辙。

了。背离之后还有背离，即使你每次都设定好合理的止损，那么胜算率也会下降不少。技术分析的意义在于仓位管理和确认驱动—心理因素，如果你想要单凭它来预测行情，无异于痴人说梦。

图 5-79　杀跌格局中的技术反弹实例 1

图 5-80　杀跌格局中的技术反弹实例 2

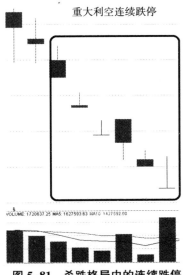

重大利空连续跌停

图 5-81 杀跌格局中的连续跌停

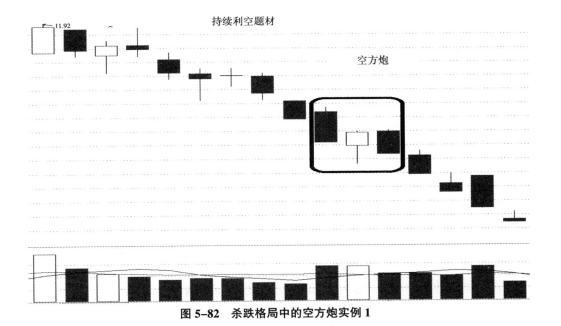

持续利空题材

空方炮

图 5-82 杀跌格局中的空方炮实例 1

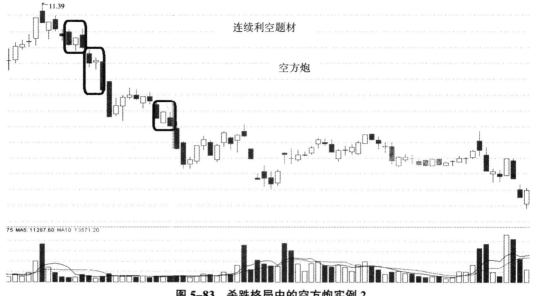

图 5-83　杀跌格局中的空方炮实例 2

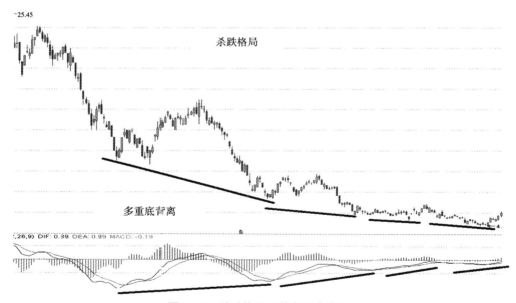

图 5-84　杀跌格局下的多重底背离

　　在杀跌格局中，个股较可能跌破 250 日最低点，而这未必是最低点，其中不少个股此后将开启继续下跌的历程。出现持续利空题材的个股往往意味着其基本面差于一年以前，那么跌破 250 日最低点就是大概率的事情了。

　　杀跌格局的分时走势往往是高开低走（见图 5-85）、早盘冲高回落（见图 5-

86）、低开低走（见图5-87）、平开低走、开盘跌停（见图5-88）等，杀跌格局就是"聪明的资金"明白后续下跌空间很大，所以越早出场越好。杀跌格局中的分时下跌以显著放量为主，反弹成交量则以缩小为主。

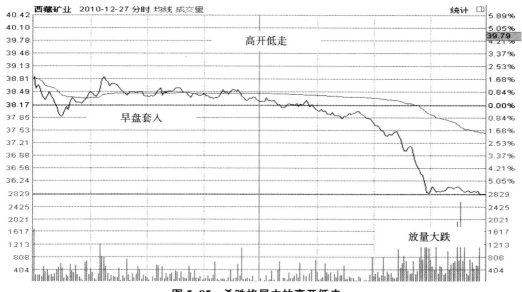

图5-85 杀跌格局中的高开低走

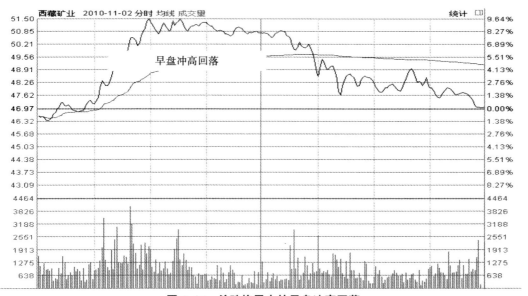

图5-86 杀跌格局中的早盘冲高回落

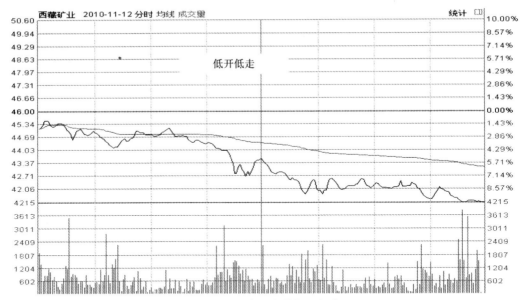

图5-87 杀跌格局中的低开低走

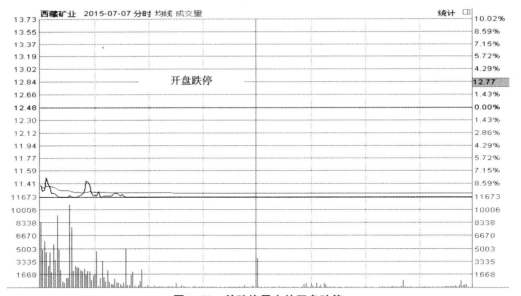

图5-88 杀跌格局中的开盘跌停

在席位上可以找到杀跌格局的一些线索，不过这只能满足对极少数热点个股追踪的需要。在杀跌格局中，卖出前五位的往往是游资和机构，而买入的则是散户或者操作向来比较差的大资金。

杀跌格局中的成交量会阶段性放大，然后缩小，之后再放大，所以不能认为

"单纯地放量就是杀跌，单纯地缩量就是下跌结束"。量不能单独看，量代表某种行动，至于为什么有这样的行动还需要结合其他因素来考虑，如题材这个最为重要的因素。杀跌格局结束与否如果仅从成交量缩小或者放大是不能断定的，甚至在概率上也无法做出判断，因为局部性的放量或者缩量只是表明市场在当下的特征。诊断盘面和诊断疾病也是相同的道理，不能头痛就认为是头的问题，脚痛就认为是脚的问题。绝大部分技术分析书籍的问题就在于将局部的信息绝对化了、机械化了，仿佛只要出现某种信号就一定是某种原因导致的，进而就一定会出现后续影响。

　　杀跌格局与大盘关系比较密切，除非个股基本面较为糟糕，否则在大盘上涨的情况下，个股很难出现杀跌格局。大盘属于系统风险范畴，制约着个股的表现，如果大盘转熊，那么个股因连续利空题材的出现就更容易出现杀跌格局。板块与大盘类似，也属于系统风险，如果个股是因为板块层次的题材下跌，那么个股是否出现杀跌格局就要看板块层面的题材生命力了，如产业利空政策的题材生命力。中央严控"三公"消费，而高端白酒属于这个范畴，整个板块都要受到冲击，那么这个政策的生命力怎样呢？这个因素决定了杀跌格局成立与否，是一次性利空还是持续利空，这个就要做好基本面的分析了。所以，炒股的功夫根本不在于"炒"这个字，而在于把股票本身琢磨透，这才是真功夫。看看技术指标就进场下单，这纯粹是自欺欺人。

　　杀跌格局如何操作，需要遵循什么原则？融券做空对于绝大多数交易者并不靠谱，大资金融券做空更容易引发上市公司的狙击，所以杀跌格局能够做到的就是持币观望。你可以去操作其他个股，但是对处于杀跌格局中的个股必须"作壁上观"。追涨格局和抄底格局是"跟进止损"，杀跌格局是"作壁上观"。至于抢技术性反弹这类"火中取栗"的事情，是不能去做的，管住手就是最大的胜利。

　　只有一些格局可以持股，这个观点将挑战你的天性。

第五节　逃顶格局：中短期不能更好

"最后一次利多题材"构建了"逃顶格局"，含混不清的"利多兑现"其实指的也是这样的格局，只不过讲"利多兑现"的人自己也搞不清楚如何定义"兑现"，自然也解释不清为什么某些利多兑现后股价会继续上涨，而有些利多兑现后股价就会拐头一路向下（见图5-89）。

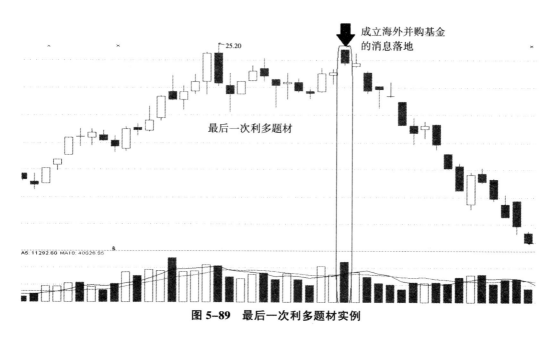

图 5-89　最后一次利多题材实例

逃顶格局主要是"最后一次利多题材"主导，而这个格局表现出的一系列价量特征同样也需要引起我们注意，这个就要从行为面（P）和心理面（O）去关注了。首先来看大家比较熟悉的行为层面，逃顶格局与顶背离关系较为密切（见图5-90和图5-91），这是因为在最后一次利多题材兑现之前，"聪明的资金"已经开始陆续撤退，但是后知后觉的资金可能还在热情饱满地买入，这样能使价格继续上涨，但是动能指标却与价格上涨构成顶背离的迹象。在这种情况下，顶背离表明上涨动能衰竭了，这是非常直观的表象，而如果加上"最后一次利多题材兑现"这一本质，那么对后市研判的准确率就会高很多。

图 5-90 最后一次利多题材与顶背离实例 1

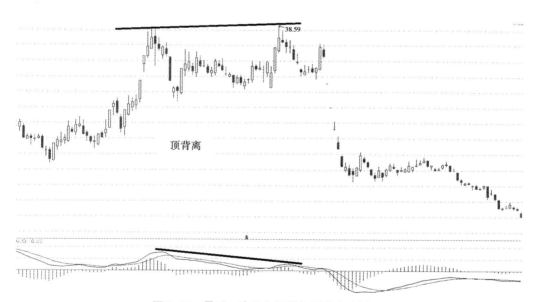

图 5-91 最后一次利多题材与顶背离实例 2

　　逃顶格局还会与斐波那契投射点位有一定关系，经常用到的点位是 1 倍、1.382 倍、1.618 倍等，也就是说最近一波上涨的幅度与上一波上涨幅度的比率为 1~1.618 倍。如果你仅利用斐波那契点位去预判顶点，那么可以说错误率是极高的，要么价格达不到，要么价格远远超过这一点。

　　纯技术面上运用斐波那契线谱你将遭遇很多困惑，如果你能够结合驱动面和心理面来使用，效果将非常好。最后，别人还真以为你是纯技术面的高手。

另外一个更为现实的问题是斐波那契点位不止一个，而是很多个，你怎么知道哪一个是真正有效的呢？这个时候就要结合驱动面一起分析了，同时 K 线形态也应该纳入进来。如在 1.618 这个投射点位出现了乌云盖顶，同时当日是"最后一次利多题材兑现"，那么这个点位成为顶部的可能性就非常大。我们来看一些最后一次利多题材和斐波那契投射点位的实例（见图 5-92 至图 5-96）。

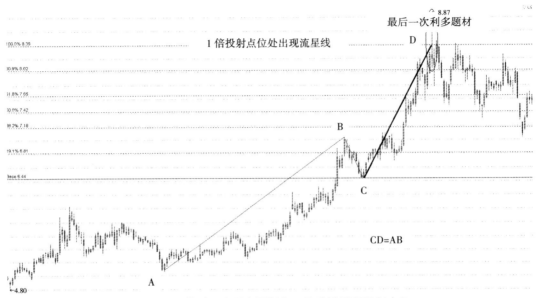

图 5-92　最后一次利多题材与 1 倍斐波那契投射点位

图 5-93　最后一次利多题材与 0.618 倍斐波那契投射点位

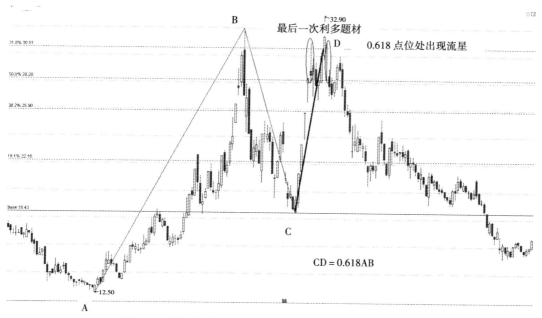

图 5-94 最后一次利多题材与 0.618 倍斐波那契投射点位

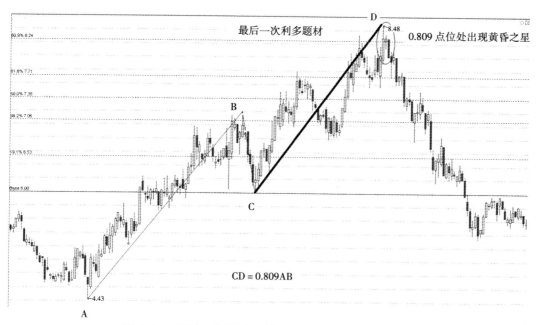

图 5-95 最后一次利多题材与 0.809 倍斐波那契投射点位

图 5-96　最后一次利多题材与 1 倍斐波那契投射点位

观察价格对题材的反应情况，就是价格和题材结合起来分析的一种具体方法。

上文也提到了 K 线组合，K 线组合是一个局部信息，在真正的顶部出来之前，会有很多看跌反转 K 线组合，那么哪一个是真正的顶部？这个就要结合题材去分析了。反过来也是有道理的，某些题材的性质你可能判断不出来，这个时候你就要看市场对这个题材的反应了，高手都是精于此道的。

上面讲的斐波那契、动能背离、K 线组合都是价格特征，接下来讲量方面的特征。逃顶格局中容易出现天量（见图 5-97），这个天量往往是在市场极端亢奋、利好众所周知的情况下出现的。这个情景下谁在买呢？肯定是后知后觉的资金在买、从众的资金在买。天量肯定对应极高的换手率，谁和谁在交换？谁的筹码换了谁的资金？这些问题都是很有意思的，可以结合分时走势去思考。逃顶格局除了最后一次利多题材兑现之外，可能还与杀跌格局有关，如个股突然遭遇重大利空，而且是连续性的，那么个股就会杀跌，这之前的顶可能就是多空题材交际的结果。除了这种杀跌的情况，个股出现逃顶格局时，最高点附近总是

有分时诱多的情况，如开盘高走或早盘冲高等，目的是当天套住一些对手盘，进而为当日稍晚时候的抛盘提供更好的环境。席位有时候也能够提供一些有用的信息，但是只能针对一些市场热炒的个股。分析的思路还是看谁在卖，谁在买；卖的人此前买了多少，在什么价位买的；买的人此前有无介入该股，是什么操作风格，买入的理由可能有哪些等。

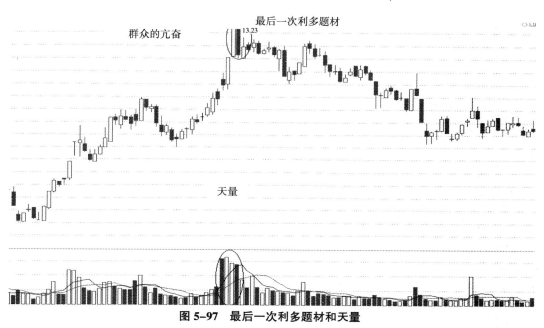

图 5-97　最后一次利多题材和天量

　　除了关注价量和资金的动向，我们在判断逃顶格局的时候还需要关注大盘和板块的走向，这对于判断逃顶格局也具有非常重要的意义，很多个股本身可能具有持续上涨的能量，但是由于这种能量并没有强大到足以抵消大盘下跌的影响，所以在大盘暴跌的时候这些个股也会跟随一路走低。板块题材"熄火"也会带动整个板块的个股下跌，如果你的个股上涨有一部分原因是板块题材，那么注重板块题材生命力和板块联动情况是非常重要的，而且板块的龙头股往往是风向标。

　　前面讲的是如何分析逃顶格局，现在要讲一下如何在

　　情景规划是题材投机客推断未来行情走势的一项工具，具体而言就是将所有可能性列出来。实际操作中，不可能做到列出所有情景，但是要列出不少于三种情景。

285

这种格局下操作。如果你经过认真而全面的分析，发现这是中期内能够看到的最后一次性利多，那么你该怎么办？继续持股可能面临三种可能（见图 5-98）：第一种可能是股价稍微回落进入震荡区域，这种情况下你的浮盈回落较少；第二种可能是股价由于主力大幅出货引发后续的抛盘，股价持续下跌，这种情况你的浮盈可能化为零，并且盈利变成亏损也是经常发生的；第三种可能是意外的利好出现，股价走出新的上涨走势，不过这种情况下技术上会形成新的买点，驱动分析会让我们意识到这是新的格局形成，我们可以按照新的格局性质再度入场。

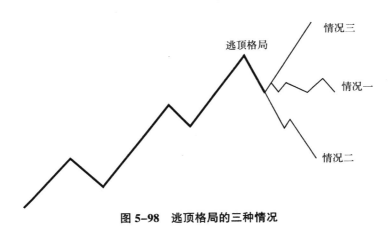

图 5-98　逃顶格局的三种情况

如果是第一种情况，我们现在兑现成本，那么可以增加资金的周转率，进而投资其他处于更高格局的个股。在第一种情况下继续持股，虽然不会亏损，但是机会成本却不低。如果是第二种情况，那么兑现更是最佳的选择。第三种情况其实属于新格局的问题，我们可以按照新格局的性质做出新的选择，所以兑现出来后再做抉择也是最优的。从上述情景规划我们可以看出，如果是近期最后一次利多兑现，那么趁早卖出是最好的选择，这其实就是"同位出场法"。同位出场法可以根据天量、根据斐波那契投射点位等，但最为基本的方法就是看格局本身，然后盘中抛售，这样往往可以卖在行情最高点附近，很多大资金的投机客就是如此操作的。简而言之，最后一次利多题材格局下的操作就是"落袋为安"。

大家是否注意到，在市场上操作的时候，"截短亏损，让利润奔腾"和"落袋为安，君子不立于危墙之下"这两种看似矛盾的箴言都在普遍传播。当"准备让利润奔腾"的时候，大幅回落让浮盈全打了水漂，当选择"落袋为安"的时候，却被大幅上涨的行情气得干瞪眼。这里面的诀窍有很多，这就是格局的差别。什么格局下应该跟进止损，什么情况下应该立即出场，这是理念差别的根本原因。

第六节 震荡格局：回归现状

"一次性利多题材"或"一次性利空题材"构建"震荡格局"，比较理想的震荡格局是股价较长期处于没有消息刺激的横盘整理态势，既无业绩上的亮点也无可供发挥的题材，不温不火就是这类个股的特点。例如，突然某一天有一则利空或者利好消息，不过这则消息既无较长期的影响，后续也缺乏其他同向题材。

"一次性利多题材"可能会夹杂在持续利空题材中，同理，"一次性利空题材"也可能会夹杂在持续利多题材中。如果出现了这类情况，一次性利多往往与下跌趋势中的反弹相联系，而一次性利空往往与上涨趋势的回调相联系。

所以，严格分析起来，一次性题材涉及的其实是两种情形，第一种是"较长期震荡走势的脉冲式走势"，这种走势属于"震荡格局"（见图5-99至图5-102）。第二种是"单边走势中的修正走势"，这种走势涉及"追涨格局"或者"杀跌格局"中的局部走势（见图5-103至图5-106）。

一次性题材涉及四种情形，将这四种情形放到九宫盘中去全面分析则可以提高我们对它们的研判能力。看一下一次性题材在行为层面（P）会有什么相应的特征，这样我们既可以从"实质—题材"出发，也可以结合"现象—价格"来确认。

对于脉冲式情形下的一次性利空而言，往往会出现大实体阴线、长下影线十字星、看涨吞没等的K线组合（见图5-107）。也许开始会放量，但是这个时候往往会缩量，在最低点附近会出现近似地量特征（见图5-108）。相应的KD特征是超卖金叉（见图5-109），下跌或许会在某一斐波那契点位获得支撑。

脉冲式情形　一次性利多

图5-99 脉冲式一次性利多模型

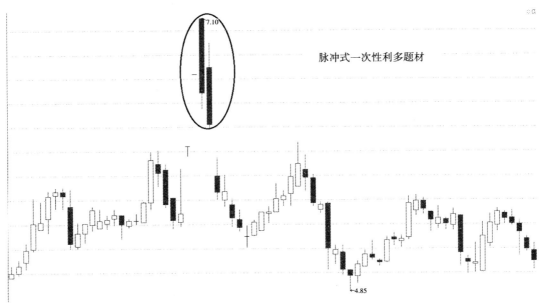

脉冲式一次性利多题材

图 5-100　脉冲式一次性利多实例

脉冲式情形　一次性利空

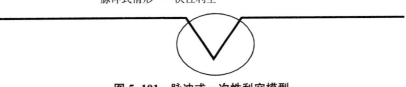

图 5-101　脉冲式一次性利空模型

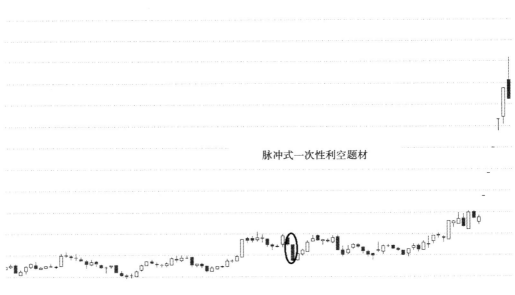

脉冲式一次性利空题材

图 5-102　脉冲式一次性利空实例

杀跌格局情形 一次性利多

图 5-103 杀跌格局下的一次性利多模型

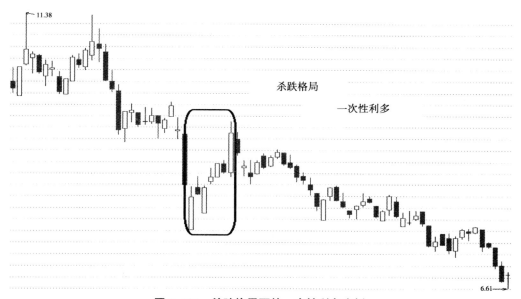

杀跌格局

一次性利多

图 5-104 杀跌格局下的一次性利多实例

追涨格局情形 一次性利空

图 5-105 追涨格局下的一次性利空模型

289

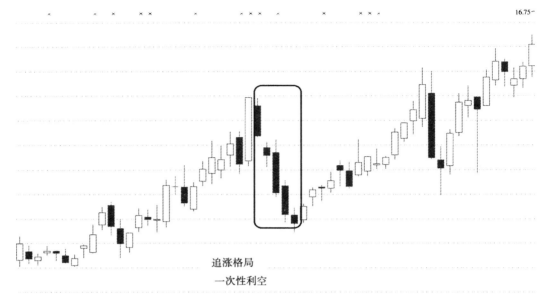

追涨格局

一次性利空

图 5-106　追涨格局下的一次性利空实例

反转 K 线

图 5-107　脉冲式一次性利空与反转看涨 K 线模型

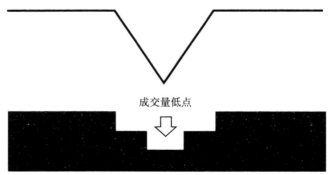

成交量低点

图 5-108　脉冲式一次性利空与成交量模型

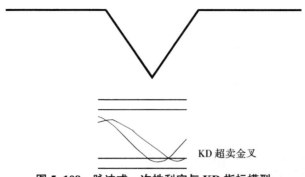

KD 超卖金叉

图 5-109 脉冲式一次性利空与 KD 指标模型

脉冲情形下的一次性利空题材具体怎么走还是会受到大盘和板块的影响，如果大盘趋势向上，那么个股在趋势上不太可能完全处于水平整理状态，而倾向于震荡上涨，只是幅度可能较小，因为基本上属于散户资金在推进。那么，这个时候情况就变得有点类似于"追涨格局下的一次性利空了"。不过，由于普涨导致的个股走高持续性较差，幅度也很小，所以我们还是应该认定为脉冲式情形下的一次性利空格局。如果大盘处于下降趋势，那么个股的一次性利空可能会导致加速下跌，这个时候反而倾向于"杀跌格局"了。所以，真正的震荡格局下的一次性利空往往出现在大盘也处于震荡的过程中。处于震荡格局中的个股对应的板块往往也处于没有连续题材驱动的境地，所以板块的走势可以作为某种印证，如果板块出现异动则需要查看原因，因为个股也逃不掉整个板块带来的影响。

对于脉冲式情形下的一次性利多而言，往往会出现放量大阳线、长上影线十字星、看跌吞没等 K 线组合（见图 5-110），在价格最高点常常对应阶段成交量高点（见图 5-111）。相应的 KD 特征是超买死叉，上涨或许会在某一斐波那契点位遭受阻力（见图 5-112）。当然，任何技术特征都不是机械的，因为技术特征都是想象，而题材性质才是本质，一个本质可以对应无数的现象，你可以通过现象去确认本质，通过本质去认识现象，但是却不能通过现象去推断现象。

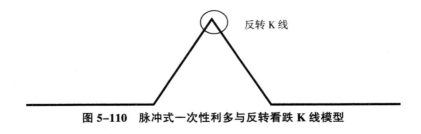

反转 K 线

图 5-110 脉冲式一次性利多与反转看跌 K 线模型

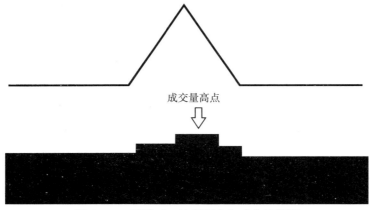

图 5-111 脉冲式一次性利多与成交量模型

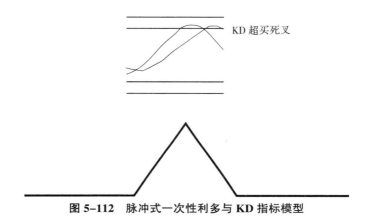

图 5-112 脉冲式一次性利多与 KD 指标模型

与脉冲式情形下的一次性利空相同的是，除非大盘也处于不温不火的状态，否则个股较少处于震荡状态，进而也就不会有非常标准的脉冲式一次性利多格局了。

对于杀跌格局下的一次性利多而言，我们可以结合"斐波那契四度操作法"提出的框架来剖析。反弹的高点往往对应着 KD 的超买信号，接着就是死叉，局部成交量的高点也相应出现。反弹高点会出现某些看跌反转 K 线组合（见图 5-113 至图 5-116），而这些 K 线形态往往出现在斐波那契回撤点位附近（见图 5-117 至图 5-120），这就是 K 线确认了阻力线的有效性。同时，反弹的最高点往往对应着成交量的阶段性最大值（见图 5-121 至图 5-124）和 KD 的超买状态（见图 5-125 至图 5-128）。斐波那契四度操作

题材是行情的灵魂，点位只是行情的表现。

法的四个维度是：K 线、斐波那契点位、成交量和 KD 指标，不过这些都是表象，我们现在用一个"灵魂"将这四个现象维度统一了起来，这就是"题材"。杀跌格局是一个"连续利空题材"造就的，在这个下跌过程中出现了"一次性利多题材"，引发了反弹，这个反弹的高点我们可以通过斐波那契点位出现的反转看跌 K 线来识别，同时通过局部成交量高点和 KD 指标的超买死叉来进一步确认。

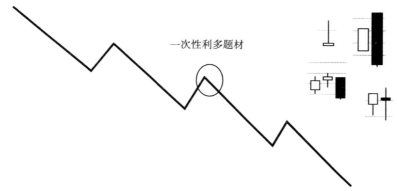

图 5-113　杀跌格局下一次性利多题材与 K 线组合

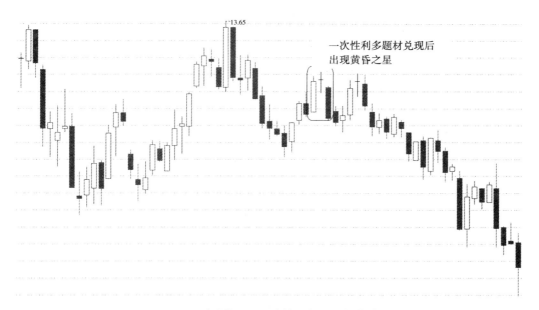

图 5-114　杀跌格局下一次性利多题材与黄昏之星

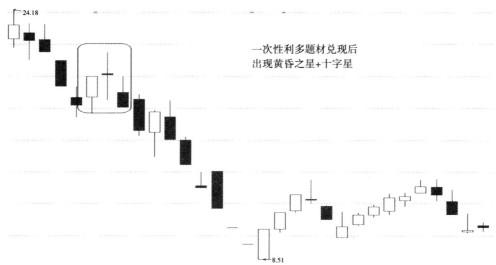

一次性利多题材兑现后
出现黄昏之星+十字星

图 5-115　杀跌格局下一次性利多题材与黄昏之星+十字星

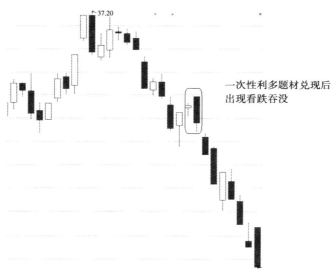

一次性利多题材兑现后
出现看跌吞没

图 5-116　杀跌格局下一次性利多题材与看跌吞没

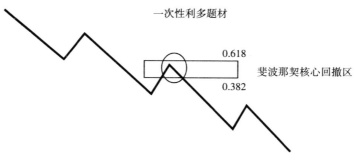

一次性利多题材

0.618

斐波那契核心回撤区

0.382

图 5-117　杀跌格局下一次性利多题材与斐波那契回撤点位

图 5-118 杀跌格局下一次性利多题材与斐波那契回撤实例 1

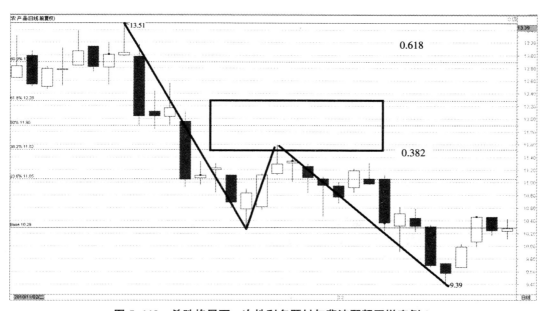

图 5-119 杀跌格局下一次性利多题材与斐波那契回撤实例 2

图 5-120　杀跌格局下一次性利多题材与斐波那契回撤实例 3

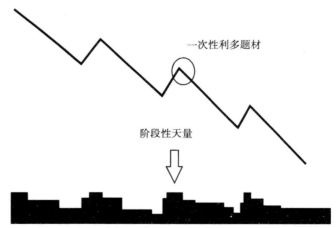

图 5-121　杀跌格局下一次性利多题材与成交量模型

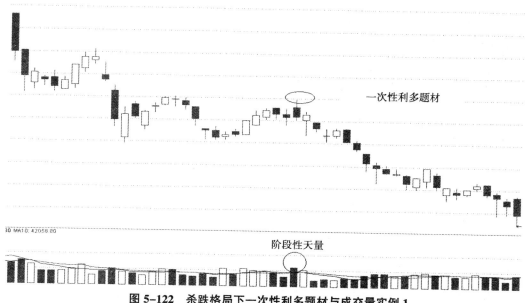

图 5-122 杀跌格局下一次性利多题材与成交量实例 1

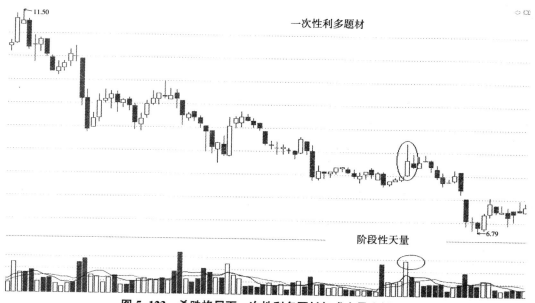

图 5-123 杀跌格局下一次性利多题材与成交量实例 2

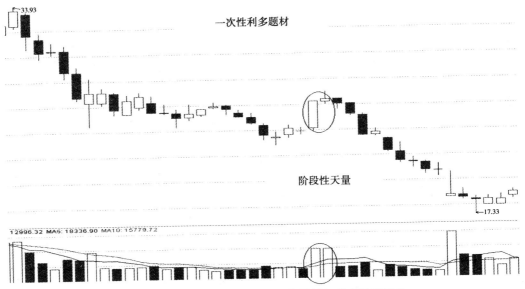

图 5-124　杀跌格局下一次性利多题材与成交量实例 3

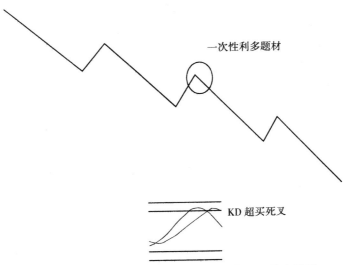

图 5-125　杀跌格局下一次性利多题材与 KD 状态模型

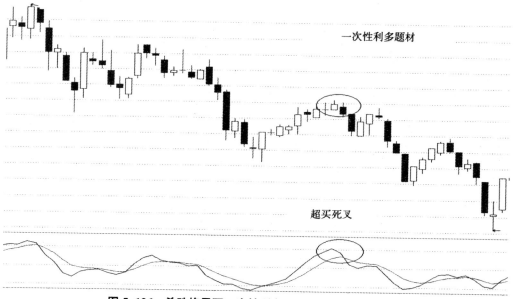

一次性利多题材

超买死叉

图 5-126　杀跌格局下一次性利多题材与 KD 状态实例 1

一次性利多题材

超买死叉

图 5-127　杀跌格局下一次性利多题材与 KD 状态实例 2

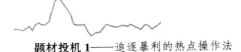
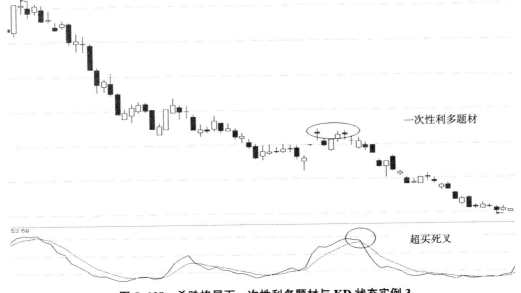

一次性利多题材

超买死叉

图 5-128　杀跌格局下一次性利多题材与 KD 状态实例 3

你要真正把握行情的灵魂，还是要结合题材来看、要结合资金和主力来看、要结合大盘来看。

对于追涨格局下的一次性利空而言，我们还是从斐波那契点位、KD 指标、K 线形态、成交量形态来确认。连续性利多题材主导追涨格局，其间如果出现一次性利空，则股价顺势回落。当然，这里需要区分一点的是，"斐波那契四度模型"可以确认两种类型的调整，第一种是由题材引发的，这就是"一次性利空题材引发的调整"，第二种是由筹码引发的，这就是"由于自然换手或者强迫换手引发的调整"。只要是调整，"斐波那契四度模型"都可以解读，但你要真正把握行情的灵魂还是要结合题材来看，要结合资金和主力来看，要结合大盘来看。可以说"斐波那契四度模型"就是一个"纯行为面"的模型，可以帮助我们综合地理解技术层面的变化。无论是题材引发的调整还是筹码引发的调整，股价往往都倾向于在某一斐波那契点位获得支撑（见图 5-129 至图 5-132），伴随出现的就是 KD 超卖金叉（见图 5-133 至图 5-136）、看涨反转 K 线组合（见图 5-137 至图 5-140）、成交量局部低点（图 5-141 至图 5-144）等特征。

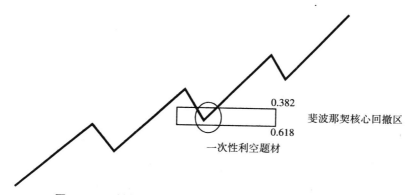

图 5-129 追涨格局下一次性利空题材与斐波那契回撤点位

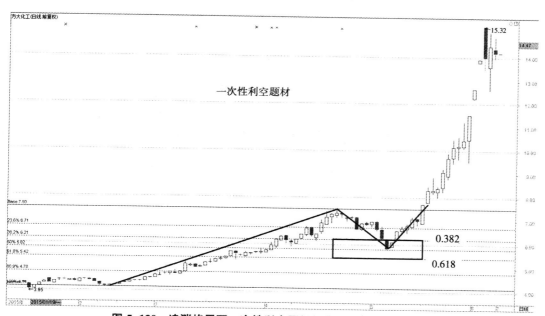

图 5-130 追涨格局下一次性利空题材与斐波那契回撤实例 1

图 5-131　追涨格局下一次性利空题材与斐波那契回撤实例 2

图 5-132　追涨格局下一次性利空题材与斐波那契回撤实例 3

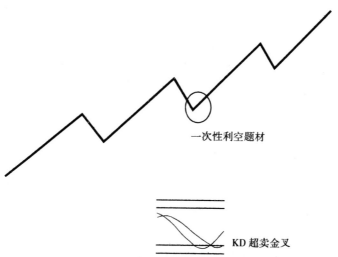

图 5-133 追涨格局下一次性利空题材与 KD 状态模型

图 5-134 追涨格局下一次性利空题材与 KD 状态实例 1

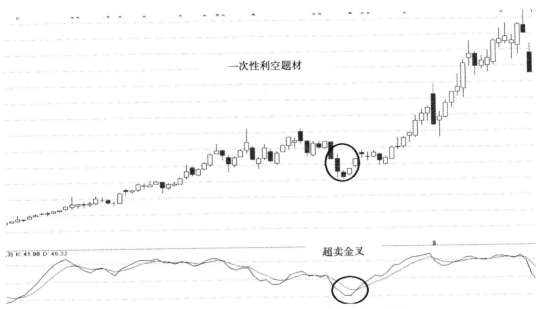

图 5-135　追涨格局下一次性利空题材与 KD 状态实例 2

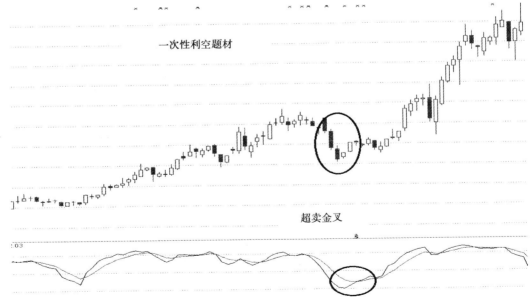

图 5-136　追涨格局下一次性利空题材与 KD 状态实例 3

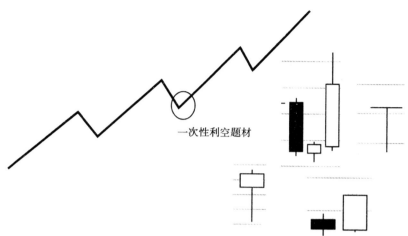

图 5-137　追涨格局下一次性利空题材与 K 线组合

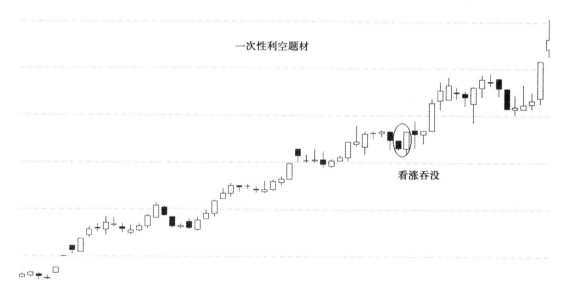

图 5-138　追涨格局下一次性利空题材与看涨吞没

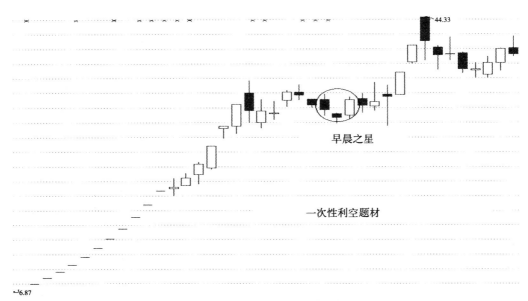

图 5-139 追涨格局下一次性利空题材与早晨之星

图 5-140 追涨格局下一次性利空题材与十字星

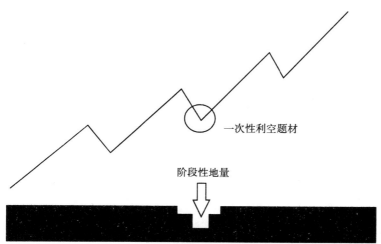

图 5-141　追涨格局下一次性利空题材与成交量模型

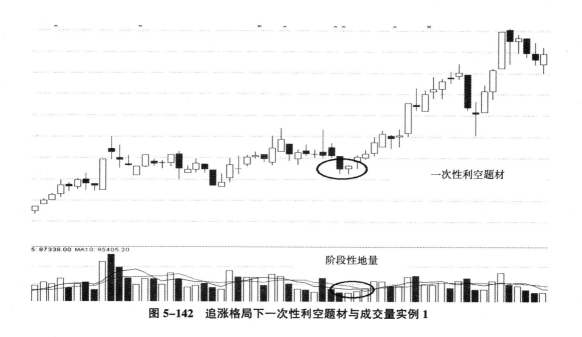

图 5-142　追涨格局下一次性利空题材与成交量实例 1

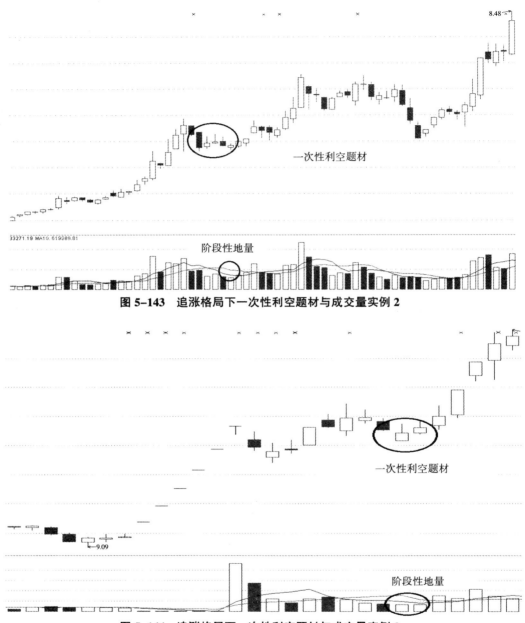

图 5-143　追涨格局下一次性利空题材与成交量实例 2

图 5-144　追涨格局下一次性利空题材与成交量实例 3

　　追涨格局下的一次性利空提供了"见位进场"的机会，相对于突破而作的"破位进场"，这样利润空间更大、风险更小。见位进场和破位进场是最常见的进场方式，见位进场是回撤进场，破位进场是突破进场（见图 5-145 和图 5-146）。无论是追涨格局还是杀跌格局下的一次性反向题材，我们都不能忽视大盘的影响，因为

大盘对个股的走势有增强或者削弱的作用。大盘下跌，个股本来要下跌，那么大盘就是对个股的增强，使个股跌得更凶；大盘上涨，个股本来要上涨，那么大盘也是对个股的增强，使个股涨得更凶。大盘下跌，个股本来要上涨，这个时候大盘就是对个股上涨的削弱。大盘上涨，个股本来要下跌，这个时候大盘就是对个股下跌的削弱。大家在实践中要有这样的意识，无论什么个股格局，都要看大盘，都要看筹码和对手盘、看板块、有一致而科学的仓位管理方式。

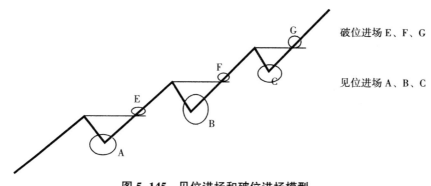

图 5-145　见位进场和破位进场模型

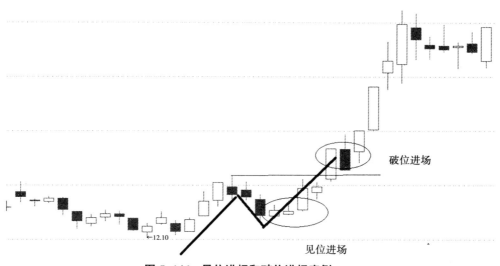

图 5-146　见位进场和破位进场实例

面对一次性题材，我们究竟应该如何操作？应该遵循什么样的操作原则？对于"脉冲式走势"我们一般置之不理，喜欢"倒价差"的小资金会做一些"一次性利空题材"兑现时买入的操作，不过利润空间不大，一旦资金达到一定数量，这类操

题材影响力已经完全兑现的格局，意味着价格反向运动的可能性更大。

作就不会那么顺畅了。对于"追涨格局"中出现的"一次性利空题材"，其引发的短线回调是非常好的入场和加仓机会。对于"杀跌格局"中出现的"一次性利多题材"而言，其引发的短线反弹往往是出货的机会。如果要给所有的一次性题材一个最简单的操作原则，那就是"反其道而行之"。一次性利多题材出现，无论是处于"震荡格局"还是"杀跌格局"，一律以卖出为准；一次性利空题材出现，无论是处于"震荡格局"还是"追涨格局"，一律以买入为主。当然，对于一次性利空题材，如果处于"震荡格局"则最好不操作，除非是"倒价差"的短线小资金。

格局是本章的核心话题，而格局本身又是围绕题材性质建立起来的。我们介绍了五种格局，它们分别是追涨格局、抄底格局、杀跌格局、逃顶格局和震荡格局。围绕这五种格局，我们分别介绍了其中相应的价量特征，以及大盘和板块因素在其中的影响和意义。格局决定了我们的操作原则，所以在每种格局的最后我们又介绍了相应的进出加减的原则和方法，希望对读者朋友们有所帮助。

题材投机不能忘记"安全空间"

故善战者，立于不败之地，而不失敌之败。是故胜兵先胜而后求战，败兵先战而后求胜。

——孙武

失败并不是成功的关键，关键是从失败中系统地学习，密切观察哪些事情行之有效，哪些事情做错了，而且要利用好这一信息。

——彼得·西姆斯

迨天之未阴雨，彻彼桑土，绸缪牖户。

——《诗经》

题材投机是一项"唯快不破"的功夫，因为收益高风险也高，所以必须胆大心细。前面几章着重讲了题材、主力资金和N字结构三方面的内容，这是综合性的框架。在这个市场，只有综合分析才能持续赚钱，想要靠单纯的技术分析，或者"偏听"一两则利好就想赚钱，那是痴心妄想。单纯的技术分析如果加上严格的资金管理在遇到大行情的时候确实能挣到大钱，但如果仅是单纯的技术分析加上毫无章法的资金和仓位管理，那么就只能输得一塌糊涂。

止损是最后的防线，是不得已之举，为了争取最大的主动，我们必须注意"安全空间"这个问题。题材投机是以赚快钱为主，但是挣快钱是最不容易的，把握不好就容易亏钱，所以我们要注意"安全空间"这一问题。

对于本金来讲，存银行可以保证名义上的价值，但是遇上持续的通货膨胀，那是极不安全的。在通胀时期，银行存款其实是缺乏安全空间的。也许在通胀时期持有商品比现金更安全，但是如果判断错误，在通胀转为通缩时持有了商品，那么持有商品也是不安全的。所以，安全与不安全并不在于是否进入金融市场操作，而在于你如何因势利导地配置自己的资产，只有抱着系统论的思维去操作才能真正享受到足够的安全空间。本章将从多个方面来介绍如何构建有足够安全空间的题材投机操作，关键在于系统思维。

第一节　安全源于主力的存在

对于题材投机而言，中短期价格的波动与账户的净值密切相关，越是大的波动对净值的影响越大，而大的波动与主力的运作是密切相关的。因此，要想在题材投机中获得足够大的安全空间，就不得不注意主力的存在和意图，本节的标题是"安全源于主力的存在"，下面就从四方面来介绍。

主力的底牌是什么？他持有筹码的平均成本！

（1）主力成本成为很好的防守线。如何计算主力的成本？第一，可以看龙虎榜；第二，可以看倍量或者大量对应的价位区域。某些异动日其实也是主力进场的日子，因此龙虎榜当中的席位买入和卖出信息可以作为推理依据，可以从买入金额和成交量推断出大致的买入成本（见图 6-1和图 6-2）。如果该席位经常以游资的身份出现，再结合此前参与个股的走势就可以大致推断出风格。一般情况下，如果主力初次介入，那么主力买入的成本是很难被跌穿的，主力洗盘如果显著低于自己的成本，那么就给了其他主力或者大户拿到廉价筹码的机会。大家可以想想，如果有大资金拿到的筹码比主力低，那么这些资金就具有更大的主动权，盈利空间更大，可以跑得更早，这样主力就相当于"帮别人抬轿"了。所以，主力的成本线其实就是主力的底线，知道主力的底线，就相当于知道了对方的底牌，那么无疑就提高了你此后出牌的胜算率，自然也就提高了安全性。

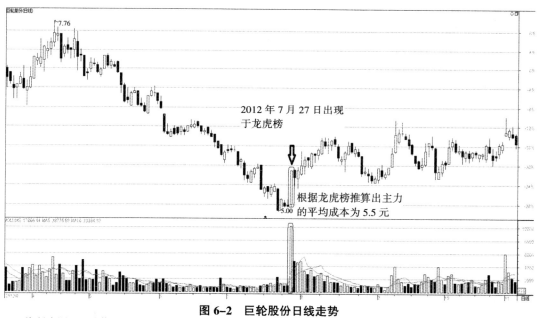

图6-1　巨轮股份7月27日龙虎榜数据

资料来源：同花顺网站。

图6-2　巨轮股份日线走势

资料来源：通达信。

　　龙虎榜是比较准确的数据，但是很多情况下我们关注和操作的个股可能都没有及时的龙虎榜数据可以参照，那么该怎么办？这个时候就可以关注成交量，毕竟成交量是可以及时获得的数据。现在的主力都讲求资金运用效率，运作项目肯定也要计算时间成本，所以主力肯定不会为了避人耳目而长时间低吸。现在市场上的大资金不少，相互之间有竞争是必然的，如果为了避人耳目而低吸，那么难免会在这期间遭遇其他主力资金的介入，为了避免这种情况的发生必须"速战速决"。既然这

个市场上的大资金对于好的题材个股急不可耐，那么就注定了其在吸筹的时候会露出马脚。这个信号就是成交量在低位显著放量，如图 6-3 和图 6-4 所示。是不是所有低位的放量都是主力介入呢？这就未必了。有两种情况要排除，第一种是出现单一利好题材，这个题材市场上的散户基本都知道，那么这个上涨很有可能是散户在抢筹。一个题材不管其持续性如何，如果散户在低位拿了太多筹码，那么主力肯定不会直接拉升。所以看均笔成交很重要，如果显示是散户在抢筹，那么这样的显著放量就不要轻易介入。定性的分析就是看一个题材是不是已经变得众人皆知，如果是，次日的放量上涨就没有必要介入了，这时候散户抢进的筹码太多，主力有货就会出货，没货也会旁观。如果这个题材此后会持续有新的亮点，那么主力可能会想办法让散户把筹码"吐"出来，如直接拉涨停再不断开板，让散户想要落袋为安进而抛出筹码等。第二种是大盘出现暴涨，带动个股放量上涨，这也是系统性因素，不能因此断定有主力介入该个股。如果排除了上述两种主要情况，那么基本可以断定是主力介入了，主力的成本或底线就是这根显著放量的阳线，这根阳线的最低点是不能有效跌破的，也就是说不能被放量跌破，否则要么表明主力主动放弃运作，要么就是主力有心无力。

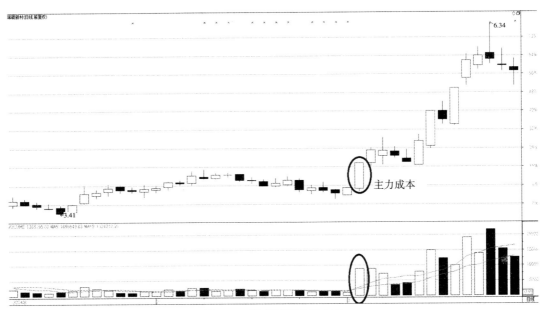

图 6-3　烯碳新材日线走势

资料来源：通达信。

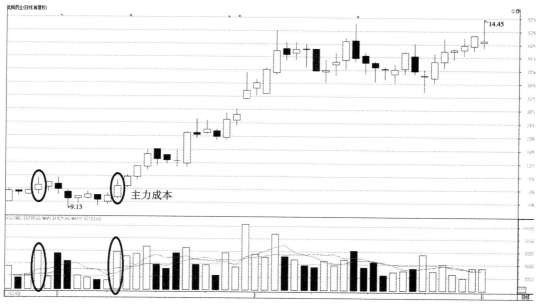

图 6-4　北陆药业日线走势

资料来源：通达信。

（2）主力形成一个方向性的力量，定向发力，可以形成持续性的趋势，提高报酬率和胜算率。有主力运作的个股其均笔成交要显著高一些，主力再有耐心也不可能像散户那样一点点地买或者卖，所以其均笔成交数目肯定要显著大于散户。如图 6-5 所示，主力在其中运作的时候，股价基本上呈现逐渐走高的趋势运动，但是如果主力没有在其中运动，则股价基本上呈现震荡运动。震荡运动只有极少数是较为规则的箱体运动，更多的是高低点不规则的杂乱运动，在这种情况下其实更不好设定盈利目标和止损点。

大家对均笔成交这个指标很没有好感，你很难找到这一指标，行情软件往往将其隐藏了起来。

（3）主力有更多的第一手信息来源和更强的信息处理能力，可以先于散户捕捉到潜在的大利好。

（4）主力与上市公司有时存在某种默契和配合。

如何识别主力的动作和意图？本书的其他部分提到了成交量极大值和极小值的问题，这里面可以看出不少主力动向，如地量之后出现极大量，那么就可能是主力介入了。如果当天大盘并没有出现极大量，该股也没有什么为大众

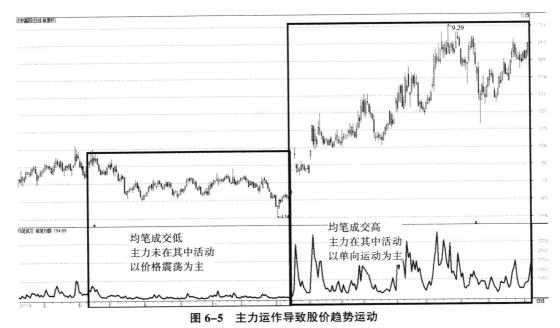

图 6-5　主力运作导致股价趋势运动

资料来源：通达信。

所知晓的利好，那么就可以进一步确认是市场的主力提前知道某些利好而介入，这种情况下的行情就具有持续性。假如某一天因为突发利好，筹码蜂拥而入，如果前期没有放过大量，同时利好是后面提到的"单一利多题材"，那么今天涌入的筹码可能以散户为主。这样的行情往往走不高、走不远，因为主力前期没有拿到足够的筹码或者根本没有介入，散户把筹码抢了，主力就算要拉升也不会在建仓不成功的前提下拉升，所以这种行情往往是"一日游"。总之，没有主力的行情是不安全的行情，因为没有主力的行情持续性极差，容易被套！

题材和主力提供了双保险的行情。

主力的存在为题材投机者提供了一种可以凭借的力量，主力是聪明投机者的保护者，只有主力的存在才意味着可持续性行情的出现，因为采用了更高的盈亏比和风险报酬率。没有题材可以凭借的主力是"莽庄"，没有主力居中运作的题材是"泡影"。

第二节　业绩支撑

业绩是一种扎实的题材，所以做题材投机如果能够获得业绩预期的大力支持，那么安全系数将大为增加。巴菲特方法能够成功的根本前提在于股价反映业绩，否则就存在无风险的套利空间，最终无风险套利者让股价反映业绩。简而言之，价值投资的安全空间源于"无风险套利空间一定会得到消除"。

未来业绩的持续增长其实等同于"连续的利多题材"，这样就为股价的连续上涨提供了"催化剂"。业绩持续向好的预期将吸引以价值投资为主的机构投资者，这些主力的资金实力整体显著强于游资，因为他们的介入为股价中期走牛提供了有力的支持。当你因为题材投机持有这些股票的时候，如果不怕一时被套，止损空间可以放大一点，因为潜在的盈利空间很大，风险报酬率更高。

我们来看几个例子，第一个例子是贵州茅台，如图 6-6 和图 6-7 所示。贵州茅台 2012 年前三个季度业绩是逐步上升的，相应地，股价从 2012 年初一直上涨到 7 月中下旬。然后，业绩从 2012 年第四季度到 2013 年上半年都是下滑的，股价则一直跌到年底。此后，业绩反弹也带来了股价的回升。当然，股价一般是提前或延后反映业绩，这里面包含了预期，但是整体上能看得出来业绩和股价是密切相关的。

第二个例子是尤夫股份，如图 6-8 和图 6-9 所示。尤夫股份的业绩在 2014 年第一季度大爆发，股价也相应地大爆发。

第三个例子是长城汽车，如图 6-10 和图 6-11 所示。长城汽车的业绩出现了冲高回落，股价也相应地冲高回落。

图 6-6　贵州茅台归属净利润季度同比增长

资料来源：东方财富通。

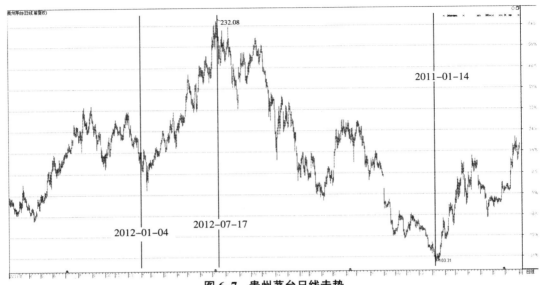

图 6-7　贵州茅台日线走势

资料来源：通达信。

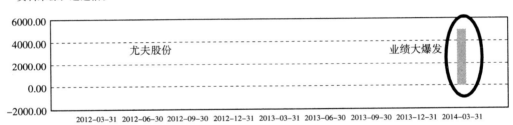

图 6-8　尤夫股份归属净利润季度同比增长

资料来源：东方财富通。

图 6-9　尤夫股份日线走势

资料来源：通达信。

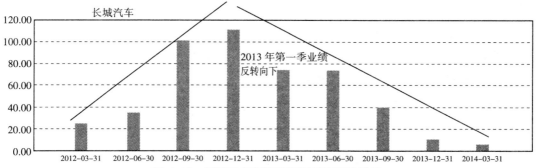

图 6-10　长城汽车归属净利润季度同比增长

资料来源：东方财富通。

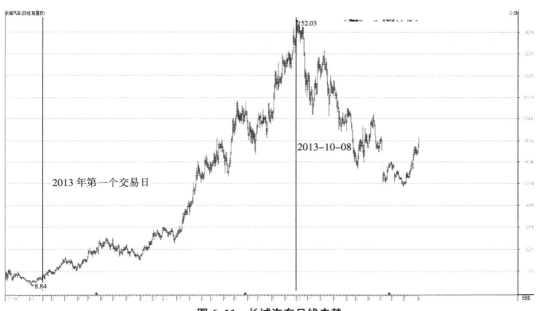

图 6-11　长城汽车日线走势

资料来源：通达信。

　　第四个例子是立思辰，如图 6-12 和图 6-13 所示。业绩出现了 V 字底反转，股价也相应地出现了 V 字底反转。

　　如果一只股票的题材能够得到业绩的支持，那么介入这只股票的胜算率就会高很多，其风险报酬率也会高很多，因而也就提高了安全性。业绩向上的个股，其趋势向上的概率大，在趋势大概率向上的情况下，这只个股出现了一些有想象力的题材，那么进行题材投机则具有最大的安全空间。怎么看业绩呢？多看这个公司未来业绩预期的研报，

　　越是大资金，越要看业绩，光是依赖想象空间，容易被其他大资金断后路。

319

将负面和正面的因素列出来，然后逐一推理，多问几个为什么。投机和投资一样，要成功是需要心血浇灌的。哪怕是自动化定量机械交易，也需要每天维护数据、回顾分析过往交易、完善程序、废弃旧程序、开发新程序。因此，没有简单的成功，我们这里也只能给出一个题材投机的大概率取胜公式：想象空间很大的新兴题材 + 业绩趋势向上 + 阶段低位放量下的主力介入 + 向上 N 字结构 + 大盘不跌 = 最佳的题材投机机会！

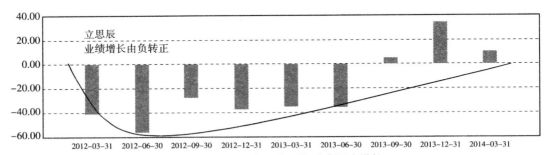

图 6-12 立思辰归属净利润季度同比增长

资料来源：东方财富通。

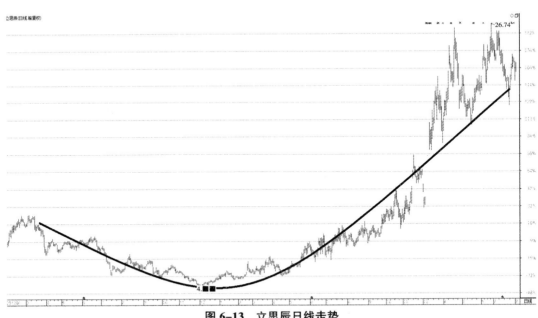

图 6-13 立思辰日线走势

资料来源：通达信。

第三节 题材是连续剧——题材的可持续性

对于题材投机者而言，题材的可持续性越强，则安全空间越大。股价的每一次上涨往往都需要题材的一次刺激，只有连续不断有新的利多消息来刺激，股价才能连续不断地上涨。主力在布局的时候往往也偏好于那些有连续利好题材的个股，这意味着花较少的力气就能将个股持续推高，同时也能够在较高的位置找到更多的对手盘来接货，甚至可以找到其他主力愿意在较高位置接货，因为在某些情况下后面还有题材可以借力。

对于题材投机者而言，借力于大盘可以起到锦上添花的作用，而借力于题材只是一个必须具备的条件，否则就是"莽庄"。"莽庄"往往没有好的下场，因为只知道用蛮力，出货很费劲，往往靠价量来误导以散户为主的对手盘。真正在这个市场活得好且活得久的主力都奉行一个原则——"不斗力"，反过来说就是"借力而行"。

单个题材和连续题材能够借给主力的力量肯定是不一样的，这也决定了具有单个题材的个股和具有连续题材的个股的上涨空间存在较大差异，自然所提供的安全空间就有限。题材持续性强，进场点和出场点的要求就相对低一些，操作中的容错性就更高一些。题材持续性弱，进场点和出场点的要求就相对高一些，操作中的容错性就更低一些，就更容易出错。也许这样说有点抽象，下面我们再详细展开，并举例加以说明。

股价的涨跌主要是由资金是否愿意追高决定的，如果资金只愿意跌下来买，那么股价肯定涨不上去。资金之所以愿意追高是因为预期能够在更高的位置卖出，这样的预期往往来自新兴的利多题材。我们将利多题材分为单一利

> 功夫高手有没有力气？肯定力气显著大于一般人，但是要最大化自己力气的效果，就必须遵循"不斗力"的原则。这就是一个给自己力气叠加杠杆的过程。

多题材和连续利多题材两种类型。单一利多题材具有偶然性和突发性，往往造成散户集中涌入，如果其中存在主力，往往会借机出货，因为主力明白此后股价继续上涨的理由不存在，所以会借这个机会提供的对手盘出逃。单一利多题材指一次性的利好，如政府一次性的补贴，但是金额并不特别大，再如明天要开某行业会议，但是并无新鲜的东西，这种情况往往也是单一利好题材。经历过几次以后，你就会很容易判断出什么是单一利好题材，就是看此后还有新进展的可能性没有。对于单一利好题材，主力往往持有逆向思维，倾向于利用这个机会出货，要么就是场外观望，这样的上涨往往就是"一日游"的散户行情。反过来说，单一利空则往往成为主力进货的机会，为什么呢？单一利空意味着利空出尽，以后不会更差了。这就意味着底部出现了，主力肯定就要进货建仓了。例如，一家公司出了问题，该罚的款全交了，要走的客户都走了，情况不能更坏了，那么就是利空出尽，就是底部了，主力往往选择这个时候进场，而散户往往还沉浸在此前的利空当中不能自拔。例如，大连控股 2010 年业绩一直不好，股价也在下跌，但是在 2011 年初确认了 2010 年业绩不好之后，股价此前的显著下跌已经逐步吸收了这一利空。这次业绩发布会就是一次性利空题材，就是底部，如图 6-14 所示。

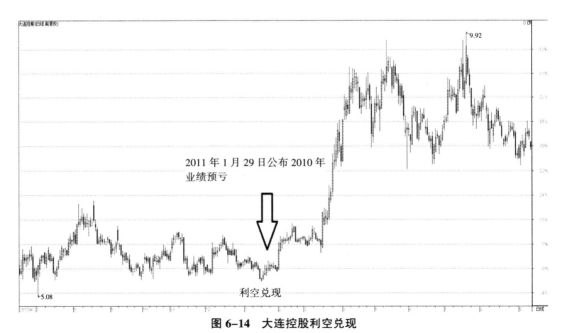

图 6-14　大连控股利空兑现

资料来源：通达信。

主力是以前瞻为主，从现在推未来，而散户则是以回顾为主，从过去推现在。

主力的思维更符合辩证法，是用发展的眼光看问题，而散户的思维则是典型的形而上学，是用静止的眼光看问题。发展的眼光带来更大的盈利机会和更大的安全空间，静止的眼光带来的却是亏损和更大的风险。

　　单一利好题材的出现往往意味着"利多出尽"，那么连续利好题材的出现则往往意味着"可以更好"，股价当然就可以持续上涨。一些重大的政策或者是资产重组往往涉及一系列连续的利好题材，这样股价就有了持续上涨的"催化剂"。只要还有新的"催化剂"出现，股价就不太可能结束上涨趋势。例如，2013年夏天，对于上海自贸区的炒作就是借着连续的利好政策上演的，其中的代表性股票有陆家嘴，如图6-15所示。

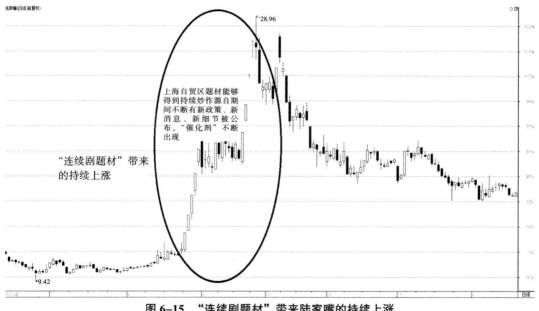

图6-15　"连续剧题材"带来陆家嘴的持续上涨

　　资料来源：通达信。

　　那么，趋势什么时候会反转向下呢？当最后一个利好题材出现时，利多也就出尽了。因此，连续利好题材的最后一个题材等同于单一利好题材，这一题材的出现意味着股价上涨的终结，如图6-16所示。总而言之，在最后一个利

好题材出现之前，主力倾向于以继续做多为主，这时候应该顺着题材指示的方向买进。

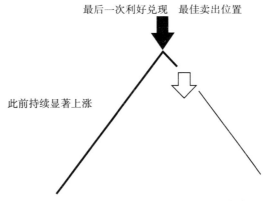

图 6–16　最后一次利好兑现和最佳卖出点

最后，我们总结以下六种情况：①单一利空兑现，这是买进的机会，单一利空题材提供的安全空间很大；②连续利空中最后一次利空的兑现，这也是买进的机会，安全空间也很大；③潜在的连续利多，这是很好的买进机会，安全空间非常大；④单一利多兑现，这是卖出的机会，如果买进，安全空间很小；⑤连续利多中最后一次利多的兑现，这也是卖出的机会，如果买进，往往套在顶部附近；⑥潜在的连续利空，这是最后逃命的机会，如果买进则肯定被深套在相对的高位。

简而言之，安全空间大的情况就是三种：第一种是单一利空题材兑现，第二种是最后利空题材兑现，第三种是潜在的连续利多。

对于第一种和第二种情况的把握存在更大的难度，所以我们集中精力研究第三种情况，也就是说为了提高题材投机的安全性，我们会捕捉那些存在潜在连续利多题材的个股，这就是"具有相当多想象空间的连续剧式"个股。

第四节　恰当的进场位置

在"T＋1"规则下，不恰当的进场会导致出场被动，因为当日不能卖出，所以不能及时止损，主力经常利用这点来高位诱多。在高位诱多，如果大量散户在当日高位买入，相当于当日帮助主力锁仓部分筹码，这样主力在当日后半场毫无顾忌地出货就有了较好的外部条件。所以，如果当日进场不恰当，无论行情日内大跌程度

如何，都不能及时止损出场。这就是在"T+1"制度下，进场位置对出场位置的一个重要影响。

此外，进场位置直接影响风险报酬比。同样的止损幅度下，不恰当的进场可能导致更容易被止损出场；同样的盈利目标价位下，不恰当的进场必然导致更小的盈利空间。更为重要的是，进场位置较低能够更好地应对反向波动，容错空间充分一些，可以稳定投机者的持仓心理。

恰当的进场位置必须从题材、大盘、主力和技术形态四个方面入手。

第一，就题材方面而言，利空题材兑现和利多题材萌芽是最佳的进场时机和位置，如图 6-17 和图 6-18 所示。

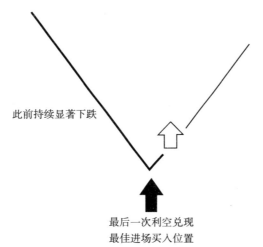

图 6-17　最后一次利空兑现是最佳进场点

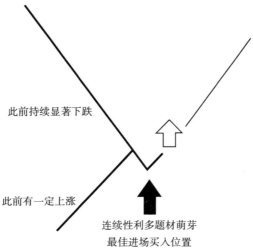

图 6-18　连续性利多题材萌芽是最佳进场点

第二，就大盘方面而言，大盘横盘或者上涨是最佳的进场时机和位置。

第三，就主力方面而言，主力已经明显介入，但未明显获利是最佳的进场时机和位置。主力是否介入，以成交量为主来判断，前面的相关章节已经介绍了这方面的内容，后面讲成交量的时候也会讲这方面的问题。至于主力是否获利，就是看主力的成本，这个可以大致估算一下，方法是前面提到的龙虎榜数据和放量价位推断。

第四，就技术形态方面而言，N 字结构被突破的出现是最佳的进场时机和位置，如图 6-19 所示。

主力进去没有你都不知道，怎么能够捞钱呢？不赔钱都难。主力的动向不是说你能不能洞察出来，而往往是你是否愿意去提问和思考。

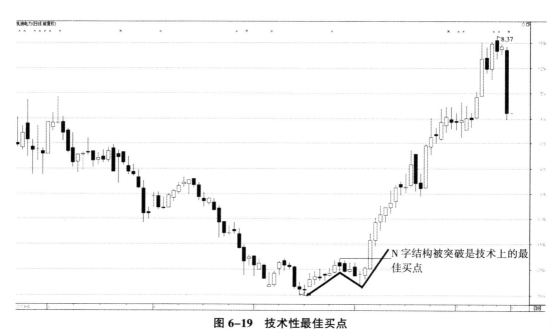

N 字结构被突破是技术上的最佳买点

图 6-19　技术性最佳买点

资料来源：通达信。

第五节　大盘提供系统性安全

个股强于大盘、独立于大盘是一种极其强势的现象，也是少数现象。价值投资可以在大盘持续下跌的时候不断

进场和加仓，但是对于题材投机者而言只可乘势、不可出头。

　　大盘是系统性因素，决定了大的格局，而这个大的格局其实是限制了我们题材投机的操作空间。个股多少都会受到大盘的影响，大盘有助涨助跌的作用，如图6-20所示。

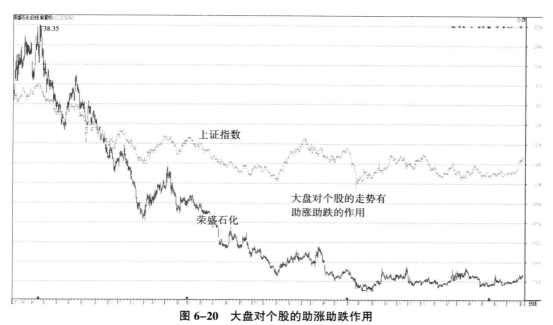

图6-20　大盘对个股的助涨助跌作用

资料来源：通达信。

　　在大盘下跌时逆势上扬的个股放到大盘上涨的情形下往往涨得更猛（在某些庄股的运作中，为了引起大众的注意也可能逆势拉升吸引跟风盘，这就是《孙子兵法》中"实则虚之"的用法）。大盘波动造成散户整体的心理波动，引发群体非理性，而主力往往会利用这点，既然主力都在借力大盘，那么操作个股的时候就不能不关注大盘了。

　　题材的强度和可持续性受大盘加强或者削弱。那么，如何看对题材投机绩效影响较大的大盘中短期趋势呢？

　　第一个要关注的因素是指数的N字形态。《股票短线交易的24堂精品课：驾驭市场的根本结构》一书讲到的"指数N/2B法则：趋势开始的确认信号"对指数的N字形态和相关运用进行了迄今为止最为详尽和实用的探讨，所以本书就没有必要再就同一主题和策略进行赘述，我们简要地对如何通过N字判断大盘指数进行介绍。如图6-21至图6-24所示，如果指数持续下跌（最理想的情况下是经过至少两

波下跌），然后出现向上 N 字，那么大盘转为上涨的可能性较大，此后做个股的题材投机胜算较高。如果指数持续上涨（最理想的情况下是经过至少两波上涨），然后出现向下 N 字，那么大盘转为下跌的可能性较大，此后应该轻仓或者空仓。如果你是做主板的个股，那么以上证指数为主；如果你是做创业板的个股，那么就以创业板指数为主。

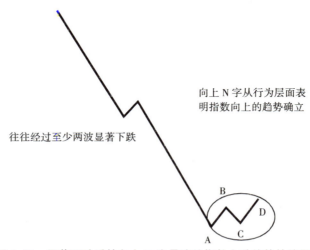

图 6-21　显著下跌后的向上 N 字是确认指数上升趋势的信号 1

图 6-22　显著下跌后的向上 N 字是确认指数上升趋势的信号 2

资料来源：通达信。

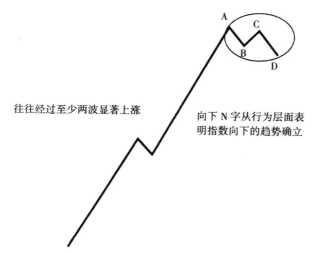

往往经过至少两波显著上涨

向下 N 字从行为层面表明指数向下的趋势确立

图 6-23 显著上涨后的向下 N 字是确认指数下降趋势的信号 1

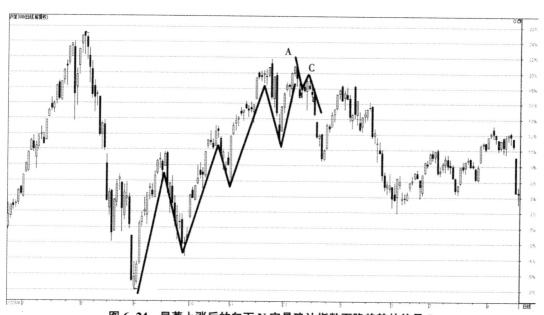

图 6-24 显著上涨后的向下 N 字是确认指数下降趋势的信号 2

资料来源：通达信。

第二个要关注的因素是大盘的量能形态。地量出现后刚放量，则底部确立的可能性较大，可以大胆操作个股了；天量出现后刚下跌，则顶部确立的可能性较大，应该空仓或者轻仓，如图 6-25 所示。

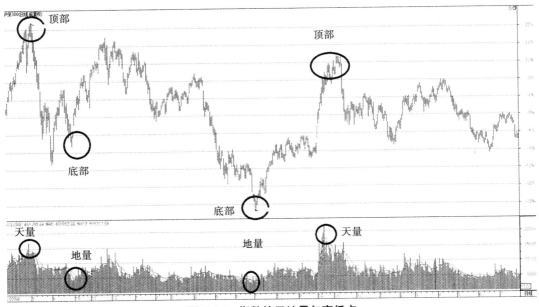

图 6-25　指数的天地量与高低点

资料来源：通达信。

　　第三个要关注的因素是流动性。关于流动性，我们需要了解三个层面的利率市场变化：第一个层面是基本面，以十年期国债收益率为主。十年期国债收益率往往被作为无风险基准利率，因此理论上与股市的走势是相反的，因为其上升会导致股市估值下降。但实际上却不是这么回事，因为十年期国债收益率其实是经济好坏的一个指标，反映的是基本面，因此它与股市在现实中是正相关的，如图 6-26 所示。那么，如何方便地查询这一指标？可以从网站 http：//www.investing.com/上查询即时走势，如图 6-27 和图 6-28 所示。股市对这一指标有中长期的反应。

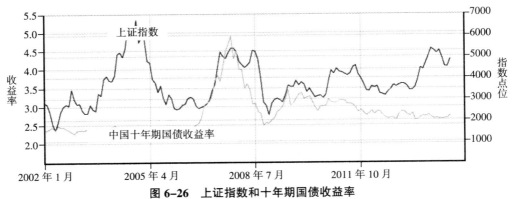

图 6-26　上证指数和十年期国债收益率

资料来源：价值 500 网。

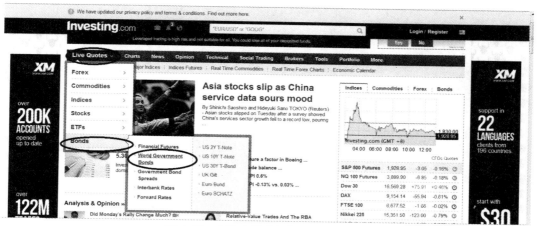

图 6-27 查询中国十年期国债收益率 1

资料来源：investing.com.

图 6-28 查询中国十年期国债收益率 2

资料来源：investing.com.

　　第二个层面是引到流动性的政策面，以央票利率和正逆回购利率两个指标来考察。这两个指标表明了央行的态度，它们是流动性变化的风向标，查询网址是 www.chinamoney.com.cn，如图 6-29 和图 6-30 所示。股市会对这两个指标有短期显著的反应。

图6-29 央票和回购利率查询1

资料来源：chinamoney.com.cn.

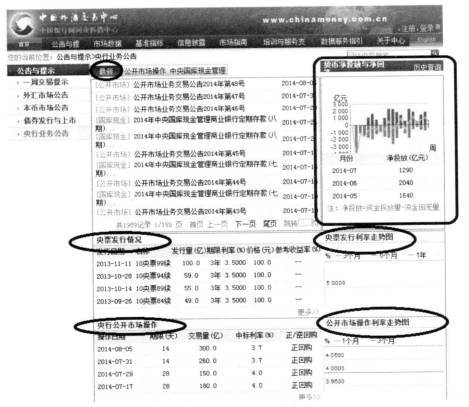

图6-30 央票和回购利率查询2

资料来源：chinamoney.com.cn.

第三个层面是资金面，包括两个子方面：一是银行间资金面，以银行间七天回购利率和银行间拆借利率 SHIBOR 为主；二是社会资金面，以温州指数和珠三角票据直贴利率为主。银行间市场利率的查询网址除了 www.chinamoney.com.cn 之外，还有 www.shibor.org，如图 6–31 至图 6–33 所示。社会资金面可以从一些新闻当中了解，对股市的影响不是很显著。

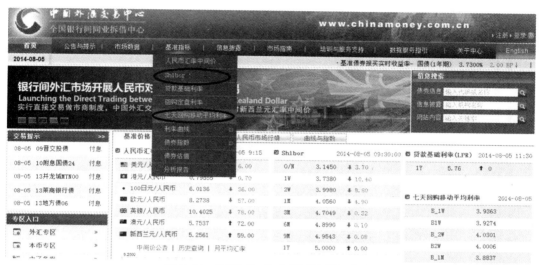

图 6–31　SHIBOR 和七天回购利率查询

资料来源：chinamoney.com.cn.

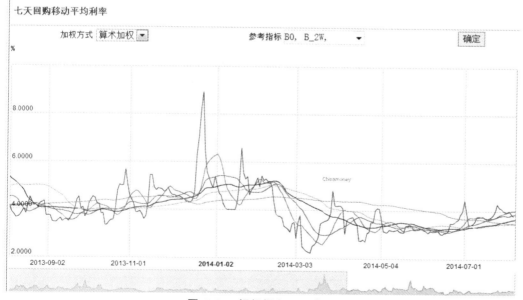

图 6–32　银行间七天回购利率

资料来源：chinamoney.com.cn.

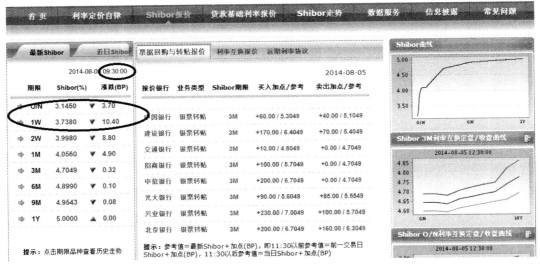

图 6-33 上海银行同业拆借利率

资料来源：shibor.org。

在修订本书的时候，SHIBOR 利率的公布时间从 11：30 提前到 9：30，这就为股票交易者提供了便利，这个指标通常情况下对股市有短期的助涨助跌作用，在极端值出现的时候对股市有短期的决定作用，如 2013 年 6 月出现的情况，当时股市一度跌穿 1900 点。

对股市趋势产生直接而显著影响的流动性指标是 M1 和股市资金流向。M1 度量的社会流动性与股市有较为密切的关系，M1 的同比增速与股市是正相关的，如图 6-34 所示。因为股票保证金是 M1 的一个部分，并且 M1 也显示了工商企业的现金流情况。可以从 http：//value500.com/M1.asp 直接查询到 M1 的同比增速，还可以看到

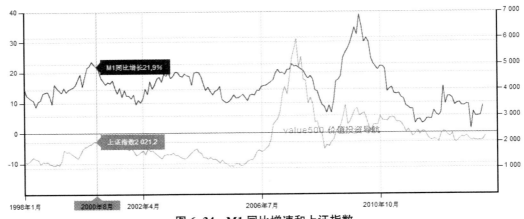

图 6-34 M1 同比增速和上证指数

资料来源：价值 500 网。

M1 和股指之间的一致性。此外，东方财富通软件当中有一个功能可以看到统计意义上的资金进出情况，如图 6-35 所示，这个也不能单独看，必须结合当下的基本面消息来看。

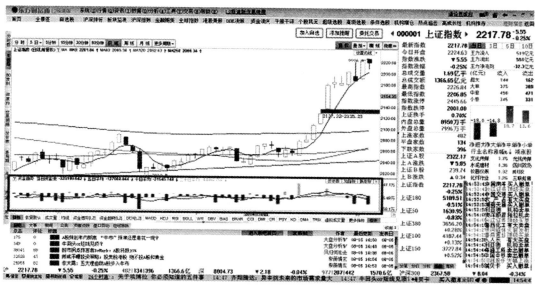

图 6-35　资金趋势

资料来源：东方财富通。

上面主要从实用的角度介绍了一些分析流动性的工具，如果你想要更加深入地了解背后的原理，请参考《股票短线交易的 24 堂精品课：驾驭市场的根本结构》中的内容"流动性分析：人民币的近端供给和美元的远端供给"。

第四个要关注的因素是经济所处阶段。就大趋势而言，在一波经济周期当中，股指会在衰退阶段构筑底部，此后持续上涨，然后在繁荣阶段构筑顶部，此后持续下跌，如图 6-36 所示。对于短线大盘的趋势而言，特别要关注两个PMI，一个是中国官方的 PMI 指数，另一个是汇丰中国 PMI 指数，这两个指数对于中短期股市的走势有极强的指示意义，很多财经网站都会及时提供这两个指标的最新数据，大家可以关注一些财经滚动资讯网站，如华尔街见闻和同花顺财经等。请参考本书最后一章的相关内容和《股票短线交易的 24 堂精品课：驾驭市场的根本结构》中的内容"跨

周期这个概念非常重要，不是说技术上的周期，而是基本面的各种周期。周期与大行情、与趋势的关联度非常高。

市场分析：实体经济的圆运动和金融市场的联动序列"。

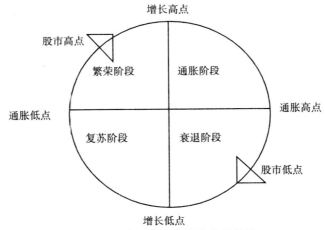

图 6-36 经济周期与股市的趋势性

第五个要关注的因素是股票供给。主要是 IPO 和解禁股，这里不做具体分析，请参考本书最后一章的相关内容和《股票短线交易的 24 堂精品课：驾驭市场的根本结构》中的内容"政策性因素对大盘的影响：股票供给和交易规则"。

价量波动率把握波段节奏

任何模型如果不注重态势，只强调其他各类因素，即使包含了基本面因素，这个模型也是有致命缺陷的。

——杰克·阿布林

投资成功最好的方法就是要学会解释关键大盘指数的每日价格和成交量图。

——威廉·欧奈尔

虽然关于技术分析的书籍已经汗牛充栋，但其中没有多少强调交易量分析的重要性，所以很多投机者都不知道如何正确地在交易中使用成交量。

——蒂莫西·奥德

大的题材是主题，小的主题是题材，现在的投机行情基本上都是随着题材和主题而波动。对于投机客而言，能够把握节奏可以为整个操作提供非常大的空间：一方面可以减小设定止损的空间，另一方面可以增加潜在盈利的空间。整个盈利空间的扩大和止损空间的缩小直接与进场点和出场点有关，而选择恰当的进出场点必然与把握波段节奏的能力有关。那么，如何把握这种节奏呢？就实际操作而言，把握节奏只能尽量做得更好，但是永远不可能完美，更不可能持续完美。如果能持续完美地把握节奏，那么要不了一个月全世界的财富都会被你拥有。就算你发现了能够完美把握节奏的秘诀，随着你资金规模的增加，最终你会因为缺少足够的市场流动性和对手盘而破坏这些规律。

把握市场波动的节奏，我们往往可以从四个维度入手：第一，成交量形态。这是一个最容易被大众所忽视的维度，也是本书重点介绍的维度。第二，价格形态。这是一个直接与大家账户盈亏相关的维度，但未必能够通过其本身来了解其意义的

维度。简而言之，价格的意义往往要跟其他维度结合起来才能了解其真正的含义。第三，震荡指标维度。这其实反映了市场阶段性的情绪，只能作为一个波段指标，但是往往却成了愚蠢者眼中的趋势反转指标。第四，斐波那契线谱。这是一个关于波段之间比率的推算工具，结合其他维度的确认和过滤可以很好地帮助我们把握逢低买入的机会。关于这四个维度的综合运用，可以参考《解套绝招：斐波那契四度操作法》一书，这里不再赘述，主要针对成交量这个最关键的节奏指标来展开，研判过程中结合价格和震荡指标。

> 情绪是局部的，而趋势是整体的，所以情绪相对基本面容易误导人。

第一节　N 字结构与价量波动率

学习交易方法的最大陷阱在于追求更多的技术指标，一个绝大多数人都会走的弯路就是去寻找所谓的"完美技术指标"。在这个方向上我们曾经也无知地浪费了很多时间，然而人生没有直行的大道，交易也是如此。绝大多数技术指标都没有抓住股价走势的根本结构，往往去寻找复杂的形式。更为重要的是，交易是一门技能（更加准确地讲，交易是一门博弈技能），而不是一门知识，学习交易不是靠记忆力，而是靠理解之后的实践。再完美的理论框架也是经过不断的实践和校准之后才能逐步掌握的，一步登天是绝不可能的。我们力图给你一个有效而简单的股票投机框架，但这并不意味着简单就可以过目即会。知识和能力是两回事！现在回到正题上，我们舍去"无效的复杂"是为了提取出"有效的简单"，这个"有效的简单"就是我们认为的"市场根本结构"。所谓的根本结构，其实就是"最稳定和确定的结构"，我们在股市中能够做到的就是"在不确定的世界中寻找确定性的因素"。

　　这个最稳定的根本结构其实就是前面提到的"N字结构"，辩证法认为宇宙的发展是波浪式前进的，又或者说是"否定之否定"地前进的，艾略特理论将其具体为"一波三折"的走势，其实，这里面最根本的就是"N字结构"。题材投机将"题材"视作驱动股价运动的动力，而股价运动的具体形式就是"N字结构"。

　　题材投机要想持续成功，就必须要依靠一个具有正期望值的交易策略（系统），而一个具有正期望值的交易策略要求足够高的风险报酬比和胜算率。什么样的题材可以提供这样的交易机会？简单来讲，就是影响力大和可持续性强的题材。一个题材如果影响力足够大，那么就可以对股价产生影响，就算没有主力运作，散户也会蜂拥而至推动股价。但是仅有大的影响力还不够，还需要这个题材能够不断出利多消息，这样就能为股价的持续上涨提供足够的动力。主力如果介入其中，肯定不希望为别人"抬轿"，这就要求不断抬高其他参与者的平均持仓成本，怎样能做到这一点呢？让价格以N字的形态上升，每次调整就可以帮助主力洗掉一些获利筹码，然后让一些新的持仓者进来，这样新进来的持仓者就有一个更高的成本水平。

　　主题或者题材为个股的趋势性上涨提供了条件，而股价运动的N字结构则为提高对手持仓成本创造了条件，两者合起来则为主力运作题材股创造了条件（见图7-1至图7-3）。为什么主力以大幅回落为主要手段来提高对手持仓成本呢？为什么要以波动上涨作为运作模型呢？有这样疑问的人其实只看到了主力的动机之一，那就是让散户在上涨途中不能坚定地持有筹码。但我们要知道的是，主力不可能将所有筹码都控制在自己手中。随着监管越来越严格，流通盘越来越大，市场上游资主力的数量越来越多，这种吃掉大多数筹码的"笨庄"运作早就不可行了，即使在以前也未必可行，"莽庄"的结局都比较惨。为了让别人帮助自己持有一定筹码，但是又不能让别人获利太多，这就需要让别人敢买进来，又不能以太低的价格买进来。怎么做到这一点？那就是下跌，但是不能轻易跌破关键位置，否则别人一看跌破关键位置了，就不敢进来持股了。跌狠了之后，要么别人不敢进来买，要么持股的散户不愿意卖，这样一来，换手率就太低了，起不到提高换手率的作用，自然也就无法提高对手盘的持仓成本。如果有其他大资金或者大户看透了主力的底牌或者上市公司的业绩，后市持续向好的可能性很大，那么跌狠了也许就会给别人砸出了廉价筹码，帮别人洗了盘。因此，为了让持仓的散户愿意走，持币的散户愿意来，同时不能给其他参与者制造显著机会，主力往往会以N字上涨为主。因为有恰当的调整，稍有盈利的散户也会有较强的卖出冲动，持币的散户也敢于买入，这样就提高了散户整体的持仓成本。

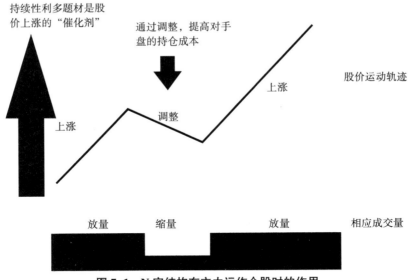

图 7-1　N 字结构在主力运作个股时的作用

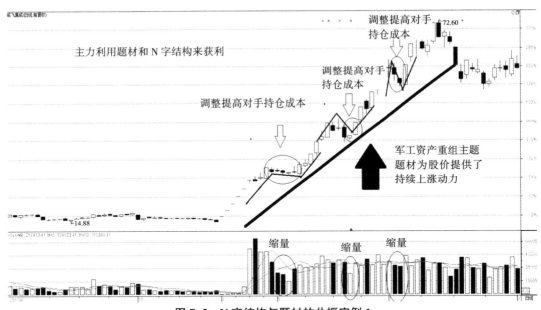

图 7-2　N 字结构与题材的共振实例 1

当然，凡事都不是绝对的，大家想想主力在什么样的情况下会砸破关键位置？第一种情况是主力毫无顾忌地出货了，在这种情况下他是不会去考虑这些的。例如，一些重大利空出来了，主力看到情况比较棘手，特别是如果是不同派系主力资金参与其中，这个时候可能就要比谁跑得快了。如果是主力能够很好掌控的个股，

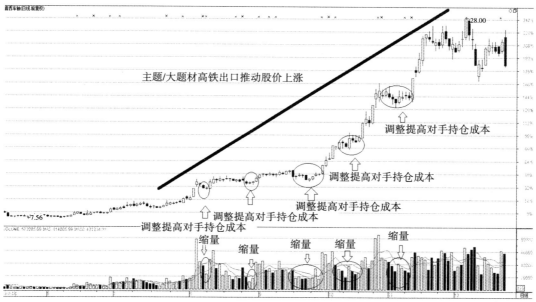

图7-3　N字结构与题材的共振实例2

那么在利空的时候可能就没有足够的对手盘愿意出来接盘，这个时候主力恐怕也不会毫无顾忌地出货。第二种情况是主力发现洗盘效果一直不佳，散户盈利筹码太多，这个时候很可能就会跌破关键位置，让市场产生恐慌盘，所以并不是洗盘一定不会跌破关键位置，关键是要看具体的情况。第三种情况是主力还没有捞到足够的筹码，那么就可能要让散户恐慌了才有筹码扔出来。第一种情况如何与后面两种情况区别呢？第一个区别因素是下跌时的成交量，如果是第一种情况肯定是放量下跌了，后面两种情况在不对倒的情况下基本上都是以缩量为主。第二个区别因素要从题材生命力上去琢磨。我们在第五章专门介绍了题材生命力，它是行情的灵魂。价格的主要形态无非几种，但是每一种都可能存在不同的解释，你选择哪一个解释作为最有效的方案，就要结合价格之外的东西了。这里面最为重要的考量因素就是题材生命力。第一种情况下主力坚决出货，背景应该是利多兑现或者利空出现，利多题材生命力基本到了最后阶段，主力也找不到能够吸引更强大买盘的新花样了，业绩可能也到顶了，这种情况下的破位下跌就非常可能是主力出货了。第二种情况发生的背景则可能是一次性利空出现，主力借机洗盘，或者是利多出现，主力故意砸盘，让散户有利好出尽的感觉，这样也能让部分持股有盈利的散户卖出。很多时候可能也没有利空或者利好出来，就是股价跌破关键位置，这个时候就要看主导个股涨势的题材生命力是不是真的到头了，后续是不是真的没有什么新花样了。第三种

情况发生的背景往往是利空出尽或者一次性利空，这个时候主力借用最后一次利空或者一次性利空有很少的筹码砸盘，带出恐慌抛盘，然后趁机吸货。

要很好地理解 N 字结构与价量波动的关系，我们必须站在一个系统的高度去分析。这个系统就是第八章提到的 3×3 矩阵或九宫盘，这是我们首创的股票系统分析工具，是在总结了自己和众多顶级高手成败经验的基础上得出来的，也是我们现在还在不断地使用和完善的核心分析工具。在外汇市场上，我们有一套完美的方法和工具包；在股票市场上也是如此，因为我们坚信成功在于系统地准备。博弈成功的关键在于你比竞争对手更加努力地进行系统性准备。光是努力是不够的，还需要系统地努力，努力准备的人很少，努力想结果的人却很多，如果你每次复盘都是以自己的心态作为绩效好坏的根本原因，那么你这一辈子都做不好交易。决定你成败的根本是实力，不是心态，你有实力的时候往往也是比较淡定的时候。没有实力作为支撑的淡定是持久不了的，交易能不能赚钱不在于心态有多好，交易能不能赚钱根本取决于你的分析和仓位管理实力，这个实力哪里来？从系统准备的努力中来。在这个资源稀缺的世界，凭的是实力，虚的东西就是"纸老虎"。但是，如果你想要将实力全部发挥出来则需要一个很好的心态。实力是基础，心态是因子，没有实力，你心态再好也等于零；有了实力，心态其实也会渐渐提升。

实力是第一位的，心态是第二位的，这是我们对大家的告诫。初学者最大的短板是没有能力，自然也就没有实力。交易的实力来自系统的努力，这个系统就是九宫盘（见图 7-4），为了杜绝此前频繁发生的"模仿"行为，保护我们的独创，我

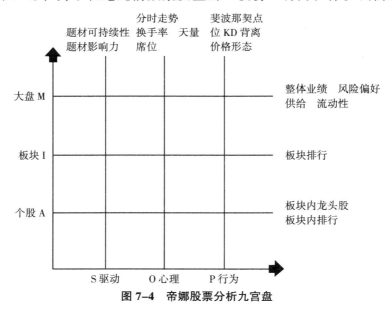

图 7-4 帝娜股票分析九宫盘

们在前面加注了"帝娜股票分析"几个字。要想掌握到 N字的实质，就必须将它放到九宫盘中去理解、去参悟。你心中可能有自己的一套系统，绝对可以在九宫盘中找到对应的组合，九宫盘好比大海，每个人只是从中取了一瓢水而已。得出九宫盘的过程其实就是反过来，从高手圈子里归纳总结出这个抽象的框架。

N 字结构中的价量异动是我们接下来几节的主题，在讲解这些具体的价量波动率极值的实际意义和判断方法时，我们会从九宫盘出发。

第二节　成交量波动率极值（1）：地量
——动能不足的信号

地量与第一起涨点和第二起涨点关系密切。什么是第一起涨点？第一起涨点往往与地量有关，而第二起涨点又何尝不是如此。第一起涨点就是股票从下跌趋势转为上涨趋势的那一个点，这个点往往是由"地量＋倍量阳线"构成的，但是仅有这些肯定是不够的，更重要的是题材上"利空出尽"或者是"潜在利多题材链条隐现"。第一起涨点相对而言不那么安全，如果你是大资金当然可以因势利导，根据题材和大盘来创造某种个股形势。如果你是散户，那么倍量阳线出现与否是非常关键的。如果只是地量出现，那么肯定无法保证第一起涨点，主力资金要随后介入才更有可能有一波行情，而题材生命力最终决定主力运作这波行情的幅度有多大。第二起涨点属于对于散户比较安全的介入点，也就是所谓的"见位"，即个股第一波上涨后的回调点位。股价此前有一段上涨，而且是放量，这可能就是主力在建仓或者拉升，然后回调，这个时候必须是缩量的。在调整中如果地量出现，那么基本上再度上涨的时机也就

地量是本书不厌其烦、从不同角度和情形出发讨论不少的一个成交量形态，加上倍量和天量，其实就相当于主力的三招。主力吸筹、拉升、洗盘、出货就是通过这三招。

来了。如果为了进一步提高胜算率，可以等到地量后的放量阳线出现。这个时候就没有必要一定是倍量阳线了，只要是放量阳线就足够了。

简而言之，第一起涨点是趋势由跌转涨的这个点，或者说是一个小区域。第二起涨点则是上涨趋势中回调后回升的节奏转化点。无论是第一起涨点还是第二起涨点的地量都是节奏转化点。第一起涨点是大节奏转换点，第二起涨点是小节奏转换点。

对于识别第一起涨点和第二起涨点而言，地量是非常重要的，那么究竟什么是地量？地量有什么特征？地量有很多识别方法，如以最近 N 日最低量作为标准，一般采用不低于 20 日、不高于 200 日的标准，可以在这个区间选择参数。地量的特征就是在 N 日中成交量最低的一天。

地量出现意味着什么？地量意味着交易意愿或者交易能力不足。有一种地量是因为交易意愿不足，持股的人不愿意在这一价位卖出，或许是因为套牢太深不愿意卖出，或许是因为认为价格在这一位置跌无可跌。但是，此后价格进一步下跌，卖出意愿是否会上升就不一定了，因为人的预期容易受到新出现题材的影响。交易意愿是双向的，持币的人在这个价位也不太愿意买入，也就是双方比较认可这一价位，分歧较少。另外一种地量是因为交易能力不足，如涨跌幅度限制（涨停跌停板制度），当卖出的筹码远远超过接盘的资金，而又有跌幅限制，那么这个时候可能由于接盘能力不足，导致成交量很小而形成地量。相反情况下，如果入市扫货的资金远远超过卖出的筹码，同时存在涨幅限制，那么这个时候可能由于卖出的筹码不足，成交量很小而形成地量。在极端情况下，一字涨停板和一字跌停板会形成所谓的无量状态，其实并非一点量都没有，而是极端地量。

地量的意义往往需要与价格的相对位置来理解。绝对高位的地量往往与一字板有关，换手率低，上涨将持续，直到涨停板打开。绝对低点的地量，如果没有与跌停板或者大阴线同时出现，则表明下跌动量不足了，但是至于能不能上涨关键看有没有放量特别是倍量阳线出现。指数上涨缩量不是好事，个股缩量上涨却表明持有筹码的人不太愿意卖出，上涨将持续，所以个股上涨过程中出现地量往往表明涨势持续可能性很大。指数下跌肯定是会逐渐缩量的，但是个股下跌却未必，个股下跌过程中出现地量的情况并不能断定继续下跌或者止跌，如果地量对应星体则表明下跌动量不足，如果地量对应大阴线则表明接盘不足。上涨过程中的回调大阴线对应地量的情况也有，这表明洗盘的可能性较大，并不是真正地卖出。

地量在价量 N 字结构中具有什么样的意义？地量与什么样的 K 线形态和震荡

指标状态相联系？N字结构的调整部分往往会出现地量，对应于KD指标的超卖状态，K线形态也以星体为主。放量阳线往往是调整结束的标志，然后股价突破前高，这个突破往往会放量，因为主力要消化前高的套牢盘。当然，如果缩量突破则表明主力控盘程度相当高，前高套牢盘很少。

地量在帝娜九宫盘这个分析体系中又处于何种地位？与其他因素的关系又是什么？在行情走势中如何利用它们的相互验证来提供我们判断的准确性？我们逐一进行分析，大家可以从分析中找到相应的思路，面对实盘的时候就有了着手点。首先，大盘如果出现地量意味着什么？大盘以地量形式下跌的情形非常少，个股却能够以地量持续下跌。大盘如果出现地量，那么阶段性见底的可能性就非常高了，这个时候可以结合大盘相关的基本面和指数技术形态去分析（见图7-5）。如果这个时候大盘经过此前的下跌基本上已经对利空消息做出了较为充足的反应（这个是可以通过经验积累的，也就是所谓的"消息点值"，在我们的外汇类书籍中对此有较为深入的介绍，这里简单提一下，就是将具体基本面的消息在价格上量化），而且目前KD处于超

> 价量是结合起来分析的，不过仅是价量结合只能算第一层次。

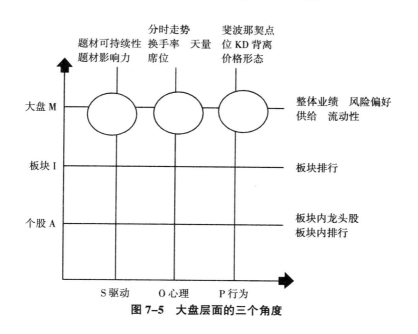

图7-5　大盘层面的三个角度

卖，指数恰好处于某一斐波那契点位，在这样的情况下这里是否是一个指数阶段性低点呢？这就是"指数地量＋指数利空出尽＋指数 KD 超卖＋指数斐波那契点位＝指数阶段性低点"的实例。

除了在指数层面有地量叠加其他因素的研判，在个股层面（见图 7-6）也有类似的相互验证方法，如"个股地量＋个股利空出尽＋个股 KD 超卖＋个股斐波那契点位＝个股阶段性低点"和"个股地量＋板块利好出现＋个股 KD 超卖＋个股斐波那契点位＝个股阶段性低点"。当然，就价格行为而言，并非只有一个斐波那契点位可以拿来与地量相互参验，我们还可以用"地量＋K 线形态"或"地量＋动量背离"以及"地量＋N 字结构"等。另外，某些板块层面的题材对于个股的走势起到了主导作用，这个时候的地量就必须结合这一角度来研究（见图 7-7）。

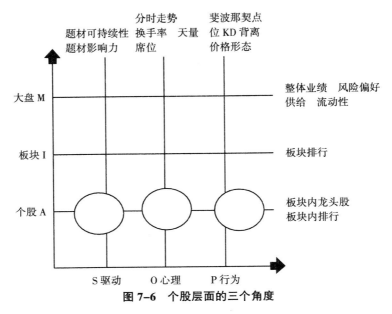

图 7-6　个股层面的三个角度

当然，九宫盘中任意因素之间都存在相互加强或者验证的情况，如大盘出现了利好题材，板块也有持续利好的"大戏"，此时个股除了具有热门板块的题材之外还有自己独特的利好题材，加上个股出现了调整后的地量或者低位的天量阳线，那么这只股票就得到了至少四个格子因素的相互验证（见图 7-8）。支持看多的格子数越多，则该股的仓位就可以越重，相反支持的格子数如果达不到基本要求，那么该股就根本不能介入。本节我们围绕地量这一节律指标来演示如何全方位地分析，这就是综合判断的具体体现，通过这个九宫盘我们就能够做到"系统思维"，而系统思维是制胜的关键。

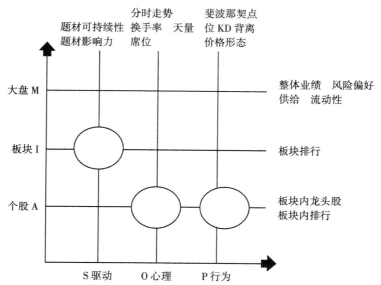

图 7-7 板块层面的题材角度与个股层面的心理、行为角度

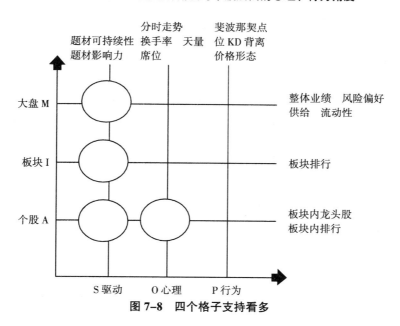

图 7-8 四个格子支持看多

前面结合本书中最为核心的分析框架"九宫盘"对地量进行了介绍，如果简要地就题材投机而言该如何利用地量？如何将地量知识纳入题材投机的整体中？第一，连续利空题材出现后股价持续下跌，跌到某一时间出现地量，而新利空出来股价不跌了，这就是利空兑现时抄底的机会；第二，受到大的利好题材影响，股价上涨，然后出现回调，但是不破前低，调整见地量，而利好题材后面还有空间，则是

利用回调买进或者加仓的机会；第三，重大利好题材出现，个股地量极度上涨，意味着卖出者寥寥，后市继续上涨的可能性很大；第四，个股无公开利好题材，但是个股地量或者缩量上涨，代表有主力资金提前获悉或者推断出了重大利好消息，时间紧张仓促建仓，又或者是已经完成建仓，赶在利多题材公布之前快速推高后续进场者的建仓成本。

第三节 成交量波动率极值（2）：倍量
——主力出没的信号

倍量与主力有千丝万缕的联系，不能说所有倍量都是主力做出来的，但是只要有主力存在，倍量早晚要出现。

分时成交怎么看主力？有些软件有一定的大数据统计功能，如东方财富通行情软件中有一些大数据处理模块是用来发现主力行踪的。这类算法的前提就是主力的行为必然体现为大单，这个大单如何去量化就是仁者见仁、智者见智了。就我们本身的交易经验而言，倍量是一个非常有效的主力出没警报器。无论是在日线上还是日内一分钟图上，主力出没往往体现为倍量，但反过来就未必正确，也就是说倍量出现未必意味着主力出现了。

那么，什么是倍量？这里总结一下：倍量是相对于前一根量柱而言，当下这根量柱的高度如果是前一根量柱的至少两倍，也就是大于或等于两倍高度，则当下这根量柱就被定义为倍量（见图 7-9）。倍量绝大多数都与阳线对应，而且是中阳线或者大阳线，极少数与阴线对应，所以我们这里重点关注"阳线倍量"。

倍量阳线有两种常见情况，第一种情况是我们在绝大多数情况下看到的，即倍量阳线突破前高（见图 7-10）。这种情况往往又发生在 N 字向上突破的时候，这表明主力在真正地向上推进。第二种情况是股价长期下跌之后，出现地量止跌，紧接着出现倍量，这种情况下反映了可能有主

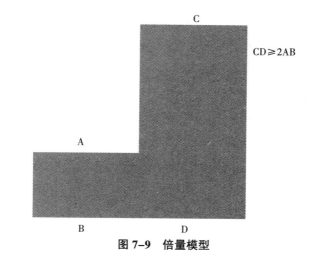

$CD \geqslant 2AB$

图7-9 倍量模型

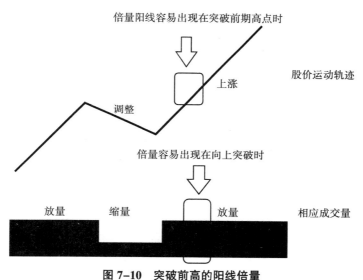

倍量阳线容易出现在突破前期高点时

股价运动轨迹

调整 上涨

倍量容易出现在向上突破时

放量 缩量 放量 相应成交量

图7-10 突破前高的阳线倍量

力在底部介入（见图7-11）。当然，这是从纯技术面的角度去看倍量信号，属于"或然"的范畴。真正要准确地研判倍量这种成交量异常值，还是要落实到我们的股票分析九宫盘中。

在三种情形下的倍量需要注意，分别称为第三买点倍量、第二买点倍量和第一买点倍量，因为第三买点更加常见和安全，所以我们先从第三买点倍量谈起。向上N字形成中，倍量突破前高就是第三买点倍量（见图7-12至图

倍量与向上突破是好搭档，但是好搭档在某些劣势的格局中也是找死。

7-15），这种情况下多半伴随着"利多题材出现 + 大盘上涨/企稳"。什么样的突破是有效的突破？放量表明有资金坚决介入，但是这还不够。需要看题材是不是有连续利好的可能性，这个是关键。如果主力不看这个，那么后面就可能在高位找不到足够的"接盘侠"，最终形成崩盘走势。2015 年 6 月的股市暴跌中，"神创板"很多股票就出现了这种情况，高位没有足够的接盘，大股东套现加上部分游资出货导致个股连续跌停，每天很多人排在跌停板上也卖不出。在上涨过程中，持股的人享受的是纸面富贵，一旦很多人同时兑现的时候，就缺乏足够的买盘。第三买点是突

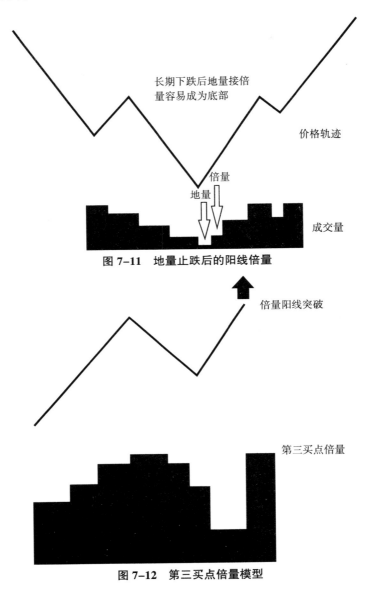

图 7-11　地量止跌后的阳线倍量

图 7-12　第三买点倍量模型

破买点，第二买点是回调买点，第一买点是转折买点。第二买点与第一买点有些类似的特征，不过第一买点的条件要求更多一点。

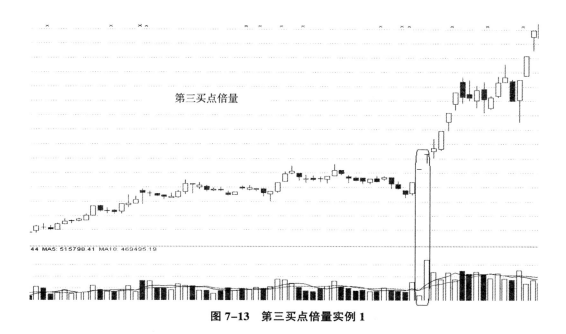

图 7-13 第三买点倍量实例 1

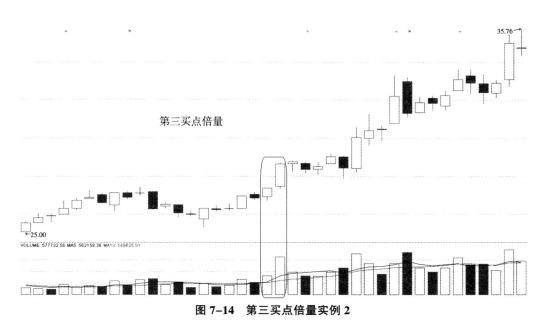

图 7-14 第三买点倍量实例 2

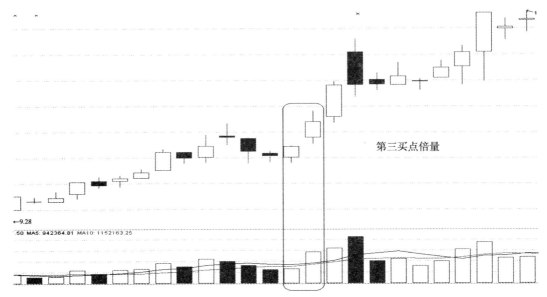

图 7-15　第三买点倍量实例 3

　　第二买点就是底部上来后回调企稳这个点，在这个位置出现倍量阳线就是第二买点（见图 7-16 至图 7-19）。这时候也会出现反转看涨 K 线组合、KD 超卖金叉等特征。

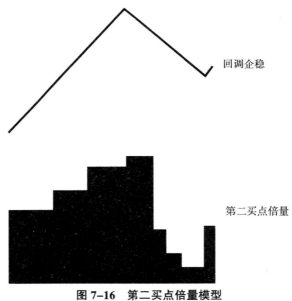

图 7-16　第二买点倍量模型

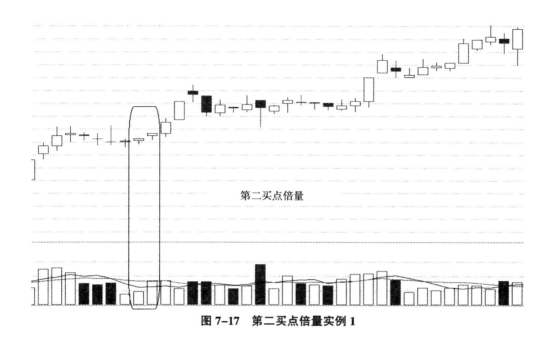

图 7-17　第二买点倍量实例 1

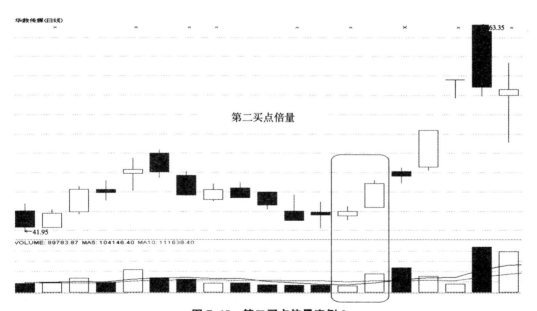

图 7-18　第二买点倍量实例 2

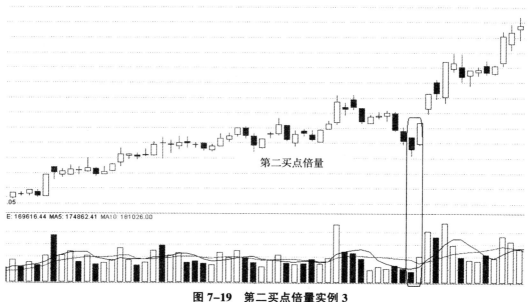

图 7-19　第二买点倍量实例 3

　　第一买点就是底部形成这个点。股价此前持续显著下跌，处于下跌趋势中。如果先出现了地量，接着出现倍量阳线，这就是第一买点（见图 7-20 至图 7-23）。这个时候往往还会与其他一些特征"伴生"，如利空出尽、底背离、反转 K 线组合、KD 超卖金叉等。

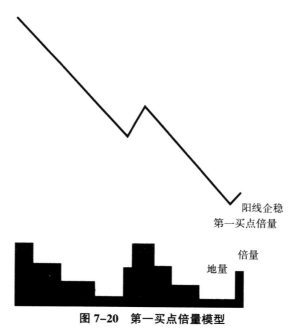

图 7-20　第一买点倍量模型

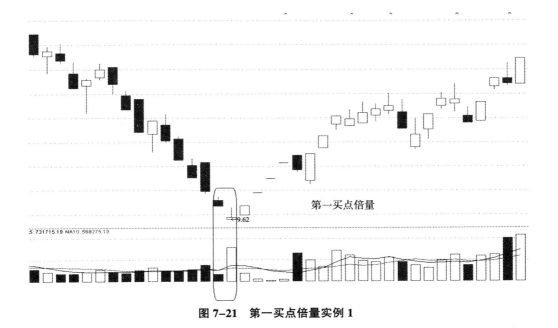

图 7-21　第一买点倍量实例 1

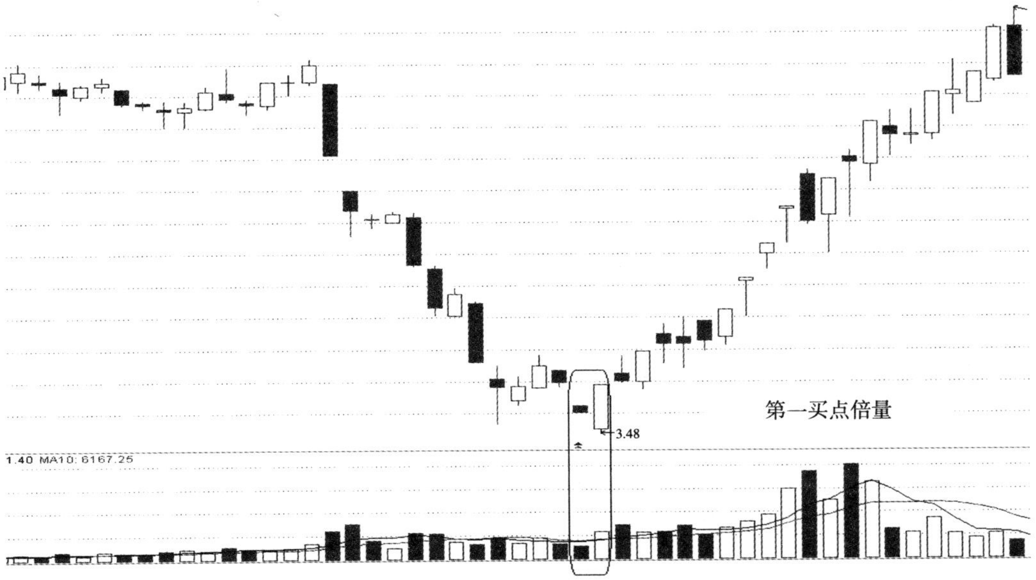

图 7-22　第一买点倍量实例 2

　　上面介绍了倍量阳线和倍量买点的基本知识，也就是从买点的角度来理解倍量和倍量阳线的操作意义，但这对于倍量而言只是其中一小部分内容。要真正理解倍量的意义，我们还需要立足于九宫盘这个系统工具，只有这样才能准确预判倍量产生的真实原因，进而有效地预判其未来的走势。

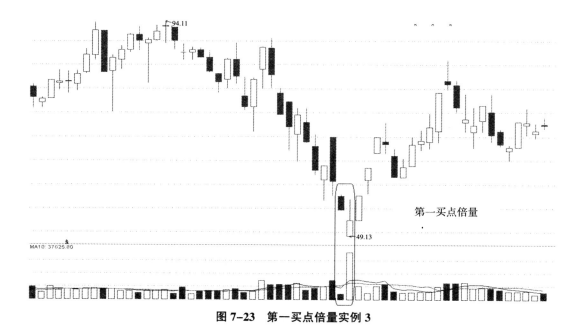

图 7-23　第一买点倍量实例 3

在九宫盘中分析倍量的第一个角度是结合大盘。大盘上涨，个股出现倍量阳线表明很可能主力和散户都在以抢筹为主（见图 7-24）。因为大盘上涨，个股也会上涨，但是成交量要放大到此前的两倍以上，光靠散户是不现实的。除非这只个股本身也出了利好消息，进而在大盘上涨的情况下，叠加刚出的利好，引发了散户的

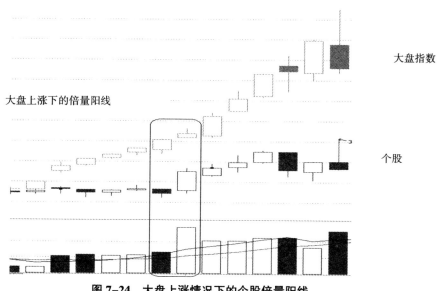

图 7-24　大盘上涨情况下的个股倍量阳线

集体抢筹。如果是散户受到广为人知的利好消息买入，那么这样的倍量就缺乏坚实的上涨基础。

如果大盘下跌或者横盘震荡，而个股出现倍量阳线（见图7-25），那么这个时候有主力资金介入的可能性，但最好也要排除上涨是散户受到广为人知的利好消息引发。大盘会引发散户的群体行为，所以大盘如果不好，那么个股的上涨往往不会是散户集体抢筹引发的。

主力和散户，谁更容易受到大盘的影响？大盘代表的是多数派还是少数派？

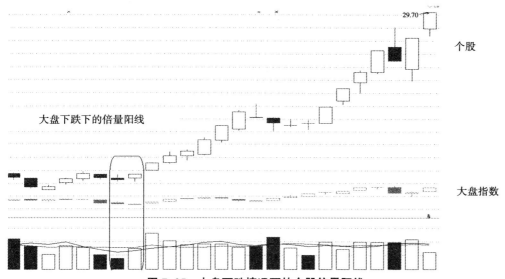

图7-25 大盘下跌情况下的个股倍量阳线

在九宫盘中分析倍量的第二个角度是结合个股题材。除了大盘会影响散户和主力的行为之外，个股牵涉的题材更加会对价格走势产生影响。题材生命力是我们反复强调的一个重点，一次性利好对应的倍量阳线往往会引发散户抢筹，但是股价很可能第二天就会回落。最后一次性利好对应的倍量阳线往往容易成为天量，进而为主力筹码在高位与散户资金形成有效交换提供有利条件。上述两种题材生命力状态下的倍量阳线都是"勾引""接盘大侠"的陷阱。一次性利空对应的倍量阳线相对较少，如果有，也很可能是主力借机吸纳筹码、拉高建仓。最后一次性利空对应的倍量阳线，则为主力资金在低位与散户筹码形成有效交换

提供有利条件。

在九宫盘中分析倍量的第三个角度是结合板块和龙头股。板块和龙头股如果出现放量上涨，那么个股出现倍量阳线就意味着市场主力资金流入了这个板块，个股继续上涨的可能性较大。因为当大量资金流入某一板块而不仅是一只个股的时候，上涨持续的可能性较大，这就是"板块个股联动效应"。当然，凡事没有绝对，有时候主力也会杀错，进场后发现散户抢筹太多，或者利好预期出现重大改变，那么这个时候也会出现板块"一日游"的情况。

在九宫盘中分析倍量的第四个角度是结合分时走势。倍量阳线的分时走势比较关键的是价量齐升与否，而且最好是阶梯性上涨，这表明阳线的质地较好，主力坚决介入和拉升。

在九宫盘中分析倍量的第五个角度是结合龙虎榜。如果倍量阳线的席位表明卖出的是机构和游资席位，而买入的是以散户为主的营业部，那么第二天就回落的可能性很大，这表明你介入的往往是一次性利多，或者是散户持有不少筹码，主力不愿意进一步拉升。如果是这样的情况，那么第二天开盘卖出是最稳妥的做法。

在九宫盘中分析倍量的第六个角度是结合相对位置。倍量阳线在相对低位，主力以资金换散户筹码的可能性较大。倍量阳线在相对高位，可能是主力继续拉升，也可能是主力将筹码倒给了散户。遇到做超跌反弹的超短线主力，那么倍量阳线后继续回落的可能性就很大，所以这个时候就要看题材生命力、要看席位、要看大盘等。

在九宫盘中分析倍量的第七个角度是结合 K 线形态。倍量阳线前后的 K 线组合也可以给我们提供一些额外的线索。倍量阳线前面是星体，而且对应缩量，那么就表明市场处于分歧很少的状况（见图 7-26）。现在倍量阳线出现则表明市场出现了显著利于多头的情况。

在九宫盘中分析倍量的第八个角度是结合动量背离。底背离与倍量阳线同时出现表明市场下跌动量非常缺乏（见图 7-27），市场有向上回升的需要。倍量阳线在高位出现，且此前出现了顶背离，那么这个顶背离无效的可能性较大，特别是在题材还有生命力的情况下，则继续形成双重或者多重顶背离的可能性较大。

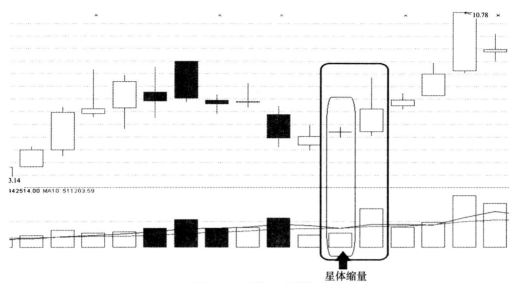

图 7-26　星体 + 倍量阳线

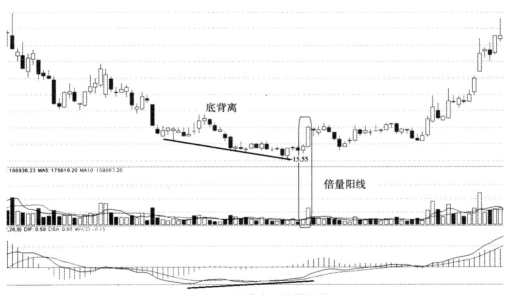

图 7-27　底背离 + 倍量阳线

　　在九宫盘中分析倍量的第九个角度是结合斐波那契点位。倍量阳线突破斐波那契关键点位被定义为突破阻力，是否是有效突破，还要结合大盘、题材生命力等要素来分析。这类突破近似于倍量阳线的第三买点，不过第三买点其实

上涨的行情不一定符合斐波那契线谱，但必然都是有故事的。题材是新娘，理想的比率关系是伴娘。伴娘和新娘对于婚礼而言，谁是必需的，谁是锦上添花的？

更加狭义。如果股价下跌到斐波那契向下投射关键点位出现倍量阳线，则可以认为这类似于第一买点（见图 7-28）。如果股价上升后回调到斐波那契回撤点位出现倍量阳线，则可以认为这类似于第二买点（见图 7-29）。第一买点和第二买点其实都是支撑位买入的范畴，至于最终能不能买入还是要综合考虑大盘和题材生命力等因

图 7-28 向下投射关键点位出现倍量阳线

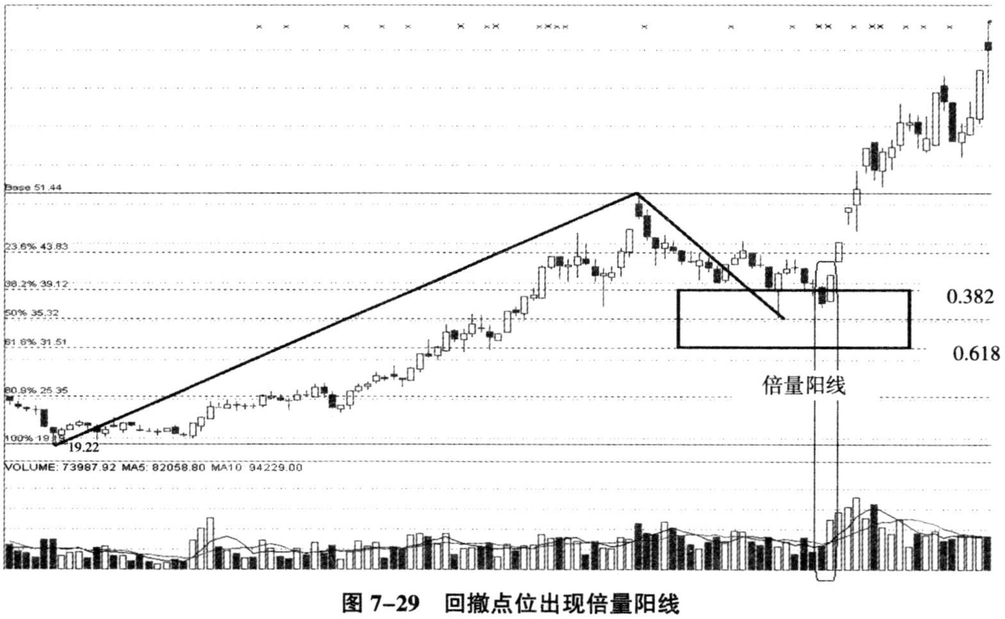

图 7-29 回撤点位出现倍量阳线

素，这才是行情的灵魂，而价格和技术点位不过是外在的表现而已。

在九宫盘中分析倍量的第十个角度是结合 KD 指标。倍量阳线对应于 KD 超买时，并不能断定行情见顶，也不能断定行情一定上涨，进一步的判断要看题材生命力是否支持继续上涨。倍量阳线对应于 KD 超卖时，行情继续上涨或者反弹的可能性较大，因为这里存在一个动量惯性，即使不存在任何题材，也可能进一步反弹。

倍量是成交量的一种异常值，前面我们就已经提到过除了在日线上可以看到这一特征之外，在日内的一分钟 K 线走势上也很容易见到。很多短线客非常注重一分钟 K 线走势上的倍量突破，他们往往认为这是大资金坚决买入的信号，所以这类信号往往成为他们买入的时机。当然，他们会事先对个股的基本面和资金面有深入的了解，觉得有操作价值后再放入股票池进行观察，很大程度上就是看一分钟 K 线图上是不是出现了倍量阳线突破。

第四节　成交量波动率极值（3）：天量
——群众疯狂的信号

与地量相对的是天量，两者都是成交量波动率极端值。天量出现时，最关键的一个问题是：谁在买？谁在卖？一见到天量就要想清楚这个问题，这个问题搞清楚了，你基本就可以做到"与庄共舞"了。当然，这看似一招制胜的方法，其实并没有那么简单，这一招能够使出来、使到位，背后的"整体劲"是基础。要想搞清楚这一问题，就要从下面几个方面入手。

迪拜塔的最高点只是一个点，为了达到最高的这一点，下面的基础却需要十分庞大。换言之，要如何搞清楚天量中"谁在买，谁在卖"，要从多个方面入手去研究，所谓"功夫在诗外"，换作投机而言，就是"功夫在量之外"。很多散户搞不清楚什么是原因，什么是结果（见图 7-30），你没有特异功能，期望的眼睛是无法改变价格走势的。

知道天量重要是第一步，如果仅盯着天量，那就无法看清楚其本质，自然也就无法做出有效的预判。天量可以天价，也可以是上涨中继，还可能是起涨点。异常背后必有重要真相，机械地将异常现象归为预兆是错误的。

第一个角度是从大盘来分析个股天量（见图 7-31）。大盘开始上涨的时候，如

出现向上 N 字结构时，个股出现了低位上涨天量，则可能表明市场上很多抄底的大资金在介入，这只个股的天量就是这种大背景下的共振；又或者是大盘大幅持续上涨之后，经济开始滞涨，在技术上指数也出现破位走势，这种背景下的个股出现天量且滞涨则可能是主力出逃的征兆。

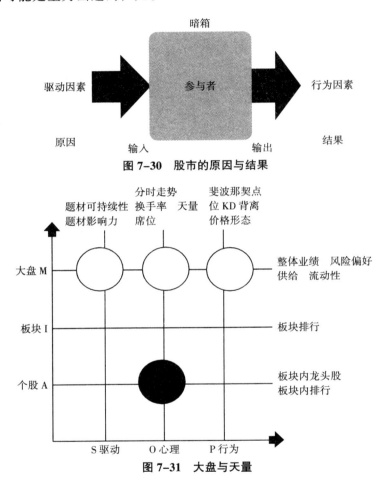

图 7-30　股市的原因与结果

图 7-31　大盘与天量

另外，在大盘上涨的途中，如指数出现温和放量突破的走势，而个股这个时候出现天量上涨，那么情况就多样了。第一种情况是既有的主力加仓，但是由于大盘也同时出现了上涨，所以散户肯定也会在这种市场氛围下加大投入，这种情况下个股 K 线肯定是放量大阳线。第二种情况则是主力在减仓甚至卖出，利用大盘人气调仓换股（卖出阶段性涨幅过高、散户关注度高的个股，换入其他目前不被市场广泛关注，但是可以成为下一阶段热点的个股），这个时候主力以卖出为主，而散户则以买入为主。这种情况下的 K 线形态则往往是高位滞涨的类型，如流星线或星体

等。散户买入有两个原因：第一个原因是此股此前一直上涨且利多消息很多，虽然对于主力来说这些利多都是兑现的东西，但是散户倾向于受过去的信息影响，而不是前瞻性地看未来；第二个原因是大盘氛围会影响散户的情绪，在大盘上涨的背景下，散户会不由自主地更加看好此前热炒的个股。在这种情况下，主力是不会跟散户抢筹的，而是会借机调仓换股，避免为散户"抬轿子"，同时让散户踏错节奏以便自己后续的策划展开。总之，散户的情绪决定散户的仓位，散户的仓位也反过来影响散户的情绪，这形成了一个"恶性循环"。理性上分析不应该建立的头寸，一旦建立起来亏损的可能性就很大，一旦建立起了头寸，散户就会为了这个头寸找各种理由，这就是仓位决定情绪了。

第二个角度是从题材来分析天量（见图7-32）。题材与天量的关系分成六种较为典型的情况：第一种情况是最后一次利空出现，这就是所谓的利空兑现了（见图7-33）。在这种情况下，股价此前肯定是持续下跌，如今最后一次利空出现，而且出现了天量，此前一直下跌，散户在下跌上半段敢于越跌越买，然而跌了这么久、这么多，散户要么早就深套无力补仓，要么不敢补仓，所以敢于在这个地方买的散户很少，敢于买的只能是胆大的大资金了。散户即使有少数胆大的，也不可能汇集这么大的买入数量。所以，如果题材是最后一次利空，那么这时候的天量就应该是有大资金敢于进来买入。这个大资金不排除是做短线的，所以此后该股还能走多远还要看其他因素。

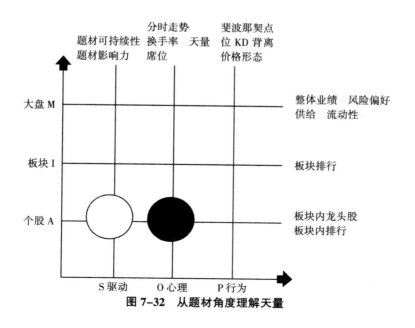

图7-32 从题材角度理解天量

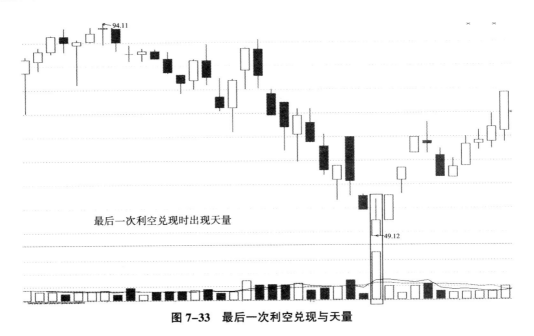

图 7-33　最后一次利空兑现与天量

第二种情况是最后一次利多，此前股价一直上涨，现在最后一次利多出现了，也就是所谓的利多兑现了（见图 7-34）。在这种情况下，这么大的量是谁在买，谁在卖呢？股价此前处于上涨趋势，而且有连续的利好，在如此氛围下，买入的肯定是以散户为主，散户是后知后觉，容易为过去的情况所诱导。散户在小涨后倾向于

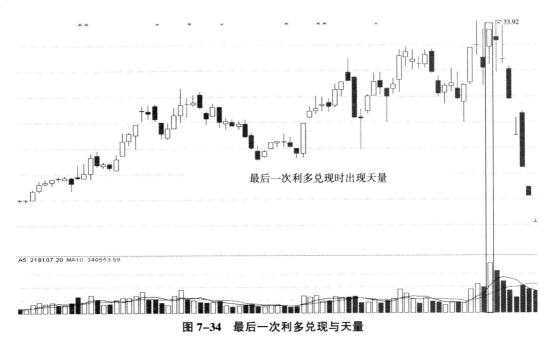

图 7-34　最后一次利多兑现与天量

落袋为安，同时在看到大涨后又倾向于追入，特别是一直为自己看涨却没有买入的个股，越见涨越克制不住追入。

第三种情况是第一次利空出现，这种情况下天量意味着转跌，后续还有利空出现，这个情况下主力看得更远，所以会先发制人，"君子不立于危墙之下"，而散户则可能被早盘的诱多误导。

第四种情况是第一次利多出现，这种情况下天量意味着转涨，不过如果散户也受消息影响大量买入，主力则不会"抬轿"，这样就会出现行情不对消息做出正面反应的情况。所以，某些情况下虽然后续存在连续利多题材，但是由于散户抢筹，主力也不会急于拉升，甚至不会介入。

第五种情况是一次性利空，所谓"一次性利空"，就是要么股价一直处于利多背景下，这种利空夹杂其间，要么股价一直处于无题材的横盘震荡状态中。上涨中的一次性利空成为主力洗盘的杠杆，盘整阶段的一次性利空则可能作为主力吸筹的杠杆。

第六种情况是一次性利多，股价如果处于持续下跌中，那么这样背景下的天量无非也是主力借机加量卖出的信号而已。如果是在低位盘整中，则可能是散户之间抢筹的信号，而在高位盘整中，则可能是主力出货的信号。

第三个角度是从分时走势和席位来分析天量（见图7-35）。由于A股是T+1交易模式，所以主力在开盘时诱多或诱空是其惯用的手法。通过早盘高开或者高走来吸引跟风者买入，然后下杀，这样此前跟风买入者就因为T+1制度而不能及时卖出，就避免了与主力争抢接盘资金。天量出现了，有必要看分时走势，最好能够利用动态挂单来复盘，某些软件提供了这种功能，可以将历史行情重演。除了结合分时走势之外，还可以结合席位。不过，不是所有的股票都能通过席位来分析，只有比较热门的股票容易出现在龙虎榜（席位）中，这个可以和分时结合起来分析。天量出现了，而且席位中可以看到，那么结合起来分析就

> "君子不立于危墙之下"，危墙代表的是一种极其不利的格局。

比较有意思了，可以看出是谁在买、谁在卖。

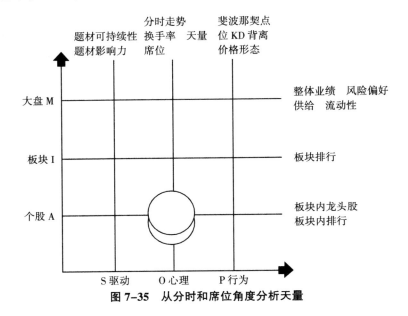

图 7-35 从分时和席位角度分析天量

第四个角度是从板块和龙头股来分析天量（见图 7-36）。某些行情软件提供了板块指数走势，如东方财富通软件，这样就可以查看板块指数的价量走势。如果板块指数和龙头股的价量走势出现了天量滞涨，那么个股的天量滞涨就很可能是调整或者转跌的标志。这种情况下的天量通常意味着主力开始调仓换股了，对于题材投

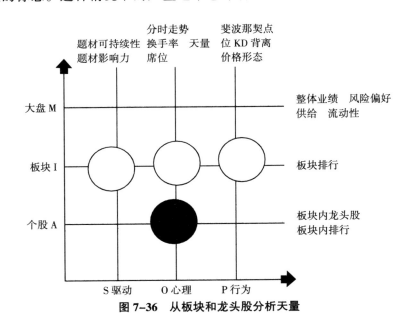

图 7-36 从板块和龙头股分析天量

资者而言，踏准节奏是非常重要的，这时候应该减仓或者平仓。如果板块指数和龙头股的价量走势出现了天量上涨，而且是在长期下跌之后，那么情况就比较多了，可能是见底也可能是"一日游"行情。如何区分两者呢？第一看这个题材是不是连续剧，有无持续利好的可能性；第二看分时走势和分笔成交，看是以散户抢筹为主还是以主力买入为主。个股的天量放到板块和龙头股动向的背景下分析才具有实际意义。

第五个角度是从技术形态的角度来分析天量。先从 K 线形态和斐波那契点位的角度来解读天量（见图 7-37）。股价上涨到斐波那契点位出现反转看跌 K 线形态，这个时候出现天量，那么出现阶段性顶部的可能性就比较大（见图 7-38）；下跌到斐波那契点位出现反转看涨 K 线形态，这个时候出现天量的可能性不大，如果出现，那就是主力大举入场扫货的信号。一般而言，天量是主力进出的信号，天量有可能是主力在出，这往往发生在高位，也有可能在进，这往往发生在低位。

上述分析加上 KD 的角度就更加有效了，斐波那契点位出现黄昏之星，KD 也处于超买死叉状态，这个时候的天量就很可能是主力出逃了，如果是最后一次利好兑现，那基本上可以说 99% 的主力在出货。KD 和 MACD 也会提供顶背离和底背离信号，如果顶背离出现天量阴线或者星体，则表明上涨动量严重不足。如果底背离出现天量阳线或者星体，则表明下跌动量严重不足。

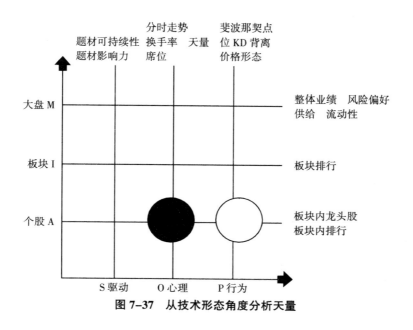

图 7-37　从技术形态角度分析天量

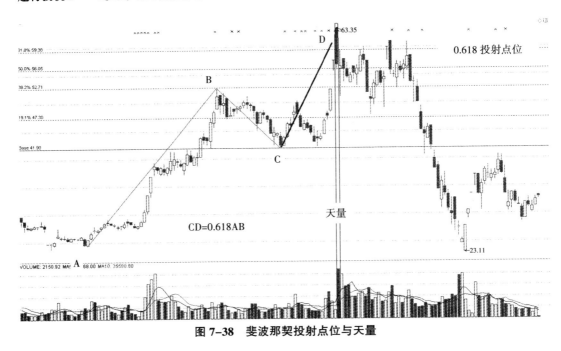

图 7-38 斐波那契投射点位与天量

　　还有更多的其他角度可以帮助我们更好地解读具体天量的含义，进而更加准确地洞悉市场参与力量的意图和动机。不管是哪种手段和工具，在面对天量的时候，我们始终要关心的问题是：谁在卖？谁在买？为什么买？为什么卖？

第五节　价格波动率极值（1）：十字星和星体
——提醒信号

　　做题材投机有一句话不得不铭记在心——虽有智慧，不如乘势；虽有镃基，不如待时。怎样才能做到乘势呢？这就要从题材和业绩的角度出发，只有重大的题材和业绩变化才会催生出最大的趋势。但是，乘势只是第一步，虽然这是最为重要的一步，接下来就是如何确定买卖点的问题了。进出加减是所谓的买卖点的细化，进是买入，出是卖出，在买卖之间还存在加仓和减仓的操作。进出加减就是所谓"待时而动"，这需要对市场节奏有较为有效的把握，对于短线交易者来讲这个精确度能达到 65% 就非常不错了，而且风险报酬率越高，这个比率就越低。如何乘势？对于这个问题，相信读者心中应该有了较为具体的答案，毕竟本书基本上都是围绕这

一主题展开的。那么如何待时呢？这就要从价量的运动节律来把握了。江恩理论、波浪理论是比较精巧的市场运行节奏理论，在对这些理论长达十年的研究和实践之后，不得不承认要单纯靠这些理论来管理资金，难度是很大的。作为交易者，我们可以参考专业波浪理论分析师和江恩理论分析师的结论，但是却不可迷信，更不能依靠。从实践的角度来讲，简单的价量极端值可以帮助我们更加高效地把握市场运动的节律。成交量的运动节律相对而言比较容易被人忽视，同时却比价格更加有效，毕竟所有的价格 K 线都是一笔一笔的成交量堆出来的，能不能很好地认识到这点是区别于纯技术交易者的一个重点。从本节开始我们会从另外一个角度来介绍如何把握市场的运动节奏，这就是价格本身，具体而言就是价格波动率极端值（见图 7-39）。

要把现象分析清楚，一个方向是往上走，站到更大的格局上去看；另一个方向是向下走，分解来看。

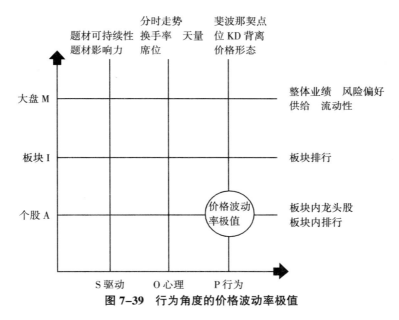

图 7-39 行为角度的价格波动率极值

价格波动率极端值主要体现为星体（包括十字星）、大阳线和大阴线。本节我们介绍星体以及其中特别重要的十字星，下一节我们介绍大阳线和大阴线。狭义的星体是指实体较小的 K 线，同时影线也较短（见图 7-40），而十字星则是指影线较长且实体较小的 K 线（见图 7-41）。狭义

星体和十字星都表明了某种均衡，也就是说，多空对比处于暂时的均衡状态，只不过前者是没有经过激烈斗争达到了均衡，后者是双方经过激烈交战才获得了暂时的均衡。

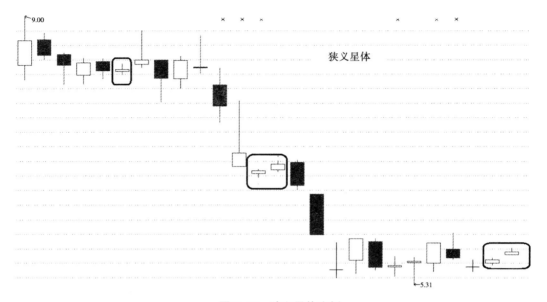

图 7-40　狭义星体实例

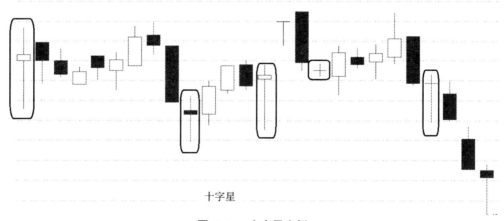

图 7-41　十字星实例

大多数技术分析类书籍都是从简单的多空对比来解读星体和十字星的，不过统计后就发现并无特定的指示意义，并不能对后市的涨停给出大概率的判断。这就好比笔画与字的关系，也好比单字与句子的关系。如果想要"窥一斑而知全豹"或者能够"一叶知秋"，要满足的一个基本前提就是将这"一斑"或者"一叶"的信息

放到一个系统框架中去审视，这样才能做到通过某一局部信息，得到相对正确的答案。

技术分析书籍以及 K 线专著上介绍的这些 K 线形态都是"真空"中的，在缺乏背景的 K 线组合上殚精竭虑是无法有效地提高我们预判的准确性的。所谓"只见树木，不见森林"，就是绝大多数技术流派的病根所在。大家可以反过来想想，现在算法和大数据处理能力这么强，如果存在像 K 线组合这样的简单模式，而且预测效果非常显著，那么电脑程序肯定比人脑更加高效。但是，从业界来看，电脑并未体现出相对人脑的显著优势，这不正说明单纯的 K 线预判并不能解决问题吗？

既然单纯看 K 线没有什么效果，那么我们该怎么办呢？这就是我们在股市中的"看家本领"——股市分析九宫盘，将任何局部信息放到这个盘中去思量，就可以得出最为有效和准确的论断和预判。

在九宫盘中分析星体（包括十字星，下同）的第一个角度是结合大盘。当日大盘上涨，个股形成星体或者十字星，并且放量，这就是放量滞涨了，说明主力有借大盘氛围好而出货的嫌疑，后市看淡。如果大盘上涨，但是该股却呈缩量十字星，要么是该股确实一点想象空间都没有，要么是主力控盘程度很高，而且后面的可能性更大一点。当日大盘下跌，个股形成星体或者十字星，并且放量，这表明承接的力量也不小，否则大阴线的可能性更大。大盘下跌造成恐慌抛盘，所以成交量较大，但是下跌幅度却不大，肯定是买方也在大力介入。但散户不可能一致地勇敢，在大盘下跌的情况下，他们更容易出现集体的恐慌。所以，这个时候敢于介入的一定是真正的大资金。一旦大盘后市企稳，这只个股就会上涨。这类个股往往可以在大盘下跌的时候去发觉，往往属于下跌大资金增仓的那类个股，可以从某些软件功能板块中找到。

在九宫盘中分析星体的第二个角度是结合个股题材。个股在没有题材的情况下出现星体是比较正常的，出现十字星则显得有些诡异，除非该股成交极其清淡，以至于各个成交价位之间相距甚远。如果个股有利好题材，但是该股却出现了星体或者十字星，而且是高位放量，那就是放量滞涨了。这种情况下，不管主力是真正出逃还是借机洗牌，个股都会下跌。如果利空题材与星体或者十字星同时出现，而且股价此前已经大幅持续下跌，此时就表明利空兑现，跌无可跌。根据成交量细分为两种情况：第一种情况是持续下跌后出现利空（往往是最后一次利空或者一次性利空），出现放量星体或者十字星，这种情况下很可能是主力借利空吸筹；第二种情况是持续下跌后出现利空（往往是最后一次利空或者一次性利空），出现缩量星体或者十字星，这种情况是市场自身下跌动量不足的表现。

在九宫盘中分析星体的第三个角度是结合板块和龙头股。如果相应的板块和龙头股也出现十字星或星体，那么个股的十字星或星体只能表明受到了板块因素的影响，这时候就要去思考是什么板块因素导致星体的出现，这时从个股角度去思考的意义不大。如果板块和龙头个股是下跌的，个股出现星体或者十字星则表明个股相对抗跌一点，但是并不能保证此后就不再下跌。如果板块和龙头个股是上涨的，个股出现星体或者十字星则表明个股自身力量不够强，跟风力道不足，后市下跌的可能性较大。不过，这只是排除了其他因素的真空情况，真正的研判还需要结合其他因素。

在九宫盘中分析星体的第四个角度是结合分时走势。星体的分时情况比较简单，开盘价、收盘价、最高价和最低价比较接近。十字星的分时情况要比较复杂一些，它的开盘价和收盘价比较接近，但是最高价和最低价的形成情况就相对多一些。上影线与下影线都很长，最高价可能先于最低价形成，这表明多头首先上攻。或者是相反的情况，最低价先于最高价形成，这表明空头首先上攻。分时中的量也很重要，影线对应部分的成交量可以看出有多少筹码和资金在这个价位完成了交换，如果量小，那么这个影线的价值就不太大。

在九宫盘中分析星体的第五个角度是结合龙虎榜。星体和十字星可能因为成交量异常而上龙虎榜，这个时候异常高的换手率就知道谁在买、谁在卖。如果上涨过程中出现了星体或者十字星，换手率异常高，上了龙虎榜，这个时候你就多了一个信息渠道，可以通过席位来一探究竟。

在九宫盘中分析星体的第六个角度是结合相对位置。相对高位出现星体或者十字星，如果是放量，那么说明发生了筹码交换，可能是主力换主力，也可能是主力和散户交换，这个属于放量滞涨，未必都是跌的，关键看筹码交换的双方。如果是新主力换老主力，那么换手率会很高，

投机针对的是筹码，投资针对的是业绩。

也许会上龙虎榜。什么情况下新主力愿意来高位接货，一定是后面还有一系列潜在利好。什么情况下主力把货倒给散户，一定是市场极度亢奋的时候，可能是因为大盘，也可能是因为有广为人知的利好。

相对高位出现星体或者十字星，如果是缩量，说明市场在这个价位分歧很小，上涨的动量不足，下跌的动量也不足，市场需要新的题材来驱动，又或者是主力并未行动，缩量星体只是市场自然交易的结果。

相对低位出现星体或者十字星，如果是放量，说明市场在这个价位的分歧很大，有人强烈看涨，有人强烈看跌，而且多空势均力敌。如果此后市场还有一系列利空，且此处是下跌初始阶段，那么接盘的一方不排除散户抄底。如果此前股价已经持续大幅下跌，而且最后一次利空兑现，那么接盘的一方是主力的可能性极大。

相对低位出现星体或者十字星，如果是缩量，说明市场在这个价位的分歧很小，下跌动量不足。但如果有新的利空出来，价格又可能继续下跌。这里补充一句，技术分析的很多东西都是在没有新的驱动因素这个前提下才有效的，如果驱动因素出现变化，那么技术分析的结论是不可以盲信的。例如，趋势线为什么有效，那是因为这波趋势的驱动因素没有发生变化，如果有新的因素出现，要么趋势线被突破，要么趋势线的斜率会改变。

在九宫盘中分析星体的第七个角度是结合前后的K线形态。任何东西都是综合起来看才会得到有意义和价值的结论，K线也是如此。任何有价值的K线分析必然是对K线组合和系列的分析，而且最好能够结合驱动面和心理面分析。若十字星后面紧接着一根大阳线，那么前面这颗十字星洗盘和试盘的可能性就非常大。所谓的早晨之星和黄昏之星，其实就是星体与其他K线的组合。

在九宫盘中分析星体的第八个角度是结合动量背离。动量指标很多，如震荡表中的KD、RSI，以及比较常见的动量指标MACD。顶背离出现了星体，则表明上升动量确实不足，如果没有新的利多题材，那么见顶的可能性就很大。底背离出现了星体，则表明下降动量确实不足，如果没有新的利空题材，那么见底的可能性很大。顶背离往往与死叉同时出现，而底背离往往与金叉同时出现，但是死叉出现未必有顶背离，金叉出现未必有底背离。新手关注金叉和死叉较多，而老手则关注顶背离、底背离更多，而高手则关注大盘、题材、主力更多。

在九宫盘中分析星体的第九个角度是结合斐波那契点位。无论是在斐波那契投射点位还是回撤点位，都很容易见到星体或者十字星，因为这类K线形态天生出现在阻力或者支撑点位附近。不过，这个阻力或者支撑是暂时的还是真的反转点则有

凡有所相，皆是虚妄。这个相就是局部、就是表象，在股票市场上而言就是涨跌。

赖于个股本身的题材生命力了。大家有没有发现，真正决定个股涨跌的是什么因素？直接因素是资金，特别是主力资金的流入和流出，根本因素是预期，特别是连续剧式题材导致的预期。资金往哪里走，我们就往哪里投，这个"投"就是投机。但是，资金的流动对象是变化的，对资金流向如何做到有预见能力，这就需要提高题材生命力的分析能力了。如果仅是简单地看现在的 K 线与书上的某种类型是否匹配，相应的解说是什么，这样的套路与看卦辞解签没有什么不同。真正的投机高手是怎样的呢？他会结合大盘、题材、板块、对手盘、价量等情况来解读个股的走势。

在九宫盘中分析星体的第十个角度是结合 KD 指标。超买（和/或死叉）和超卖（和/或金叉）往往与星体同时或者相邻出现，所以星体和震荡指标是市场节奏的测量仪。KD 指标与斐波那契点位、成交量以及星体之间往往具有某种"伴生现象"，其中的奥妙无穷。这些都是"虚"的，什么是"真实不虚"的？只有 AIMS 这个单词中包含的几个要素是真实不虚的。

第六节　价格波动率极值（2）：大阳线和大阴线
——确认信号

大阳线和大阴线是价格波动率极端值的另外一种形式，如果是十字星和星体代表着价格波动率的极小值，那么大实体线则代表着价格波动率的极大值。当然，如果从最高价和最低价的角度来看，十字星也可能是波动率的极大值，但是就多空对比而言，大实体代表了多空力量对比的显著优势，而星体和十字星则表明了多空之间的拉锯战。

在第五节，我们已经介绍了十字星和星体，所以在本节介绍大阳线和大阴线的时候，会结合星体和十字星展开，

这样便于大家综合地理解各种知识。对于K线而言，比较重要的价位有四个：开盘价、最高价、最低价、收盘价。K线是什么形态，取决于这四个价位。主力"作画"就是利用市场对K线的习惯性认识，而这四个价位就是主力运作的关键。某些资深的市场人士为了对付主力的这种伎俩，往往会下切到分时成交上去探究。毕竟，主力运作的K线与市场自然交易形成的K线在分时走势上还是存在显著差异的。大阳线是收盘价显著高于开盘价的K线，1%~3%的涨幅阳线肯定算不上大阳线，8%的涨幅阳线肯定算大阳线（见图7-42）。大阴线是收盘价显著低于开盘价的K线，这点恰好与大阳线相反，至于多大幅度是大阴线，这里面存在经验法则（见图7-43）。

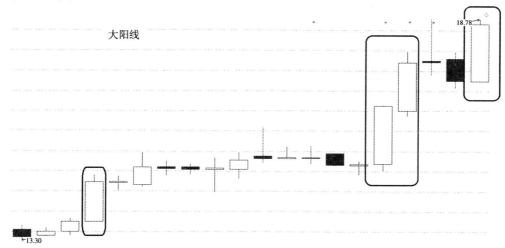

图7-42 大阳线实例

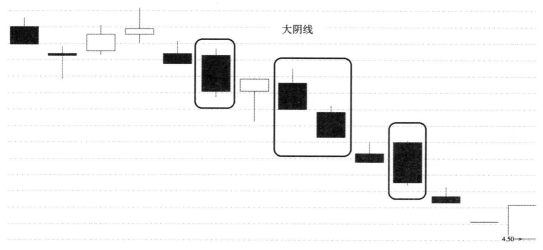

图7-43 大阴线实例

大阳线表明了坚决做多的市场意愿，大阴线则表明了坚决做空的市场意愿。在我们把握市场节奏的时候，关注大实体 K 线透露出来的市场情绪和力量对比是非常重要的。长期下跌之后的大阳线我们该如何对待，是不是一定是买入信号？上涨过程中出现的大阳线在什么样的情况下是较好的买入或者加仓机会？上涨趋势中的回调出现大阳线是不是意味着股价恢复上涨？同样，长期上涨之后出现大阴线，我们该如何应对，这是不是见顶信号？大阴线在什么样的情况下更可能是洗盘，在什么样的情况下更可能是出逃？下跌趋势中，反弹后出现大阴线就表明反弹结束了吗？要真正解答这些问题，就必须从系统的角度去分析，从多个因素去验证，否则就成了机械论，就成了形而上学，而单纯、片面的分析是让我们在股票投机上失利的罪魁祸首。对于股市投机客而言，寻找飙升股的重要工具就是九宫盘，或者说 3×3 矩阵。大实体线究竟是什么含义，对后市有什么指示意义，放到九宫盘中去分析更容易得到准确的答案。

在九宫盘中分析大实体线的第一个角度是结合大盘。个股无时无刻不受到大盘的影响，大盘下跌时能够涨停的个股并非不受大盘的影响，而是因为其超强的个性因素抵消了外在影响。大盘今天显著上涨，个股在这种情况下拉出一根大阳线。既然大盘上涨，那么整个市场氛围都很热烈。散户是群体性的，在整个市场情绪高涨的时候，场外的散户很难抵制这种诱惑，所以这个时候的个股拉大阳线往往是以散户买入为主，当然这也不能排除主力也参与其中。如果排除大盘基本面的中长期利好，那么这个时候买入的市场力量更可能是以散户为主。如果大盘下跌，而个股却能够拉出大阳线，这可能是里面有主力，这种个股就是逆势上涨，这是市场上绝大多数人的认识。大盘下跌，个股基本面没有什么利好，散户应该是惊弓之鸟，个股却拉出大阳线，这里面有什么力量能在大盘不好的时候来托住股价？有能力来托住股价的力量往往是大资金，那么它的目的是什么？最直接的目的就是维护股价，那么为什么维护股价呢？一种情况是个股处于拉升状态中，主力不能让"队伍散了"，这个时候洗盘对于主力而言可能不利，很容易击穿关键价位，进而影响持仓散户的心态，这个时候主力可能趁机加码，同时维护股价。另一种情况则是在大盘下跌的情况下，主力出货较为困难，这个时候故意利用市场的习惯思维，让持仓的散户认为"逆势走强是庄股，不会下跌"，同时让场外的散户进来接盘。第一种情况是主力志在高远，第二种情况则是主力的权宜之计。

下面结合大盘讲讲大阴线。大盘如果大幅上涨，这个时候个股出现大阴线，是一种异常情况。你要判断主力是洗盘还是出货，还要考量个股是不是有利空，如果

个股本来就有新的利空出现，则可能是这个利空导致的个股出现下跌，这种情况可以放到下面的第二个角度去理解。如果排除了个股的利空因素，此时的下跌就是放量大阴线，表明存在大量的换手。主要是散户之间换手的可能性较小，因为散户倾向于采取一致的行动，不太可能出现截然相反的两种操作，况且大盘上涨的情况下大量散户卖出的可能性较低。只有"主力卖出，散户买入"和主力对倒或者换庄这些可能性了。是不是主力对倒可以去分时成交上复盘查看。我们暂且排除主力对倒和换庄的可能性，那么就剩下"主力卖出，散户买入"的可能性了，主力这个时候的心思就是借助大盘走好出货或者大举减仓，而缩量大阴线出现在大盘上涨的阶段则显得更加异常。排除个股有利空题材，则大盘上涨时散户肯定是买入的，这个时候主力要找到足够的对手盘是比较容易的，所以成交量应该放大才对，但是这个时候却是缩量大跌，这就表明两点：①浮动筹码较少；②主力洗盘的嫌疑较大。当然，这些结论都要排除个股有利空题材出现。如果个股有利空出现，那么即使大盘上涨，而个股大跌也不是异常情况，只不过是争先恐后卖出的结果而已。

　　如果大盘下跌，而个股出现大阴线，这个只能表明个股受到大盘的影响而已，可能是主力借机洗盘或吸货，也可能是主力看大势不对及时出逃。大盘下跌出现大阴线的个股可能也存在低吸的机会，这个就要结合"板块增仓排行榜"来发觉。大盘下跌，个股的重大利好并未完全兑现，或者不久就会有潜在利好，又或者个股的业绩将持续向好，那么主力借助大盘的恐慌抛盘而低位吸筹是很正常的事情。这种成交量应该是放量的，这表明散户在恐慌抛售，而主力在默默进场扫货。如果这时候是缩量，排除题材方面的影响，那么在大盘下跌的背景下，假如板块也是下跌的，那么散户肯定是以卖出为主的，但是个股却缩量大跌，除非这只个股的控盘程度极高，否则表明主力并没有进场买

利用市场的习惯思维、利用对手盘的非理性，这就是投机盈利之道。

人的意愿，要么是洗盘不到位，要么是主力苦于没办法出货。

所谓战胜不复，也就是没有两次胜利是一样的。根本原理一样，但是具体情况却要具体分析，上面结合大盘讲大阴线和大阳线也是一样的道理。不同的大盘情况下的大实体线意义是不一样的，很多时候为了搞清楚到底是哪种情况还需要结合题材、龙虎榜等因素来综合考虑。

在九宫盘中分析大实体线的第二个角度是结合个股题材。大阳线出现了，可以追涨吗？这是很多人的本能问题。能不能追涨往往要从个股题材的可持续入手，就像我们前面提到的题材生命力这个因素。大阳线出现了，有可能是最后一涨，也有可能是新的起涨点，究竟是哪一个？可以从题材的角度去分析。若近期看不到后续潜在利好，而目前这个大阳线是一次性好消息出来时形成的，那么这是最后一涨的可能性较大。如果再结合盘口发现主力拉高出货的迹象，则可以更加确定这根阳线后追涨的胜算率很小，空间也极小。

那么，单就题材的角度而言，什么样的大阳线是可以追涨的呢？后续存在"利多连续剧"的情况，往往可以追涨。只是为了保证追涨胜算率更高，遭遇回撤更小，还要判断大盘接下来的走势如何，以及这根阳线中散户的成色有多少。如果散户买入太多，阳线后洗盘的可能性较大。如果出现一次性小利空，这个时候拉阳线，主力吸货的可能性较大，但是一定要保证后续只有利多没有利空，否则你把连续性利空看成一次性利空，把主力拉升出货看成吸货就很糟糕了。

若大阴线出现，如何从题材的角度去解读呢？大阴线出现后价格可能有多种走势可能，可能继续下跌，可能反转上涨，也可能横盘震荡，要预判究竟是哪种可能性就必须结合题材展开。上涨中出现的一次性利空往往成为主力洗盘、提高对手盘持仓成本的机会，这个时候也是买入的机会。如果后续还有多次利空，那么这个大阴线只能算作起跌点，如果还有仓位应该毫不犹豫地大幅减仓或者清仓，万万不可抄底。如果是最后一次利空，也就是说利空兑现，那么这一跌与一次性利空引发下跌是相同的性质，不过最后一次性利空往往处于下跌趋势的末端，而一次性利空则处于上涨趋势中或者在震荡走势中居多。面对最后一次性利空，你应该尝试以买入为主，为了谨慎起见可以轻仓或者分仓买入。一个大阴线出现的背景不同，其意义也就完全不同，所以大阴线代表空头力量压倒多头力量只是过去发生的事情，未来怎么走，还取决于大背景。若搞不清楚这个背景，就会在判断的时候犯形而上学的错误，大背景是什么？大背景就是大盘和题材，还要加上市场各种参与派别的想法和实力。

如果大阴线对应的是一次性利多呢？或者是对应最后一次性利多、利多兑现呢？这就是大家经常提到的"利多不涨"，其实是主力趁机出货导致价格在利好情况下反而滞涨，甚至拉出大阴线。如果你看到"利多不涨"再出局其实有点晚了，一次性利多事前判断出的概率有七八成以上，所以消息出来后开盘就应该出局。一次性利多或者最后一次利多会对应什么样的分时走势图呢？第一种情况是高开低走，第二种情况是冲高回落。如果大阴线对应的是连续潜在利多，这个时候就是主力洗盘的可能性较大了，利用单次利多不涨引发市场的恐慌，"利多不涨"的表象让散户换手，这个时候出现的大阴线应该是买入机会。总结一下，一共有六种题材情况：一次性利空、最后一次利空、第一次利空（潜在多次利空）、一次性利多、最后一次性利多、第一次利多（潜在多次利多）。在题材生命力这章我们重点介绍的东西在本节就用上了，所以凡事都要放到全局中去看。

在九宫盘中分析大实体线的第三个角度是结合板块和龙头股。我们分享个股要找参照系，大盘是个参照系，个股相对大盘的分时走势强弱经常成为高手洞悉主力的工具。除了大盘之外，板块和龙头股也是定位个股的有力参照系。要想抓住龙头，要么埋伏，要么追涨停，但是真正开始涨停了，你往往很难及时买入，所以这个时候就要抓"龙二"或者"龙三"。除非你根据题材投机的分析体系提前埋伏到了龙头股，否则往往龙头股都是可望而不可即的。龙头股是风向标，是板块的代表，当然你也可以看板块指数，如东方财富通软件的概念板块指数就比较齐全。做个股，涉及的是板块概念，而非个股概念，这个时候龙头股和板块指数的走势就需要特别关注。个股出现大阴线，龙头股的涨停板也打开了，这个时候往往板块阶段性炒作结算的可能性就很大，所以后续继续下跌的可能性很大。个股出现大阴线，而龙头股继续封涨停，这就可能是个股比较弱的原因了，如果板块指数也出现回落，那就意味着追涨资金不足，主力只能控盘龙头股，其他跟风个股已经走弱，这

样个股后市走弱的可能性就很大。个股出现大阳线，龙头股封涨停，这个时候可以放心持有，如果板块指数也验证了涨势，那么资金继续热炒该股的可能性也较大。个股出现大阳线，龙头股涨停板打开走弱，这个时候要注意看板块指数怎么走，同时要看是不是龙头股发生了转换。如果板块指数没有走弱，"龙二"和"龙三"成为新龙头股，那么持有个股的涨势可能会继续。如果板块指数走弱，"龙二"和"龙三"也跟随龙头股转弱，那么持有个股的涨势可能暂告一个段落。

在九宫盘中分析大实体线的第四个角度是结合分时走势。大阳线和大阴线的分时走势存在几种不同的类型，但就分时走势来讲存在不同的意义，如果结合大盘、题材和板块指数来讲，分时走势的意义可以更加明确。先就大阴线来讲，第一种情况是高开，然后跌破前日最高点形成的大阴线。这种情况就是前日买进的盘子基本上都是亏损的，如果个股真有持续利空，那么这种杀跌其实是不计成本出货。如果个股没有持续利空，而是最后一次利空，或者一次性利空，那么这种分时走势反而是为了让抄底的散户被洗出来，让他们在低位把筹码交出来。第二种情况是前日高点下方开盘后突破高点，然后冲高回落形成的大阴线。这种情况可能是诱多，利用T+1机制，突破前高让散户买入，锁定部分筹码后主力大举出货。如果是一次性利多或者是最后一次利多，又或者是利空开始，那么这种情况下的突破前高就很可能是诱多，后市继续下跌的可能性很大。但是还存在另外一种常见的情况，那就是突破后的洗盘。由于前一日或者几日公司有利好，散户也一块买入，而主力也看好后市，那么就可能采取这种方式洗盘，突破后回落，给人假突破的感觉，通过杀跌导致散户卖出。第三种情况是前日低点上方开盘，然后跌破低点形成的大阴线。这种开盘给人造成了一种今日可能回升的假象，不过很快这种错觉就被反弹失败的情景给修正了。第四种情况是前日低点下方开盘反弹失败后形成的大阴线。这是跌势较为强劲的一种分时走势，因为反弹无法回升到前日低点之上。当然还存在其他情况，不过这些都是最为典型的大阴线分时情况。掌握这些典型的大阴线分时结构，我们在应对其他情况时可以基于这些情况进行推导。

大阳线的分时走势也存在不同的情况：第一种情况是低开，然后升破前日最低点形成的大阳线。这种分时走势其实就是低开高走，隔夜有些利空消息，不过属于一次性利空或者是小利空，股价开盘迅速消化了这些利空之后恢复到上涨趋势。还有可能是个股受大盘较弱的影响，在开盘后又恢复到个股的趋势上。这种低开也可能是主力的一种洗盘伎俩，通过低开来骗取筹码和洗掉低位筹码。第二种情况是前日低点上方开盘后跌破低点，然后回升形成的大阳线。第三种情况是前日高点下方

开盘，然后升破高点形成的大阳线。这其实也起到了洗盘的作用，但是效果要比第一种情况差一些。第四种情况是前日高点上方开盘调整结束后形成的大阳线。这种分时走势相当于确认了前期高点的支撑作用，然后价格恢复上涨趋势。分时走势的分析还可以结合走势重演，这个功能可以在同花顺软件上找到，就是可以对分时走势和挂单成交动态进行复盘。这样可以看出在具体的价位上的成交动态是怎样的，有经验的短线客可以从中找到一些有价值的线索，如盘中是不是有坚决吃货的情形。

在九宫盘中分析大实体线的第五个角度是结合龙虎榜。大阳线和大阴线出现之后，如果价量异动达到了证券交易所的规定，那么就可能会上龙虎榜。若大阳线出现了，龙虎榜上买家和卖家各有什么特点呢？这些问题是可以考虑的：这些上榜的营业部是机构席位，还是游资席位？它们的操作风格是什么？历史的胜算率如何？此前有无出现在该股的买卖席位中？它们以前操作的个股具有什么特征？其实，对于投机客而言，成败与技术分析的关系不是很大，重要的是思维，这点与投资也是一致的。

大阴线与龙虎榜也可以结合起来观察：究竟谁在卖出，谁在买入？卖出的人是在此前什么位置进来的？买入排名靠前的席位是一般的营业部还是游资或机构常驻的席位？这些问题具有启发性，可以帮助你更好地理解大阴线形成的原因。一旦你对原因能够做出较为具体理性的推断，则可以极大地提高胜算率。

在九宫盘中分析大实体线的第六个角度是结合相对位置。相对高点和相对低点其实是与最近一年的走势比较而言，当然你也可以根据技术分析的趋势来判断。相对高点出现大阳线是什么意思？如果是个股缩量，那么表明持股的人惜售，而场外的人踊跃买入，后市继续上涨的概率更大。如果是个股在相对高位出现放量大阳线，这种情况形成的原因可能就比较多了。如果大盘非常"亢奋"，那么这时候只是受到整体情绪的影响，是否可持续要看大盘。如果排除大盘的影响，那么是不是个股有什么利多题材呢？如果这个题材广为人知，那么就有两种情况：第一种情况是最后一次利好消息公布或者一次性利多公布，这就很可能是利好兑现下的主力出逃和散户接盘了，因为散户短期内的力量非常强大，所以可以让主力逢高一路减仓。第二种情况是后续还有利好公布，那么这种情况下就还要看散户和主力抢筹的情况，如果散户大量抢筹，那么主力可能会调整一下。

相对低位出现大阳线，如果是放量，而且没有广为人知的利好出现，那么主力介入的可能性很大。当然，这种情况允许潜在的利好，或者说不为整个市场重视和熟知的利好。相对低位放量如果出现在下跌之后，也可能是短线主力，这时候回升

的可持续性就很差，只能短线操作。那么，如何预判回升的力度呢？首先，从大盘和题材角度来考虑，大盘是不是持续向好，个股是不是有可预期但是并未被市场广泛熟知的一系列朦胧利好存在？如果大盘企稳向好，且潜在利好较多，那么回升的持续性就很强。其次，要从资金的角度去思考，如从龙虎榜或成交明细分析进去资金的数量和性质。如果是"一日游"的短线主力席位，那么这样的超跌反弹就没有必要参与，因为你买的价位肯定比主力高，因为你必须等主力进去才敢参与这类杀跌股；而你的卖出价位则可能也比主力高，主力可能开盘就卖了。个股在相对低位出现缩量大阳线则表明卖出的意愿已经非常低了，一点点力量就可以把股价打起来，这种个股有了做反弹的基础，但是至于能升多高，第一要看前期套牢盘位置，也就是前期下跌时筹码分布密集区域；第二要看近期大盘走势和个股有无较好的潜在利好题材。

相对高位的大阴线如果是与缩量一起出现，除非遭遇特大利空出现跌停板，否则应该说主力洗盘的可能性更大。主力可能会借一次性利空兑现加上大阴线来洗盘，这点大家要注意。如果相对高位出现放量大阴线则情况比较复杂，如果是最后一次利好或者一次性利好兑现，那么主力出逃的可能性很大。

相对低位出现大阴线如果与缩量一起出现，则下跌过程未必就终止了，只是表明很多人不愿意割肉而已。如果相对低位的大阴线与放量一起出现，则表明很多人想卖出，很多人想抄底，这么低的位置出现放量大阴线肯定是恐慌情绪主导，如果此前已经持续下跌，中间经历过缩量下跌和反弹，而此处有利空消息兑现，那么是主力经常扫货的可能性就很大。

在九宫盘中分析大实体线的第七个角度是线合其他 K 线形态。大阳线前面出现了什么 K 线组合对于判断大阳线的意义也是非常有用的。如大阳线前出现了十字星或者流星线，而这根大阳线将其吞没，那么这表明前面是洗盘或者试盘的可能性很大，后市看涨。对于大阴线，也可以结合前面的 K 线组合来分析和思考，如果前面是 N 字向上突破创新高，而本日大阴线则是缩量下探支撑线，那么后市上涨的可能性也比较大。

在九宫盘中分析大实体线的第八个角度是结合动量背离。我们以 MACD 的顶底背离为例来讲解，其他动量指标也有类似的思考方法。顶背离与大阴线一同出现，则阶段见顶概率较高，这是排除大盘和题材两个因素。底背离与大阳线一同出现，阶段见底概率较高，这也是排除大盘和题材两个因素的考虑。顶背离出现意味着上涨动量减弱，这个时候如果没有新的利好题材来驱动，股价向下的可能性较大，至

少是震荡。底背离出现意味着下跌动量减弱，这个时候如果没有新的利空因素来驱动，股价继续下跌的可能性较小，更可能是回升或者震荡。这是顶底背离本来的意义，如果结合大盘、题材和主力来分析才能更加准确。底背离之后再度底背离，也就是多重底背离，这就是所谓的第一次背离失效的情况，这其实是忽略了题材和大盘的作用。一只个股因为持续利空下跌，中途又暂时下跌动量不足，就会形成底背离，也许稍微停一下又继续创新低，这是因为利空题材还在发酵，还有新的利空出现，利空并未完全兑现。

背离很神奇吗？事后回过头来看是这样的，真正神奇的判断发生在你掌握了题材这个灵魂之后。

　　在九宫盘中分析大实体线的第九个角度是结合斐波那契点位。斐波那契点位是一个谱系，一般用到的是回撤点位和投射点位。交易中较为实用的还是回撤点位，因为投射点位与"让利润奔腾"的原则有矛盾。当然，你也可以将投射点位仅作为进场点，而不是出场点。我们在股票市场上用得较多的还是回撤点位，在《解套绝招：斐波那契四度操作法》一书中我们对此有较为详细的介绍，这里大概介绍一下如何与大实体线结合起来使用。上涨过程中，如果以大阳线突破前期点位，且配合适度的放量则表明涨势继续的可能性较大。下跌过程中，如果以大阴线跌破前期点位，则表明跌势继续的可能性较大。上涨后回调，如果在某一回撤点位附近企稳，拉出大阳线，则调整很可能结束，上涨重新开始。下跌后反弹，如果在某一反弹点位附近受阻，拉出大阴线，则反弹很可能结束，下跌重新开始。上述分析还可以进一步提高准确性，如加上 KD 指标，反弹后的大阴线恰好处于某反弹点位阻力处，而 KD 死叉信号也处于超买区域，这样就提高了卖出信号的准确性。又如回调后的大阳线恰好处于某回调点位支撑处，而 KD 金叉信号也处于超买区域，这样就提高了买入信号的准确性。在这个基础上还可以进一步探究题材有什么新变化、成交量有什么情况等，这就是一个综合性的思维了。

　　在九宫盘中分析大实体线的第十个角度是结合 KD 指

标。KD 指标有三类重要的信号为交易者广泛使用：第一类信号是超卖和超买，第二类信号是金叉和死叉，第三类信号是中线穿越。中线穿越我们很少用，一般 MACD 和 RSI 较 KD 指标更适合采用中线穿越。大阳线与向上穿越对应，表明上涨继续的可能性较大；大阴线与线下穿越对应，表明下跌继续的可能性较大。不过，这类应用与市场心理的结合并不紧密，也就是所谓的"中线穿越"背后并没有多少可靠的心理基础。我们在剖析大阳线和大阴线的时候通常结合第一类信号和第二类信号进行分析。当 KD 指标的两条线在超买区域形成死叉的时候，如果出现大阴线，则市场短期见顶的可能性较大。为什么超买区域死叉和超卖区域金叉具有如此重要的意义呢？某些较为科学的统计表明，震荡指标与市场情绪调查指标具有类似的运行轨迹，也就是说震荡指标的运行与市场情绪的起落基本上是一致的，因为超卖和超买其实往往也对应了市场情绪的高潮和低谷。但是，指标也可能出现钝化，这就是由于市场情绪持续高涨或者低迷导致的，为了避免被这种情况误导，我们增加了死叉和金叉的信号。当 KD 出现超买死叉的时候，表明市场的极度乐观得到了确认，这个时候出现大阴线则表明市场情绪开始拐头向下。当 KD 出现超卖金叉的时候，表明市场的极端悲观得到了确认，这个时候出现大阳线则表明市场情绪开始拐头向上。KD 指标处于极端值区域的时候，大阳线和大阴线更加具有指示意义，因为这表明在情绪极端亢奋和极端悲观的时候，市场运动出现了急剧的变化，这种变化的确定意义更强。

投机客有没有高潮和低潮，肯定有，我们不是机器人。坚持按照九宫盘去分析、实践、复盘，你就能重回状态。

综合运用示范：题材投机 3×3 矩阵

你是否敢于与众不同？是否敢于犯错？是否敢于蒙羞？想拥有伟大的成就，你就必须敢于做到这三点。

——霍华德·马克斯

如果我们错误地认为，量化就意味着要达到近乎不可能达到的精确程度，那几乎没有什么事情是可以量化的。

——道格拉斯·W.哈伯德

我们生活在信息密集的环境中，决策者必须要在人类的直觉和计算机分析两者之间取得某种平衡。

——肯尼斯·波斯纳

被别人打败并不是一种耻辱，重要的是当你被打败时要问自己：我为什么会失败？如果一个人能够这样进行反省，他就大有希望。

——李振藩

每个人在阅读本书的过程中都会形成自己的理解，在运用的过程中也会根据自己的特点和偏好加以发挥。更为重要的是本书涉及的分析范畴较多，而人的精力和资金都是有限的，这就要求我们在稀缺的前提下根据自己的特点对本书的思路进行整合。本章我们将进行这样的尝试，将一些有效的东西系统化。系统思维是成功的关键，这是我们在最后一章不得不反复强调的一点，很多交易方法之所以失效并不是具体的指标或者分析范畴有什么问题。毕竟任何单个的指标或者分析范畴都有其前提和局限性，它们都是基于某一假设而发挥作用的。有限性是有效性的基础，而有限性同时又必然带来无效性，这就是单一指标和分析范畴带来的悖论。做题材投

机靠的并不是一招鲜，而是系统思维，"一招一式"的有效性是有空间和时间局限性的，要想持续地盈利必然要求系统思维。这个系统思维要进一步体现为博弈思维，这才能真正符合股市的本质。

第一节　3×3 矩阵是什么

人类所有重大的失误和偏见都是因为没有系统地进行思考和决策。

本书的核心是"题材投机"，要想提高题材投机的胜算率和风险报酬率就必须进行系统而简要的分析。为了便于初学者将本书散乱的内容综合起来进行操作，我们在本章分析一个示范性的框架，这就是我们在前面提到的九宫盘，或者说 3×3 矩阵。3×3 其实就是两个维度六个范畴的考量，如图 8-1 所示。纵轴显示的维度是关于三个层次的，这就是大盘、板块和个股。个股直接受制于板块，板块直接受制于大盘，进而个股也是间接受制于大盘的。

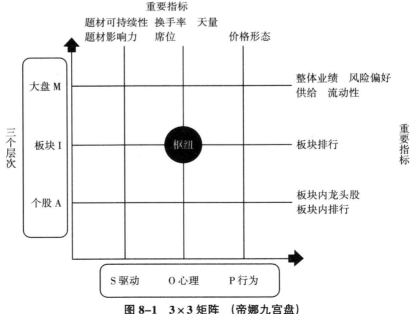

图 8-1　3×3 矩阵　（帝娜九宫盘）

横轴显示的维度是关于三个方面（角度）的，这就是驱动面、心理面和行为面。驱动面相当于通常所说的"基本面"，但是基本面的说法不准确，因为我们其实是在研究"引发和驱动"市场参与者决策变化的因素，所以驱动面的说法更为准确一些。哪些因素会"刺激"市场参与者采取行动呢？简而言之就是"题材"。题材这一概念是本书反复提及的核心概念，也是本书深入讲解和示范的盈利模式。"题材"并不是国内股市特有的概念，在美国股票市场也有类似的说法，一般称为"Story"，直译为"故事"。其实，"题材"往往以"讲故事"的方式展开，想象空间越大的"故事"越是好的题材。题材也是要分层次的，有大盘层面的题材，如货币政策的新变化、引进增量资金的政策、经济周期等，这就是驱动大盘的题材，属于大题材，这个是做股票的人不能不注意的系统变化，里面蕴藏着重大的机会和风险。无论你是做短线还是做趋势，大盘的重大变化都是要密切关注的。比大盘这个层次低一点的题材就涉及板块了，这个板块可以是一个产业板块，也可以是一个地域板块，最本质而言就是一个概念板块。做题材投机，我们最要关注的就是板块这个层面，毕竟绝大多数机会都源于驱动板块的题材。还有一类题材只与个股有关，如某家公司独有的概念题材、重组、高送转、业绩爆发等。

在"题材投机"中，驱动因素就是"题材"，题材是行情的灵魂。但是，具体而言，只有为主力所借力的题材才是行情的灵魂，这就牵涉到所谓的"心理面"分析。心理层面的分析以"主力的预期和行为"为主，以"散户的预期和行为"为辅，主力和散户其实是一枚硬币的两面。由于"题材投机"多半都是主力引诱散户在高位接盘，所以散户的行为往往与主力的行为相反，在"题材投机"中我们需要搞清楚主力是怎么想的，站在主力的角度去思考问题，思考为什么买、为什么卖，如果你是主力你会怎么操作。"换位思考"的能力对于"题材投机"的成功非常重要。

从来都是跳出局外的人干掉迷在局中的！市场中你怎么想并不重要，关键是别人怎么想。搞清楚了别人的想法、别人的底牌，你怎么想才有意义。

"换位思考"有三个基础，其中两个是"题材"和"价格行为"，另外一个则涉及"资金动向"，这三个结合起来才能给出一个客观的基础来"换位思考"，否则就是"胡思乱想"。"资金动向"就是我们要谈到的第二个范畴，这是"心理分析的关键之一"。换位思考则是在前面三个基础之上来推测主力的预期和想法。"资金动向"在前面的各个章节都有所涉及，下面我们会进行一些归纳和扩充。当然，市场来源是丰富多彩的，分析手段也是无穷的，你可以寻找到一些新的信息来源，同时建立新的分析指标。

资金动向也可以从三个层次来分析：一是大盘层面的资金流向，如新开户数、QFII 政策变化、理财产品、指数成交量等。如果整个股市资金不宽裕，则主板指数往往难有好的表现，这时候中小盘的题材股则更是主力火力全开的对象。二是板块层面的资金流向，这是我们关注的重点。主力资金在概念板块间的动向是"题材投机"分析的关键一环，是整个 3×3 矩阵分析的枢纽所在，恰好是九宫盘的中心之格。那么，有什么具体的手段对应这一环节呢？一个最为常见且简单有效的工具就是板块排行榜。三是个股层面的资金流向，观察个股里面有没有主力资金、主力资金有什么动向、主力为什么这样做等。这个范畴涉及价格行为。首先，我们要琢磨大盘指数的价格走势，与驱动面和心理面的东西结合起来思考；其次，我们要琢磨板块指数的价格走势、板块龙头股的价格走势，想想为什么板块指数这样走。对大盘和板块有清晰的了解之后，我们就要琢磨个股的价格走势了，结合题材和资金动向想一下为什么价格会这样走？当你基于 3×3 九宫盘进行自问自答的时候，你已经超过了绝大多数投机者，因为你在系统地以博弈的思维了解这个市场。以这个矩阵的中心之格"I×O"作为枢纽，基于九个格子进行系统的思考和分析，这就是 3×3 矩阵的运用。

我们再来对比绝大多数投机客采用的分析方式。这些方式往往都是偏重于这个九宫盘当中的某一格，这就违背了系统的原则和博弈的原则。第一种情况是"只看个股层面的驱动面"，这就是 A×S 形式，也就是我们平时所谓的"听消息，听新闻"炒股的方式，这种方式的弊端在于很可能接主力的最后一棒，又或者是买进的股票根本没有什么上涨动力，处于不温不火的状态。第二种情况是"一味沉浸在揣摩主力的胡思乱想"中，这就是 A×O 形式。最为极端的形式是按照所谓的有关主力动向的内幕采取行动，如主力要建仓某只股票等。还有较为普遍的形式是希望单纯通过盘口挂单和成交明细来识别主力的整个运作动向，有点"一斑窥全豹"的意思。并不是说这种做法本身不对，而是说只看盘口而不结合其他因素来综合分析是

不够的。第三种情况是"试图找到 K 线图和技术指标的圣杯"，也就是 A×P 形式。这一群体多见于市场中散户。

市场中很少有投机客只看板块或只看指数，相反的情况倒是很多，这就是只看个股而不看板块和指数。所以，更为可能出现的情况是在看个股的情况下对大盘和板块的分析存在偏差。如在分析大盘的时候，陷入 M×P 的单一范畴，只看指数的价格走势，企图通过所谓的趋势线和形态来预测大盘的走势。在进行板块分析的时候，我们也可能被 I×P 所局限，没有搞清楚板块走势背后的驱动因素，要么不敢追高，要么盲目追高。对于炒股经验较为丰富的投机客而言，3×3 矩阵的作用在于提醒你系统有序地分析，因为我们经常会不自觉地以偏概全，用期望代替分析，用幻想代替思想，用感性代替理性。同时，我们可以通过记录每次分析的结论和据此交易的结果，然后用九宫格来复盘，看看是否在某些格子上存在漏洞和空白，这样就可以逐渐消除"短板"，并且建立起全面的优势。

在利用 3×3 矩阵或者九宫盘的时候，首先必须抓住 I×O 这个钥匙，立足于观察和分析"主力资金在板块间的动向"，然后兼顾其他八个格子，从大盘开始分析到个股。

当你站在全局去看问题的时候，具体而言就是当你站在九宫盘的整体去看问题的时候，你会发现任何错误做法的直接原因就是忽略了整体的那一部分。

性格其实就是习气，就是习惯思维，任何习气都是有害的，因为没有做到具体情况具体分析，任何习气都是一种站在自己角度看问题的思维方式，最终吃亏的都是自己。所以，性格这个东西在面对问题的时候往往是死板和僵化的，人的成功和幸福就是按照正确的思维方式去超越和克服自己的性格。性格就是囚禁你潜能的牢房，而正确的思维方式就是突破你内心藩篱的利器。什么是正确的思维方式？从整体出发，从关键入手！股市投机中的九宫盘是你的思维纠正师！

第二节　确定重要数据和纵横比较

在 3×3 矩阵的边上我们列出了一些涉及这九个范畴的重要数据和指标。之所以要列出这些重要数据和指标，是要将九个范畴的分析落到实处；否则，只有框架是不行的。必须将框架落实到具体的分析中，而这就会要求找到对应于这些范畴的数据，而且必须是重要数据。本节我们就给出一些自己常用的重要数据，大家也应该努力找出本书没有涉及的重要数据，因为"题材投机"策略必然是个人化

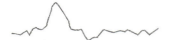

的，也只有采纳越少人知道的数据则有效性越高。当然，尽管单个数据的有效性可能不太高，但是如果能够置于九宫盘的系统中也能够与其他数据形成相互参验的强大效力，这就是我们在本书中反复强调的“系统的力量”。

我们先介绍涉及大盘的一些重要指标，要看透大盘的走势，第一位是大盘的驱动因素。大盘驱动因素有几个大的方面：供给因素、流动性、无风险基准利率、风险偏好、上市公司整体业绩预期。一般的股价贴现模型涉及的因素是无风险基准利率、风险溢价（涉及风险偏好）和业绩，但这只是个股的股价估算模型，若涉及整个股市必然要考虑股票的整体供给数量和流动性。著名的投资策略分析师程定华先生的分析框架就是基于股价贴现模型，而国内排名靠前的公募基金和阳光私募基金都非常重视程先生的分析，因为其准确率很高，所以大家应该对这个大盘驱动分析的框架有所重视。另外，在判断大盘走势的时候，高善文和任泽平两位先生的宏观分析文章也要认真研读，基本上他们的分析都是基于上述这些因素展开的。宏观分析基于微观基础的趋势越来越明显，如基于资产负债表变化来推断宏观趋势。

股票的供给对 A 股的影响不可轻视，但是仅靠股票供给也不对，还要看对股票的整体需求，这就是后面几个因素涉及的问题了。

供给涉及新股 IPO、增发和解禁股几个方面。新股 IPO 可以通过“中国财经信息网”查询，具体网址是 http：//newstock.cfi.cn/（见图 8-2）。在大盘增量资金匮乏的情况下，新股批量发行引起的资金冻结往往容易引发大盘的下行（见图 8-3 和图

新股在线 IPO ONLINE ·中财网 | 政经 | 资本 | 财富 | 产经 | 地产 | 股票 | 基金 | 债券 | 期货 | 外汇 | 搜索 | 软件 | 服务 |

新闻搜索： Search

CFi.CN 中财网 新股在线 IPO ONLINE CHINA FINANCE INFORMATION NETWORK

新股在线 | 新股中签速查 | 新股发行 | 新股分析 | 申购技巧 | 新股上市 | 如何申购新股 | 新股数据 | →返回中财网

第2批IPO批文下发在即 40企业叩资本市场大门(表)

新股在线消息：导读：第二批IPO批文下发临近第2批IPO批文下发在即 40家企业望叩......（新股发行）14日 06:44 [阅读全文]

飞天诚信大涨逾5%超越贵州茅台成A股第一高价股　九华山IPO坎坷“三进宫”　北特科技网上中签率0.281% 冻资690亿

即将发行的新股 - 新股发行一览表（含一周内已发行新股）

注意：2014年起新股开始实行按市值申购，详细申购策略与流程请阅读［2014新股申购新规与技巧］

股票名称	新股申购日	申购代码	发行价	发行量/股	申购限额	发行市盈率	中签率	中签号	资金解冻日	招股说明书	承销商
东方发债	07月10日周四完	沪:733875	100	4000万	160万股	--	07月15日公布	07月16日	20140716	招股说明书	中信证券
北特科技	07月10日周四完	沪:732009	7.01	2667万	1万股	19.47倍	0.2809%	07月15日	20140715	招股说明书	海通证券
步长制药	待定	沪:未公布	待定	6980万	待定	--	--	--	--	未公布	--
安车检测	待定	深:未公布	待定	1667万	待定	--	--	--	--	未公布	--
奥力威	待定	深:未公布	待定	1667万	待定	--	--	--	--	未公布	--
上海飞凯	待定	深:未公布	待定	待定	待定	--	--	--	--	未公布	--

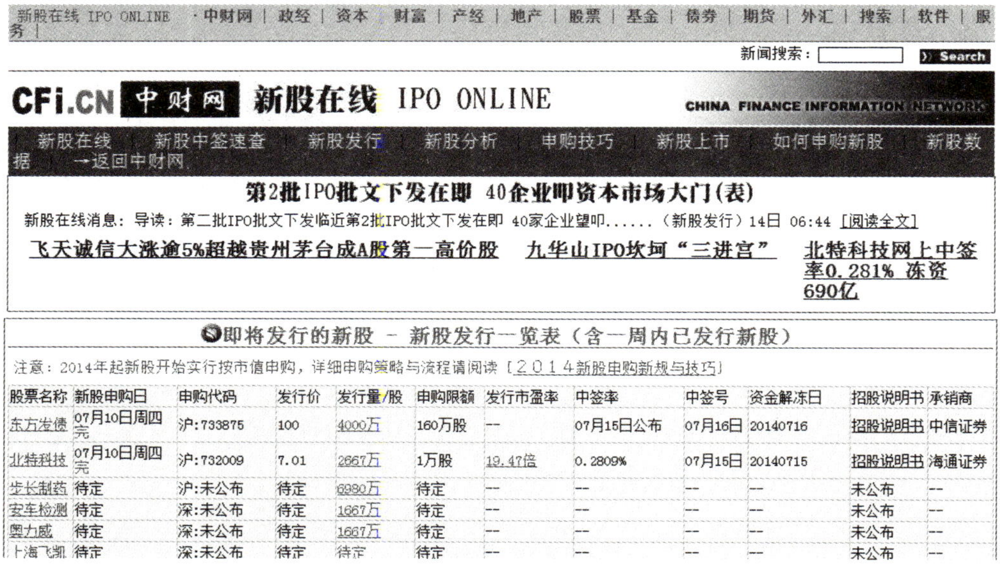

图 8-2　中国财经信息网新股发行主页

8-4），所以我们也要关注资金冻结的情况，这个也可以从 http：//newstock.cfi.cn/这个网址查询到。如果资金冻结量较大，则解冻前大盘下挫，解冻后大盘又会反弹。

图 8-3　新股发行和解冻对大盘走势的影响实例 1

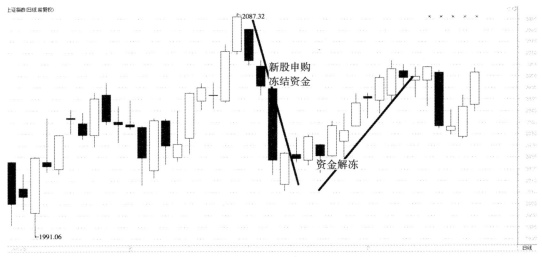

图 8-4　新股发行和解冻对大盘走势的影响实例 2

除了查看 IPO 的动态还需要关注增发和解禁股数量这些重要指标，因为这些数据对于股票潜在供给也有非常大的影响。虽然不能只根据增发和解禁数量来断定大盘强弱，但这些因素肯定会跟其他因素共同决定大盘的走势。可以通过网址 http：//datainfo.stock.hexun.com/wholemarket/html/dxft.aspx 查询解禁市值（见图 8-5）。

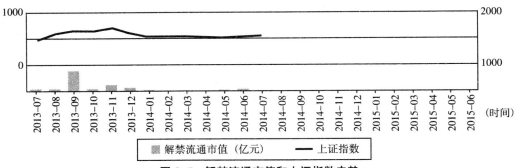

图 8-5 解禁流通市值和上证指数走势

除了中财网，其他也有很多网站提供上述几个方面的数据，如东方财富通行情软件中就有关于"新股 IPO"和"解禁股"、"增发"的数据栏目（见图 8-6）。

图 8-6 东方财富通软件上的"新股 IPO"等数据栏目

A 股一向以"流动性为王"作为口号，这反映了强烈的投机偏好，毕竟风险溢价在流动性充裕的时候也比较高。在其他条件中性的前提下，长期流动性宽松，则股市长期上涨，中期流动性宽松，则股市中期上涨，短期流动性宽松，则股市短期上涨。在对待流动性上不能"一根筋"，一味看涨或者看跌，要区分宽松的期限，而且要与股票供给、经济周期等结合起来观察。题材投机是不是就不看中长期的流动性呢？肯定不是，因为如果我们知道不仅短期宽松，而且中长期也宽松，那么操作的时候就可以更有把握，因为所有时间框架内的趋势看涨就减轻了我们短线投机

的压力。当然，最为重要的是中短期内流动性宽松。同时，流动性的转折点往往是短期先变化，然后才能够确定中长期的变化。

对于研究大盘而言，我们不是纠结于个股的流动性，所以要搞清楚股市中的整体流动性如何，必须研究如下几个层面的因素：第一是央行的政策风向，不仅是中国人民银行，还有美联储，因为中国的货币政策不得不考虑美联储的政策动向；第二是银行间流动性情况；第三是社会流动性。上面三者共同决定了有多少资金可能进入股市，所以这三个方面是研究股市流动性的基础。之后，我们再研究股市本身的流动性，这就涉及股民开户数量、QFII 和社保开户数量、公募基金募集情况、活跃账户数目、两市成交量、储蓄搬家情况等。

央行政策风向可以通过央行本身的网站看到，另外一些知名券商的货币政策相关分析研报也要关注。对于央行货币政策分析比较到位的分析师有董德志和刘杉两位先生，大家可以重点关注他们的言论分析。

银行间流动性通过什么指标来把握呢？前面也提到过，第一个指标是 Shibor，查询网址是 http：//www.shibor.org/shibor/web/ShiborJPG.jsp（见图 8-7）。第二个指标是银行间 7 天回购利率，查询网址是 http：//www.chinamoney.com.cn/fe/Channel/19225（见图 8-8）。

社会流动性通过什么指标来把握呢？第一个指标是温州指数，查询网址是 http：//www.wzjrb.gov.cn/col/col9109/index.html（见图 8-9）。第二个指标是票据直贴利率。

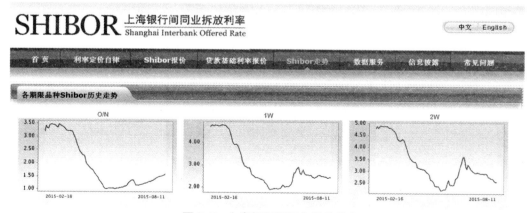

图 8-7　上海银行间同业拆放利率

资料来源：全国银行间同业拆借中心。

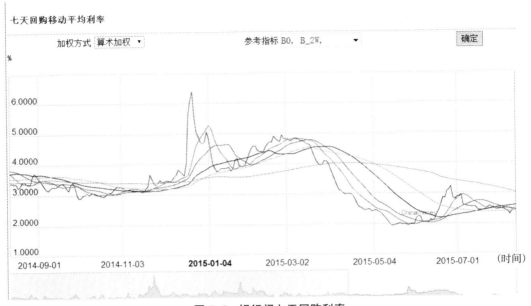

图 8-8　银行间七天回购利率

资料来源：中国外汇交易中心。

温州民间融资综合利率指数（**2015.8.7**）

发布日期：2015-08-10　　　　　来源：市金融办　　　　　浏览次数：8

监测日期：2015 年 08 月 07 日

温州地区民间融资综合利率指数					19.09	
按主体分类	民间借贷服务中心利率	小额贷款公司放款利率	民间资本管理公司融资价格	社会直接借贷利率	其他市场主体利率	农村互助会互助金费率
	17.73	17.69	18.00	14.18	26.04	11.13

据市金融办监测的数据显示：2015 年 8 月 7 日温州地区民间融资综合利率指数为 19.09 %（即平均月息 1 分 59），较上一个工作日上升 0.78 个百分点（8 月 6 日监测数据为 18.31%），详细内容请登录：www.wzpfi.gov.cn。

图 8-9　温州指数

资料来源：温州市人民政府金融工作办公室。

　　股市流动性可以通过两市成交量和中登公司系列数据来把握，在第三章我们对此有过较为详细的介绍。还有一个数据虽然比较滞后，但我们还是应该时不时地查

看一下，这就是"证券投资者的资金余额及变动情况"（见图 8-10）。另外，银河证券的《国内流动性周报》是一个比较全面的跟踪各层面流动性的报告。

证券及股票期权投资者的资金余额及变动情况

2015年7月　　　　　　　　　　　　　　　　　　　　　　　　　　　　　单位：亿元

日期	资金类别	资金余额		投资者银证转账/银衍转账引起的资金变动金额			备注
		期末数 (1)	日平均数 (2)	转入额 (3)	转出额 (4)	净转入（转出）额 (5=3-4)	
2015.07.27- 07.31	证券交易结算资金	28,893	29,809	7,119	8,130	-1,011	
	股票期权保证金	14.05	13.74	3.43	1.93	1.50	

图 8-10　证券投资者的资金余额及变动情况

资料来源：投资者保护网。

　　流动性与无风险基准利率有一些关系，因为两者都可以与风险偏好相互作用。但是无风险基准利率还可以作为我们考虑市场整体估值因素的手段，如果无风险基准利率显著下降，那么股市的估值水平就会往上走，股指趋势往上，这时候做"题材投机"的系统性赢面是最大的，系统性风险是最小的；如果无风险基准利率显著上升，那么股市的估值水平就会往下走，股市趋势往下，这时候做"题材投机"的系统性赢面是最小的，系统性风险是最大的。A 股 2013 年至 2014 年上半年一直萎靡不振，除去经济面和股票供给面的原因之外，就是因为无风险基准利率显著上升，使得股市整体估值下降。也可以换个角度来讲，这段时间很多保本型理财产品收益率很高，这就使得股市吸引力下降，所以很多资金从股市和储蓄市场流向了理财产品。由于买家认为这些高收益的理财产品有银行担保，所以肯定是无风险的，所以就将整个社会认定的无风险基准利率提高了。这段时间内，整个国内的无风险基准利率基本上是以余额宝为代表的理财产品的收益率。当然，这是特殊时期，随着银行表外业务入表和明示风险，衡量无风险基准利率的指标还是通常的普通存款利率和国债收益率。我们通常通过观察美国、中国和德国的 10 年期国债利率（见图 8-11、图 8-12）来推断整体的无风险基准利率走势，可以从如下网址查询到相

互联网金融会带来一个除了银行间市场之外的新利率基准。

关数据信息：http：//www.investing.com/rates－bonds/。中国真实利率（一年期存款利率和 CPI 之差）是我们需要关注的另外一个重要指标，可以从网址 http：//value500.com/CPI1.asp 查询得到（见图 8-13）。

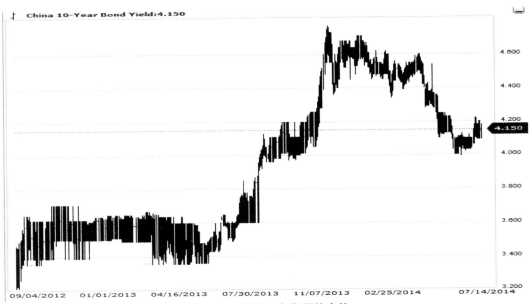

图 8-11　中国 10 年期国债走势

资料来源：Investing.com.

图 8-12　美国 10 年期国债走势

资料来源：Investing.com.

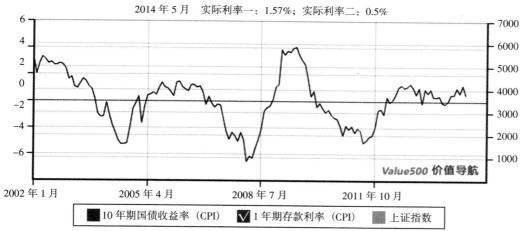

2014 年 5 月 实际利率一：1.57%；实际利率二：0.5%

■ 10 年期国债收益率（CPI）　Ⅴ 1 年期存款利率（CPI）　■ 上证指数

图 8-13　国内实际利率

资料来源：价值 500 网。

对于大盘走势影响较大的一个因素是风险偏好，那么关于风险偏好的重要指标有哪些呢？第一个指标是美股走势，特别是隔夜美股走势往往会影响今天 A 股的开盘价。如果隔夜美股上涨，那么今天 A 股就可能高开；如果隔夜美股下跌，那么今天 A 股就可能低开。第二个指标是 VIX，反映美股风险偏好的是 VOLATILITY S&P 500，可以到雅虎财经上查询（见图 8-14）。另外还有一个恒指的波动率指数"恒指波幅指数"则可以在雅虎财经（香港）上查询到（见图 8-15）。波动率越高，则

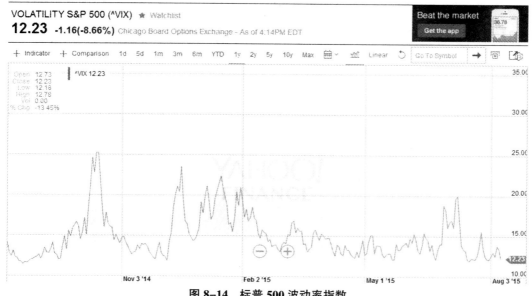

图 8-14　标普 500 波动率指数

资料来源：雅虎财经。

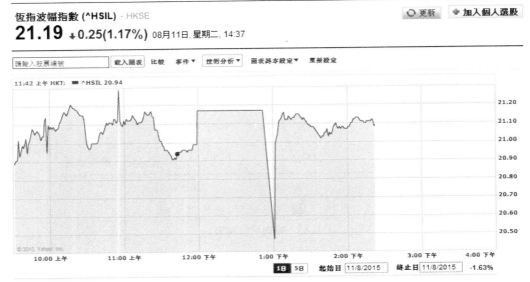

图 8-15　恒指波动率指数

资料来源：雅虎财经（香港）。

表明风险厌恶情绪越强；波动率越低，则表明风险偏好情绪较强。由于美股和港股与 A 股联系越来越紧密，所以它们的股指波动率的异动也对 A 股风险偏好有所提示。第三个指标是 CDS，也就是违约掉期，反映了违约概率的大小，可以查询彭博网站。比较重要的是欧美等国家的 CDS 走势和新兴市场国家的 CDS 走势。其他比较重要的风险偏好指标还有创业板整体走势、防御板块动向、纳斯达克走势、新兴市场整体走势、息差交易货币对的走势、国债利差和信用利差等。

上面介绍的几大要素其实是股价贴现模型中的核心要素，它们是无风险基准利率（与股价成反比）、风险溢价（与股价成反比）、业绩（与股价成正比），另外加上了股票供给因素。要分析指数走势，还要专门分析权重板块的动向，具体而言就是银行、地产、有色等板块，随着中证 500 的地位提升，我们也要分析其中的关键板块。

明白了大盘的驱动因素还不够，还要看大盘的心理资金因素，能够对大盘的趋势和动向起到关键作用的资金肯定是以各种主力资金为主，而这在本书前面的章节已有详细的介绍。

除了掌握大盘的驱动因素和心理因素，还要将两者与行为因素结合起来看，这就是大盘的技术走势分析。这方面的内容很多也很杂，但是大家没必要都去掌握和了解，有一两项技术工具即可，毕竟大盘是受驱动因素的影响而运动的，价格只是

这种运动的结果，而所谓的技术指标则是价格经过加工后的结果。如果说价格是同步指标，那么驱动因素和心理资金因素则是先行指标，而技术分析指标则是滞后指标。

涉及大盘的分析工具和重要数据基本讲解完了，我们介绍涉及板块这个层面的重要数据。

驱动板块的因素往往是政策因素，当然也有产业链因素，如苹果公司出产品或者有新动向，就会对苹果公司产业链相关的板块有很强的刺激作用。板块的驱动因素可以从一些重要的财经媒体获得，如东方财富通、同花顺的"股市热点"、几大证券报的信息服务等。板块排行是我们随时都要关注的指标，具体包括涨幅排行、量比排行、换手率排行、增仓排行。

由于政府控制和动员的资源非常庞大，所以政策会指挥股市。

天量是我们在个股心理方面比较关注的极端值，主要看主力进出的轨迹和群众极端情绪。席位是比较重要的个股心理分析指标，主要思路是查看主力风格、查看主力进出路线图、推测主力关联营业部、查看主力胜算率、计算主力大致的持仓成本和筹码数量、通过成交龙虎榜看主力性质，若是机构来操作，则是中线的牛股；若是游资为主力，则持续性不强。

换手率要横向比较和纵向比较，一般而言新股一字板开板后新旧主力的交接会体现在换手率上。大挂单和单笔成交则要与席位计算出来的主力持仓量和成本结合起来判断，进而推断主力意图。

龙头股一般就是所谓的"龙一"，做"龙一"是风险最小而收益最高的，当时不太容易买到，除非提前埋伏（这个在技术上很难）或者敢于追高（这个在心理上很难）。龙头股具有先板块启动而起、后板块回落而落的特性，它的安全系数和可操作性均远高于跟风股，至于收益更是跟风股望尘莫及的。因此，实战中抓龙头股才能获得股票短线技术指标暴利。龙头股是板块甚至大盘的风向标。当你做个股的时候，如果持有的不是"龙一"，而是"龙二"甚至

更靠后的个股，那么就必须观察龙头股的强弱。如果龙头股涨停板打开，做短线的人基本上都会减仓或者卖出自己手中的个股。

上面提到了一些比较重要的因素，还有一个因素不得不提，那就是"权威新闻媒体"，最为重要的是"新闻联播"。新闻联播对大盘走向、板块和个股均有直接的影响，所以任何合格的 A 股投机客和投资者都必须关注"新闻联播"。举几个例子，第一个例子是 2007 年"5·30"大跌之前，新闻联播专门报道了广发证券违规进行内幕交易的事件，此后题材股全面下跌。第二个例子是 2007 年 8 月 20 日新闻联播对中国船舶进行了专门的正面报道，此后该股一路上涨，到了 10 月 12 日已经由此前的 200 元涨到了 300 元。第三个例子是 2007 年 10 月中下旬的新闻联播不断提醒 A 股的风险和泡沫，此后的 A 股走势大家想必都记忆犹新。

九宫盘是一个系统，分析要落地就要确定重要数据，前面就是这一过程。刚开始大家可能觉得重要数据有点眼花缭乱，一旦熟练之后则可以驾轻就熟。那么，掌握了重要数据之后又要怎么分析呢？第一个思路是寻找重要数据之间的不一致（横向比较），第二个思路是寻找重要数据的异常值（纵向比较）。九宫盘中有很多不同层次和维度的数据，它们之间不一致的地方以及原因是值得我们去解读的。最有价值的信息是相互矛盾的信息，因为看似矛盾的背后其实有更深层次的原因，异常背后必有重要真相。第二个思路相对简单，就是数据自己跟历史常态的比较，如天量、地量就属于第二个思路的运用。

第三节　再好的分析也要"落地"：仓位管理

九宫格只是提供了一个分析框架，这个分析框架告诉我们应该买什么。但是，投机绝不是知道买什么就能够成功的，还需要决定买多少、什么时候买、什么时候减仓，什么时候全部平仓，正如本节的标题所言，再好的分析也要"落地"，不落地的分析只能是空中楼阁，对于我们的账户丝毫没有助益。九宫格告诉我们大盘趋势如何、是否提供了一个系统性的盈利环境、板块热点是什么、热门板块中最具上涨潜力的个股是哪些。这些分析结论在仓位管理的时候也是要考虑进去的，但是仓位管理本身还具有一些自己的特点和规律，最为重要的一个法则是"菱形微调仓位"。简而言之，我们在股票市场的题材投机包括两大组成部分，第一部分是分析

部分，这就是九宫格，第二部分是操作部分，这就是菱形仓位管理（见图 8-16）。

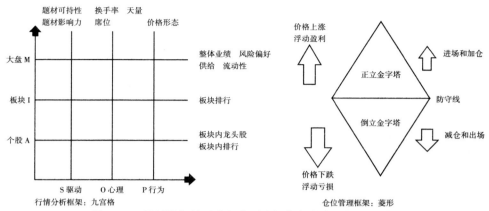

图 8-16　题材投机的两大部分（帝娜版权所有，仿冒必究）

"菱形微调仓位"首先要求我们不仅有进场点预定，还要有出场点预定，并且不光有浮动盈利的出场点也有浮动亏损后的出场点。防守线之上不远处是我们进场点的大概位置，而防守线之下不远处则是我们出场点的大概位置。防守线其实就是支撑线，支撑线怎么得来，前面已经提到了不少方法，更多确定支撑线的方法可以参考《股票交易圣经》一书的相关章节。

"菱形微调仓位"要求我们不光有进场点和出场点，还要懂得运用复合式头寸，分步加仓和减仓。随着行情推进，当股价站上新的防守线时，我们就有了加仓的机会，反之则是减仓的机会。

"菱形微调仓位"要求我们在个股向上的时候顺势加仓，但是后续增加的仓位要递减，这就好比一个正立的金字塔（见图 8-17 和图 8-18）。

"菱形微调仓位"要求我们在个股向下的时候顺势减仓，最开始减掉的仓位最大，后续减掉的仓位是递减的，这就好比一个倒立的金字塔（见图 8-19 和图 8-20）。

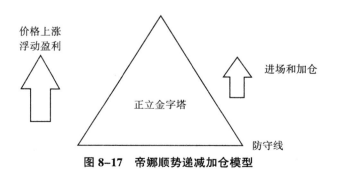

图 8-17　帝娜顺势递减加仓模型

图 8-18 顺势加仓

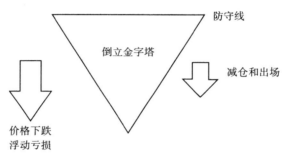

图 8-19 帝娜逆势减仓模型

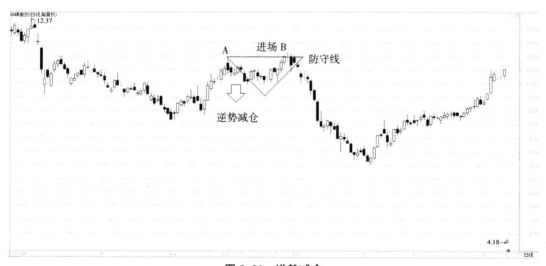

图 8-20 逆势减仓

如果把"进出加减"整个动态的流程直观地展示出来，那就是一个菱形，也就是一个正立金字塔和一个倒立金字塔的叠加。正立的金字塔代表"进场和加仓"，而倒立的金字塔代表着"减仓和出场"（见图 8-21 和图 8-22）。菱形仓位管理其实也是动态的，随着行情持续发展，仓位是持续变化的，特别是单边行情（见图 8-23 和图 8-24）。

> 仓位管理就是四个字——进出加减，原则就是"截短亏损，放长利润"。

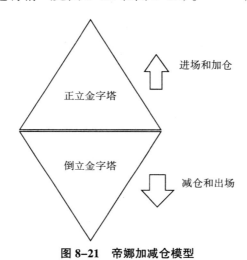

图 8-21　帝娜加减仓模型

图 8-22　"进出加减"动态流程具体实例

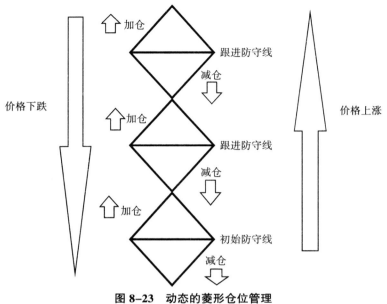

图 8-23　动态的菱形仓位管理

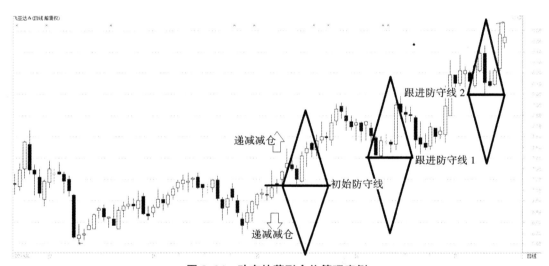

图 8-24　动态的菱形仓位管理实例

　　仓位管理是整个分析落地的关键，仓位管理更容易在交易初期就确定下来框架，所以是一个比较容易上手但是容易被人忽视的领域。

后记

短线高手必须紧扣预期和资金两条主线

赢家是方法论者，输家是命运论者。

——施振星

我们的失败不是由于缺乏好的意向，而往往是不恰当的思维过程的产物……避免失败的关键在于要用系统，而不要用分量，要以整体而不要以局部的方式进行思维。

——斯蒂芬·R.柯维

股票市场……绝对是一个十足的"无赖"，它唯一的嗜好就是不择手段地骗取更多的人，而且不停地骗取他们的钱财。

——肯尼斯·费雪

股市长期的变化是由基本面因素决定的，这个基本面因素包括经济增长趋势、通货膨胀趋势、货币供给同比增长趋势、产业政策趋势、利率周期、解禁股数量变化趋势、IPO趋势等，这些是短线高手需要大致了解的方面。更为重要的是股市短线炒家们必须注意市场预期和资金流向的变化。

个股的涨跌并不一定反映了真实的资金流向，因此最好通过查看板块资金流向排名，以及个股的成交量变化来分析市场资金的短期流向。市场中的私募资金主要围绕题材进行短线炒作，这个题材与预期有关。题材一旦成为公开的热点，就容易成为主力兑现筹码的工具，因此我们在把握题材的时候需要"大胆假设，小心求证"。

"大胆假设"是题材投机的第一步，为什么这样说呢？因为只有那些潜在和新兴的题材才有可能成为游资介入的对象，如果题材已经广为人知，并且众多媒体都开始关注和推崇这一题材，那么就表明游资早已介入。如果游资没有来得及介入，

但是股价已经在散户的介入下大幅走高，则游资往往都不会为散户"抬轿"。"买传言，卖事实"是 20 世纪初华尔街的一句经典口头禅，其实也反映了题材投机的要点所在。题材若隐若现的时候就是介入的时候，题材显而易见的时候往往就是退出的时候。但是，题材投机并不是百分之百能够盈利的生意，所以以挖掘题材的时候需要"大胆"地"假设"。

那么，如何具体地"大胆假设"呢？其实，本书超过一半以上的内容是在介绍这个方面的策略。游资进行炒作的时候总是围绕那些最终会走入大众视野的题材，这就要求题材应该具有通俗性和大众性。所以，我们应该从以央视为主的媒体和全国性会议，以及其他重大事件入手进行题材挖掘。"炒会"是近些年比较热门的一个题材发掘思路，具体而言就是围绕即将召开的全国性会议进行题材发掘，当然诸如国内外重大自然灾害也往往成为持续炒作的题材。"大胆假设"的总思路就是跟着国内外重大事件走，有时候只需要在重大事件发生时及时跟进即可。

"小心求证"则是题材投机的第二步，这个主要涉及确认题材有效性的方面。如果"大胆假设"与市场预期有关，那么"小心求证"则与市场资金有关。通过观察热门板块排行、板块资金流向、个股成交量变化、新开户数目变动、各种主力资金的举动（证券营业厅买卖异动数据）等项目，我们可以进一步对"大胆假设"进行验证。当然，题材投机中的时机把握是最重要的，这点与价值投资形成鲜明的区别。题材投机无所谓正确的价位，只有恰当的时间一说。如果要在"大胆假设，小心求证"之外为题材投机再加上一句要点，那应该是"时间是第一重要的因素"，后面这句话我们在《外汇交易圣经》开篇语中专门介绍过，其实在股市的题材投机中这句话更为重要。当然，外汇市场往往也是按照"题材"在走，题材兑现，行情也就反转了，这与股票市场的"讲故事行情"如出一辙。

阅读完本书，大家就应该开始股市题材投机的实践了，实践中谨记这两句话：第一，大胆假设，小心求证；第二，时间是第一重要的因素。